JN411441

백제를 꿈꾸며

백제를 꿈꾸며

초판인쇄일 2008년 6월 20일
초판발행일 2008년 6월 23일
지 은 이 안승주 외
발 행 인 김선경
발 행 처 도서출판 서경문화사
주소 : 서울 종로구 동숭동 199 - 15(105호)
전화 : 743 - 8203, 8205 / 팩스 : 743 - 8210
메일 : sk8203@chollian.net
인 쇄 한성인쇄
제 책 반도제책사
등록번호 제 1 - 1664호

ISBN 978-89-6062-029-2 93900

* 파본은 본사나 구입처에서 교환하여 드립니다.

정가 15,000원

백제를 꿈꾸며

안 승 주 외

서 경 문 화 사

우재 안승주 박사 (1993년 촬영)

총장 재임중 집무실에서의 우재 선생(1994년)

가족 사진

▲ 공주고등학교 학창시절(1955)
▲ 고려대학교 학사(1960)
◀ 영명학교 교사 시절(1963. 2)
▼ 모친을 모시고 가족사진(1970년 경)

문공부차관 무령왕릉 시찰(1992년), 한국대학박물관협회 세미나 주관(아래)

▲ 발굴 현장에서
▼ 한국선사고고학회 (공주제일농원식당)

공주사범대학 역사교육과 교수 (1960년대~70년대)

공주사범대학, 공주대학교 교수(1980년대~1990년대)

공주대학 현판식

공주대학교 총장(1991-1995)

공주대학교 총장(1991-1995)

학술세미나 발표, 국제교류(아래)

행정관 앞에서 학무위원들과 함께(1993년)

교직원 체육대회 계룡산 등반 (1991년)

차례

3장 내 인생의 큰 스승

4장 다시 듣고 싶다, 그 호탕한

5장 영원한 백제인

머리말

그리고, 다시 열 번째의 여름을 맞으며

우재 안승주 선생님께서 세상을 뜨신 지 꼭 10년이 되었다. 10년이면 강산도 변한다는 말처럼 짧지 않은 시간이다. 그러나 10년 전은 물론 선생님을 뵈었던 20년, 30년 전의 일도 우리에게는 아직 선명한, 살아 있는 과거이다.

10주기가 다가오면서 이 열 번째의 여름을 그냥 보내기에는 무언가 석연치 않다는 생각을 하던 차였다. 마침 사학과의 이남석 교수가 10주기의 재정적인 부담을 자청하고 나섬에 따라, 평소 가깝게 지내고 편하게 사귀던 분들을 초청하여 조촐한 식사의 자리를 마련하기로 하였다. 그리고 조금은 선생님을 기억하는 의미에서 선생님의 글 몇 편과 아직 살아 있는 우리 각자의 마음에 담겨진 선생님에 대한 기억들을 모아보기로 하였다. 논문 모음집과 학술 세미나 개최 등의 이야기도 있었지만 오히려 선생님과 친근하셨던 분들과 추억의 저녁을 조촐하게 함께 보내는 것이 좋겠다는 의견이 많았기 때문이다.

선생님의 옛글을 모으는 것은 생각처럼 쉽지 않았다. 선생님께서는 종종 잡지와 신문에 기고를 하셨던 기억이 있지만, 이것을 찾아내는 것이 실제 퍽 난감한 일이었다. 이 때문에 선생님이 가벼운 마음으로 쓰셨던 작은 글들을 모아본다는 처음의 계획은 충분히 이루어지지 못하였다. 다만 여러 선생님들의 기억 속에 남은 회고의 이야기가 그나마 이 책을 의미 있게 만들었다고 생각된다. 이 자리를 빌어 원고를 주신 여러분들의 흔쾌한 호의에 진심으로 감사드린다.

선생님과 인연을 맺었던 많은 분들이 더욱 건강하고 장수하며, 연구와 교육을 통하여 더 많은 공헌을 끼치는 것이 선생님의 뜻일 것이다. 가족과 친지는 물론 이생에서 선생님과 인연을 가졌던 모든 분들이 더욱 건승하시기를 진심으로 기원한다.

2008. 6.

편집위원을 대표하여 **윤 용 혁**

| 편지 |

바람에 부치는 안부

조 재 훈

한밤 중 닫힌 창문을 두드리고
무심히 지나가는 비,
그대를 생각한다.

토담에 쌓이는 햇살같이
따뜻한 웃음 입가에 가득하던
늘 젊은 그대

돌 위에 돌을 쌓듯
사람 섬기기를 머리에 인 하늘로 여기던
시골길의 그대

친구여, 지금 어디에 계신가
이승의 그리움 다 놓아 버리고
어느 곳에 계신가

산다는 게 무어길래
우리는 이 길 저 길 찾아
왜 그리 허둥대고 있는지

한 마음 놓으면

이 세상 다 아무 것도 아닌 걸
사발같은 별들도 제자리에서 빛나는 걸

그대 땅 위에 남긴 예순 한 평생
쇠스랑으로 흙을 일구듯
천 년 잠든 백제를 벌떡 일으켜 세웠지

언제나 앞에 서서
맨손으로 집을 짓듯이
쉬지않고 가르침의 씨앗을 뿌렸지

이젠 좀 푹 쉬시게
더러 더러 술도 한 잔 걸치고
영 넘어 흰구름도 바라보시게

이 서리찬 강산에
해마다 꽃은 피었다 지는데
허허 더불어 웃을 사람이 없구려

한밤 중 초록을 흔들며
휘휘 휘몰아 지나는 바람,
문득 그대를 생각한다.

우재(愚齋) 안승주(安承周)박사 연보

● **출생지** : 충남 연기군 금남면 대박리 331번지

● **생년월일** : 1936년 6월 23일(陰) 〈호적, 1937년 1월 30일〉
부친 안재관(安在官)선생과 모친 이내례(李來禮)여사 사이
3형제 중 3남으로 출생

● **가족관계** : 처 도순성(都順成) 여사와 2남
장남 안형근(安亨根) - 공주 영상대학 교수, 며느리 김은진
차남 안진근(安眞根) - 계원조형예술대 겸임교수
인디라인 대표, 며느리 신지영
손자 안형우

● **학력** : 1944. 4. 5~1950. 3. 31 충남 연기군 금남면 영대 초등학교 졸업
1950. 4. 1~1953. 3. 31 충남 봉황중학교 졸업
1953. 4. 1~1956. 3. 25 충남 공주고등학교 졸업
1956. 4. 1~1960. 3. 25 고려대학교 문리과대학 사학과 졸업
1966. 9. 15~1968. 9. 28 경희대학교 대학원 졸업(문학석사)
1981. 3. 5~1987. 2. 23 경희대학교 대학원 졸업(문학박사)

● **주요경력** : 1960. 9. 1~1961. 8. 31 공주중학교 강사
1961. 9. 1.~1963. 2. 23 공주영명고등학교 교사
1963. 2. 24~1963. 3. 31 공주사범대학 부속중학교 교사
1963. 4. 1~1968. 2. 29 공주사범대학 부속고등학교 교사
1965. 3. 5~1968. 2. 28 공주사범대학 강사
1968. 3. 1~1998. 6. 23 공주사범대학 전임강사, 조교수,
부교수, 공주대학교 교수

1978. 3. 1~1982. 8. 31 공주사범대학 박물관장 겸 백제문화 연구소장

1980. 1. 7~1998. 6. 23 충청남도 문화재위원

1982. 9. 1~1990. 2. 28 공주사범대학 박물관장

1976. 9. 30~1991. 2. 28 충청남도 지역개발 평가단 교수

1985. 4. 26~1991. 5. 25 문화공보부 문화재위원회 전문위원

1989. 9. 21~1990. 6. 27 한국 대학박물관 협회장

1990. 3. 1~1991. 2. 28 국립 공주대학 학장

1991. 3. 1~1995. 2 .28 국립 공주대학교 총장(초대)

1991. 5. 26~1998. 6. 23 문화공보부 문화재위원

1991. 11. 13~1992. 11. 12 한국고대학회 회장

1995. 6. 17~1998. 6. 16 충남발전연구원장(초대)

1997. 2. 25~1998. 6. 23 충청매장문화재연구원 이사

● **학회활동** : 1985. 3. 1~1998. 6. 23 한국역사학회 평의원

1990. 3. 1~1998. 6. 23 한국고대학회 이사

1991. 11. 13~1992. 11. 12 한국고대학회 회장

● **상훈** : 1985. 12. 5 공주사범대학 공로 표창

1985. 12. 13 충청남도 문화상(학술부문)

1998. 9. 10 국민훈장 무궁화장

주요 연구 업적

● 단행본

『백제 고분의 구조양식에 관한 연구』, 경희대학교 대학원 박사학위 논문, 1986

『百濟の考古學』, 雄山閣, 1972(공저)

『신 한국사』, 학문사, 1973

『무령왕릉 발굴보고서』, 1973(공저)

『공주군지』, 1979(공저)

『한국의 미』5, 「토기」, 중앙일보사, 1981

『백제토기도록』, 백제문화개발연구원, 1984

『한국사론』, 국사편찬위원회, 1985(공저)

『한국의 미』22, 「고분미술」, 중앙일보사, 1985

『백제 무령왕릉』, 공주대 백제문화연구소, 1991(공저)

『백제의 역사』, 공주대 백제문화연구소, 1995(공저)

『문화가 살아있는 이야기, 공주』, 공주향토문화연구회, 1997(공저)

『고등학교 국사』, 문교부, 1988(공저)

『공주사범대학 35년사』, 1983(공저)

● 조사보고서

『공산성내 건물지 발굴조사보고서』, 공주대학교 백제문화연구소, 1982

『논산 표정리 백제고분군 발굴조사보고서』, 백제문화개발연구원, 1985

『논산 육곡리 백제고분군 발굴조사보고서』, 백제문화개발연구원, 1986

『공주 남산리 백제고분군 발굴조사보고서』, 백제문화개발연구원, 1987

『서천 칠지리 백제고분군 발굴조사보고서』, 백제문화개발연구원, 1988
『홍성 성호리 백제고분군 발굴조사보고서』, 백제문화개발연구원, 1989
『공주 보통골 백제고분군 발굴조사보고서』, 백제문화개발연구원, 1990
『백제 추정 왕궁지 발굴조사보고서』, 공주대학교 박물관, 1987
『공산성 성지 발굴조사보고서』, 공주대학교 박물관, 1990
『공주 신기동 백제고분군 발굴조사보고서』, 백제문화개발연구원, 1991
『논산 모촌리 백제고분군 발굴조사보고서(Ⅰ)』, 백제문화개발연구원, 1992
『공산성 건물지 발굴조사보고서』, 공주대학교 박물관, 1992
『논산 모촌리 백제고분 발굴조사보고서(Ⅱ)』, 백제문화개발연구원, 1993
『성흥산성 문지 발굴조사보고서』, 충남발전연구원, 1996

● 논문

「백제 고분 양식의 일례(一例)」『백제문화』제1집, 1967
「공주 능치 백제 고분의 연구」『경희사학』제1집, 경희사학회, 1967
「공주 시목동고분 조사약보」『고고미술』78, 1967
「백제 고분의 연구」『백제문화』제2집, 1968
「서산 대산반도 고대문화의 성격에 관한 소고」『백제문화』제3집, 1969
「백제 고분 문화의 연구」『백제문화』제5집, 1971
「공주 서혈사지에 관한 조사연구」『백제문화』제5집, 1971
「百濟古墳の硏究」『考古學ヅャーナル』58・59, 1971
「백제 분묘의 구조」『백제문화』 제6집, 공주사대 백제문화연구소, 1973
「백제 고분의 연구」『백제문화』 제7・8합집, 공주사대 백제문화연구소, 1975
「부여 송국리 요령식동검 출토 석관묘」『백제문화』 제7・8합집, 1975
「논산 표정리 백제고분과 토기」『백제문화』 제9집, 1976
「보령 구룡리 백제 고분과 출토 유물」『백제문화』 제10집, 1977

「공산성내의 유적」『백제문화』 제11집, 공주사대 백제문화연구소, 1978
「공주 봉안 출토 동검과 동과」『고고미술』 제136 · 137합집, 1978
「공산성에 대하여」『고고미술』 제138 · 139합집, 한국미술사학회, 1978
「백제 토기의 연구」『백제문화』 제12집, 공주사대 백제문화연구소, 1979
「공주 남산리 지역의 고분문화」『백제문화』 제13집, 1980
「공주 웅진동 고분군」『백제문화』 제14집, 공주사대 백제문화연구소, 1981
「백제 석실 고분의 연구」『한국고고학』제10 · 11합집, 한국고고학회, 1981
「백제 석실분의 편년에 관한 연구」『마한백제문화』제4집, 1982
「한국 대학 박물관의 현황과 문제점」『고문화』제21집, 한국대학박물관회, 1982
「충청남도 문화의 바탕인 백제문화」『한국의발견』 뿌리깊은나무, 1983
「백제 옹관묘에 관한 연구」『백제문화』 제15집, 공주사대 백제문화연구소, 1983
「백제 토기의 연구」『백제연구』 제15집, 충남대학교 백제연구소, 1984
「백제 공산성에 대하여」『문화재』 제17집, 문화재관리국 , 1984
「백제 동혈사지에 대한 고찰」『윤무병박사회갑기념논총』, 1984
「백제 토광묘의 연구」『백제문화』 제16집, 공주사대 백제문화연구소, 1985
「백제 토기」『한국사론』 제15집, 국사편찬위원회, 1985
「백제 사지의 연구」『백제문화』 제16집, 1985
「백제 석실분과 그 묘제의 일본전파에 관한 연구」『백제연구』 제17집, 1986
「호서지방 지방사연구의 현황과 과제」『대구사학』제30집, 대구사학회, 1986
「공산성 추정왕궁지에 대한 소고」『삼불 김원룡교수 정년퇴임기념논총 1』, 일지사, 1987
「백제 도성(웅진성)에 대하여」『백제연구』 제19집, 충남대학교 백제연구소, 1988
「전의지역 고대산성 고찰」『백제문화』 제18 · 19합집, 1989
「백제 수혈식 석곽분의 연구」『한국고고학보』 제22집, 한국고고학회, 1989
「부여지역의 백제고분」『한국사론』 제19집, 국사편찬위원회, 1989
「무령왕릉의 발굴과 연구현황」『백제문화』 제21집, 1991

「백제 토기의 발달과 그 특징」『백제의 조각과 미술』 공주대학교 박물관, 1992

「백제와 신라의 횡혈식 석실분의 검토」『선사와 고대』제2집, 한국고대학회, 1992

「백제사상의 웅진시대」『백제문화』 제24집, 공주대 백제문화연구소, 1995

「무령왕릉과 송산리 6호분」『공주의 역사와 문화』, 공주대학교박물관, 1995

「백제 토기의 대외교섭」『한국 미술의 대외교섭』(II), 한국미술사학회, 1996

1장 백제를 찾아서

무령왕릉과 송산리 6호분

Ⅰ. 머리말

무령왕릉이 발견된 공주시 금성동 송산리 고분군은 능치고분군과 더불어 무령왕릉이 발견되기 전부터 왕릉지구로 알려져 오던 곳이다.[1) 실제로 1971년에 이곳에서 무령왕릉이 발견됨으로써 이러한 구전(口傳)은 사실로 입증되었고, 이로써 백제고분 뿐만 아니라 백제사, 나아가서는 삼국시대 연구에 획기적인 전환을 가져오게 되었다.

무령왕릉은 고분이 아니라 조산(造山)이라고 여겨졌던 것인 만큼 그 발견은 실로 우연한 기회에 이루어진 것이었으며, 그런 만큼 처녀분으로 발견되어 그 가치를 더하게 되었다. 즉 처녀분으로 발견됨으로써 백제 왕릉의 입지적 조건, 구조, 유물의 배치관계 등 백제 고분문화의 이해에 커다란 진전을 가져오게 되었으며, 아울러 고분 자체가 전축분(塼築墳)이라는 사실과 현실(玄室) 내에서 발견된 중국 남조(南朝) 양(梁)

1) 『新增東國輿地勝覽』卷17, 公州牧 山川條(陵峴 在州東五里 有古陵基 故名 諺傳百濟王陵) 및 學校條(鄕校 在州西三里 西有古陵基 諺傳百濟王陵 未知何王)에 보인다.

의 유물들을 통해 『삼국사기(三國史記)』에 단편적으로 나와 있는 백제와 양(梁)의 관계가 어떠한 것이었는지를 한눈에 알 수 있게 되었다. 그러나 이런 몇몇 사실보다도 무령왕릉의 가치를 높인 것은 역시 왕릉에서 출토된 지석(誌石)이라고 할 수 있다. 지석은 그 자체 기록된 내용이 소략한 것이 사실이고, 그로 인해 매지권(買地券)이라는 주장이 있는 것도 사실이지만 무덤의 주인공, 향년(享年), 사망일, 안장일(安葬日) 등에 대한 중요한 사실들이 기록되어 있어 백제사 연구를 위해서 뿐만 아니라 한걸음 더 나아가 고대 한일관계사 연구에 획기적인 전기를 마련하게 되었다. 다시 말해서, 이 지석이 발견됨으로써 종래에 삼국시대 연구에 중요한 자료였던 『삼국사기』의 정확성이 다시 한번 입증되었으며, 왕의 죽음에 대한 용어(崩御)를 통해서 백제인들의 사상적 측면의 한 단면을 이해할 수 있게 되었고, 또 하나는 사망일과 안장일을 확인함

무령왕릉 연문

으로써 당시 백제의 매장 풍습을 확인할 수 있게 되었다. 아울러 이러한 사실들을 바탕으로 한일 양국 학자 사이에 논란이 되어왔던 기년(紀年)조정 문제 등이 확연해짐으로써 한일관계사 연구에도 중요한 토대가 마련되게 되었다.

이러한 사실들은 고고학적 연구 성과가 거둘 수 있는 초유(初有)의 수확이며, 그런 점에서 무령왕릉의 중요성은 아무리 강조해도 지나치지 않다고 할 수 있다. 특히 무덤 주인공이 확인되었다는 사실은 백제 고분문화, 나아가 삼국시대 고고학 연구에 절대적인 기준을 제시하게 되었으니, 같은 삼국시대의 신라 · 가야고분에 대한 연구 성과보다도 훨씬 더 큰 성과라고 할 수 있다. 주지하다시피, 신라고분은 해방 이후 수 천기 이상이 발굴 조사 되었고, 그에 따라 황남동 109호분, 황남동 98호분, 서봉총, 천마총, 호우총, 부부총의 순서로 발전해 간 것은 한일

무령왕릉 조사 광경

양국학자 모두가 인정하는 바이나 그 편년에 있어서는 학자간에 1세기 이상의 편차를 보이고 있는 것이 사실이다. 물론, 무령왕릉에서 출토된 유물들이 이들 신라고분의 편년에 이용되고 있는 것도 사실이거니와 수 천기의 고분이 조사되었음에도 연구의 첫단계인 편년에서 의견의 일치를 보지 못하고 있다는 점에서 무령왕릉의 발견은 새삼 그 중요성을 더하게 된다.

이러한 중요성 때문에 처음 발견된 이후 무령왕릉에 대한 많은 연구가 이루어져 온 것도 숨길 수 없는 사실이다. 그러나 지금까지의 연구는 출토 유물 개개에 대한 연구가 대부분이었으며, 특히 지석에 대한 연구가 다수를 점하고 있는 것이 사실이다. 오랫동안 백제토기에 관심을 기울여온 필자로서는 왕릉에서 많은 유물이 출토되었음에도 불구하고 백제토기가 1점도 출토되지 않은 것을 매우 안타깝게 생각하고 있으며, 아울러 무령왕릉에 대한 연구가 단편적인 유물연구에 그치고 무령왕릉 축조에 직접적으로 영향을 미친 남조(南朝)의 고분과 비교·고찰이 소홀한 점, 그리고 주변에 있는 다른 백제고분과 비교되지 못하고 있는 점을 아쉽게 생각하고 있다. 이러한 것은 앞으로 하나하나 새롭게 풀어가야 할 숙제들이라고 할 수 있는데, 여기서는 우선 무령왕릉과 쌍벽을 이루는 전축분(塼築墳)인 송산리 6호분과 무령왕릉을 비교해봄으로써 앞으로 이 분야 연구에 조그만 도움이 되고자 한다.

II. 구조와 차이점

무령왕릉과 6호분의 축조 순서를 알아보기 위해서는 당연히 현실내에서 출토된 유물에 대한 고찰이 있어야 할 것이지만, 처녀분으로 발견된 무령왕릉과는 달리 6호분에서는 별다른 출토물이 보고된 바 없어서 유물에 의한 축조순서의 고찰은 어려운 편이다. 따라서 여기에서는 출토물 이외에 두 고분의 축조 순서를 추측해 볼 수 있는 입지적 조건이나 위치, 내부구조 등을 살펴봄으로써 이들의 축조순서에 대한 약간의 힌트를 얻고자 한다.

1. 외형 및 구조

1) 무령왕릉

산복(山腹)의 경사면에 자리잡고 있는 관계로 무령왕릉의 분구(墳丘)는 상당 부분이 유실되어 있었으나 발견 당시에도 직경 20m에 현실 바닥에서 분구의 최고처까지 높이가 7.7m에 이르는 매우 큰 규모였다. 이렇게 분구의 형태가 비교적 잘 남아 있었던 것은 석회혼합토를 사용하여 분구를 형성했기 때문이 아닌가 한다.

묘실은 장방형에 터널형의 천정구조를 하고 있으며, 남벽 중앙에는 연도(羨道)가 부설되어 있다. 규모는 남북의 길이 4.2m, 동서의 너비 2.7m이고, 바닥에는 전면관대(全面棺臺)가 마련되어 있는데, 관대(棺臺)에서 천정 중앙까지의 높이는 약 2.9m이다. 현실의 바닥은 암반을 평탄하게 깎은 후 벽돌을 두겹으로 깔아 완성하였는데, 현실 남쪽의 약 1.05m를 21cm 정도 낮게 한 다음 나머지 묘실의 3/4 정도를 다시 연도와 동일한 높이로 높여 전면관대(全面棺臺)로 삼고 있다.

벽돌을 쌓아올려 만든 벽면은 길이모쌓기(長手積)와 작은모쌓기(小口積)를 되풀이하여 사평일수(四平一竪)의 방식으로 쌓아 올리고 있는데, 남북의 단벽은 이러한 방식을 이용하여 수직으로 쌓아 올리고 있고

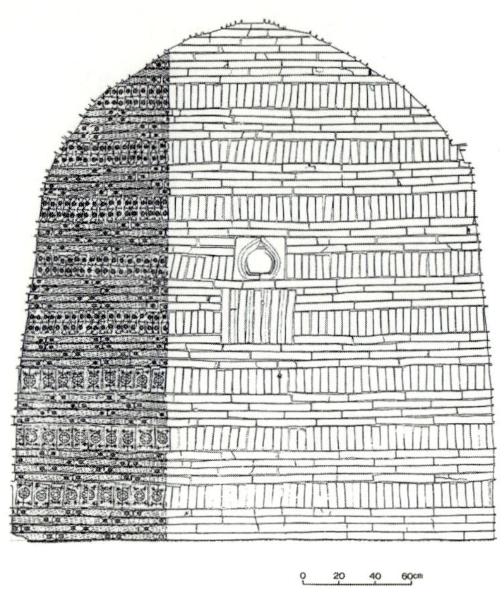

무령왕릉 북벽

동서의 장벽은 아래에서 6단까지는 동일하나 7단과 8단째의 작은모쌓기로 사용한 벽돌은 터널형의 천정을 만들기 위하여 제형(梯形)으로 만들어진 벽돌을 사용하고 있다. 이렇게 하여 9단째부터는 계속해서 제형전(梯形塼)을 사용하는 한편 길이모쌓기는 3단으로 줄이고 그 중 가운데의 1개는 횡단면이 제형(梯形)으로 된 벽돌을 사용함으로써 천정의 만곡도를 한층 더 높이고 있다.

한편 묘실의 벽면에는 북벽에 1개, 동·서벽에 각각 2개씩 등 모두 5개의 등감(燈龕)이 만들어져 있으며, 그 아래에는 가창(假窓)이 시설되어 있다. 이 중 등감은 보주형으로 되어 있으며, 발견 당시에 등감 안에 타다 남은 심지가 그대로 들어있는 백자 등잔이 하나씩 들어 있어서 등잔을 두기 위해 설비한 것으로 생각되었으며, 가창은 등감의 아래쪽에 벽돌 9개를 길게 측면으로 세워서 배열한 것으로 면이 능각(稜角)을 이룬 벽돌을 하나씩 교대로 배열하기도 하는 등 마치 창살을 연상시키는 시설을 하고 있다.

횡혈식의 구조를 하고 있는 만큼 남벽 중앙에는 연도가 마련되어 있다. 규모는 길이 2.9m, 너비 1.04m, 높이 1.45m이며, 천정은 현실과 마찬가지로 터널형을 이루고 있다. 연도의 구축에 사용된 벽돌 역시 현실의 벽돌과 같은 것인데, 다만 천정 이하의 벽면에는 반절(半折)된 8판연화문(八瓣蓮花文)의 벽돌이 사용되지 않고 있다. 바닥은 현실과 마찬가지로 벽돌을 이용하여 삿자리문으로 깔고 있으며, 관대와 동일한 레벨로 되어 있다. 아울러, 연도의 중앙에는 벽돌을 쌓아 만든 배수구가 마련되어 있다. 이 배수구는 연도에서 시작되어 연도 밖으로 18.7m나 연장되어 있다.

그런데 이 배수구는 연도 입구에서 밖으로 2m되는 지점에서 중단되었다가 3.5m 지점에서 다시 나타나고 있는 것이 조사 당시에 확인되었다. 이에 대해서는 여러가지 해석이 있지만 백제의 사직이 끝난 먼 후대에 우연히 교란된 것이 아닌가 생각된다.

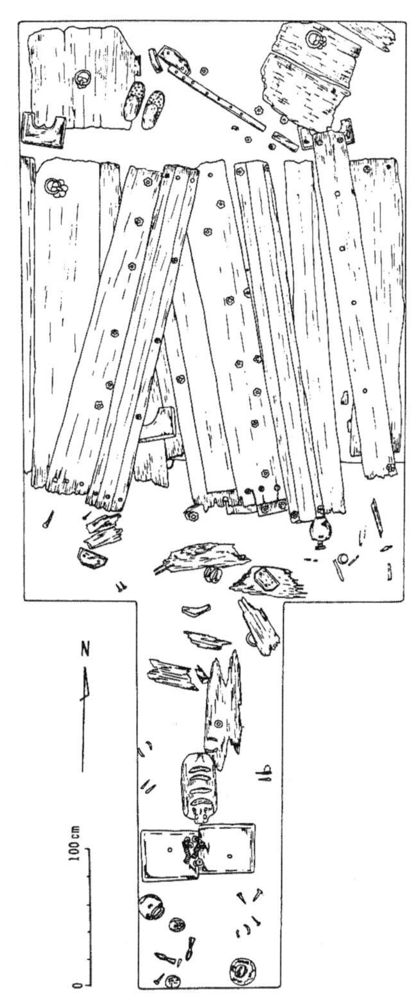

무령왕릉 내부 실측도

2) 송산리 6호분

무령왕릉과 달리 6호분의 봉분(封墳)에 대해서는 조사 당시부터 별다른 언급이 없었다. 따라서 백제고분의 경우 봉분의 규모가 일반적으로 그다지 크지 않다는 사실과 주변에 있는 5호분 등이 우연한 기회에 발견되었고, 6호분 역시 5호분의 조사과정에서 확인된 유구임을 고려해 볼 때 조사전에 외형적으로 식별할 수 있는 정도의 봉분은 없었던 것으로 추정된다.

봉분의 규모에서는 차이가 있지만 내부구조와 축조 방법에 있어서 6호분과 무령왕릉은 거의 흡사하다. 즉 6호분 역시 무령왕릉과 마찬가지로 지하로 묘광을 파고 그 안에 벽돌을 이용하여 완전 지하식으로 횡혈식의 묘실을 구축하고 있다. 묘실의 평면은 장방형이며, 천정은 터널식으로 축조되어 있다. 규모는 남북의 길이 3.7m, 동서의 너비 2.2m이고, 묘실의 바닥에서 천정의 최고지점까지의 높이는 3.1m이다. 바닥은 묘광의 바닥위에 벽돌을 깔아서 완성하였는데, 삿자리 형태로 이중으로 깔아서 완성하였으며, 동쪽에 치우쳐서 벽돌로 만든 관대 1개가 설치되어 있었다.

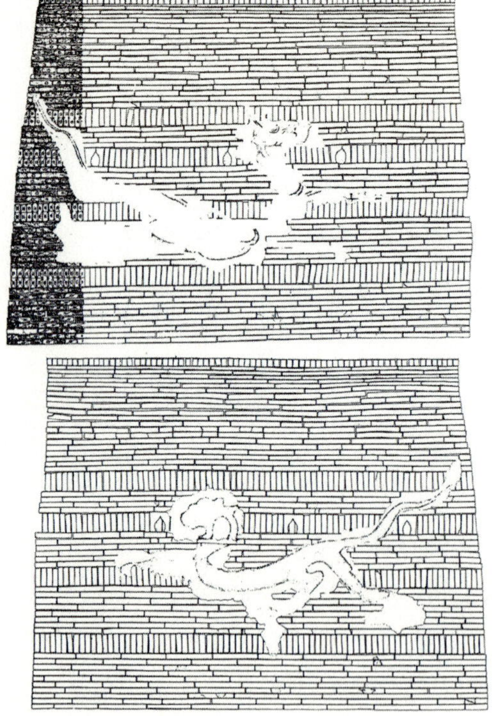
송산리 6호분 동서벽 실측도

벽면은 오수전이 시문되어 있는 벽돌을 이용하여 쌓아 올리고 있는데, 무령왕릉과 마찬가지로 남북의 단벽은 거의 수직을 이루고 있으나 동서의 장벽은 위로 올라가면서 점점 내경시켜 전체적으로 터널형을 이루고 있다. 즉 동서 장벽의 경우 무령왕릉과 마찬가지로 길이모쌓기와 작은모쌓기를 혼합하면서 쌓아 올리고 있는데, 밑에서 46cm까지는 10단의 오수전이 시문된 벽돌을 길이모쌓기로 쌓아 올리고 있으며, 그 위에는 1단의 작은모쌓기를 하였고, 이어서 그 위에는 8단의 길이모쌓기와 1단의 작은모쌓기, 그리고 다시 6단의 길이모쌓기와 1단의 작은모쌓기가 이어지고 있다. 이렇게 길이모쌓기는 2단씩 체감하면서 올리다가 4단까지 줄이고, 이 4단의 위쪽부터는 터널형의 천정을 만들기 위하여 내경되도록 터널형의 벽돌을 사용하여 10단을 쌓고 있다.

이 6호분에도 벽면에 등감(燈龕)과 가창(假窓)시설이 마련되어 있다. 등감시설은 바닥에서 140cm 지점, 즉 길이모쌓기와 작은모쌓기의 3단째에 동서 장벽에 3개, 북벽에 1개 등 모두 7개의 등감이 마련되어 있고, 4단째의 작은모쌓기 부분에는 가창시설이 마련되어 있다. 아울러, 이 6호분의 벽면에는 무령왕릉과는 달리 사신도가 그려져 있다. 현재는 사신도의 구체적인 형적을 확인하기는 어렵지만 벽면의 요철(凹凸)을 없애기 위해 벽면에 점토를 바르고 그 위에 사신도를 그렸던 흔적이 확인된다.

6호분도 무령왕릉과 마찬가지로 횡혈식의 구조로 이루어져 있기 때문에 남벽의 중앙에는 연도가 마련되어 있다. 연도는 묘실과 마찬가지로 벽돌을 이용하여 터널형으로 만들었는데, 전후의 두 부분으로 나누어져 있다. 규모는 길이 2.3m, 너비 0.8m(전부) - 1.1m이며, 높이는 앞쪽이 1.3m, 뒤쪽이 약 1.5m다. 연도 입구의 폐쇄는 안쪽은 벽돌로 하고 바깥쪽은 강회다짐으로 폐쇄하였으며, 연도 바닥에는 벽돌을 쌓아 만든 배수구를 설치하였다.

2. 차이점의 비교

무령왕릉과 송산리 6호분의 구조를 간단히 살펴보았거니와 기본적으로 두 고분은 축조방법이 같음을 알 수 있다. 즉, 남향사면에 지하로 토광을 파고 그 안에 벽돌로 묘실을 꾸미고 있다. 이렇게 두 고분은 기본적인 축조 방법에 있어서는 서로 크게 다른 점이 눈에 띄지 않는다. 따라서 기본적으로 두 고분은 거의 비슷한 시기에 축조된 것으로 추정된다. 다만, 두 고분의 축조 순서를 추정해 보기 위해 좀더 자세히 살펴보면 다음과 같은 차이점이 있음을 알 수 있다.

① 먼저, 그 위치에 있어서 둘다 남향사면에 위치하고 있지만 무령왕릉이 6호분보다 위쪽에 자리잡고 있으며, 아울러 6호분 보다 동쪽에 자리잡고 있는 것이 눈에 띈다.

② 분구의 형태에 있어서 무령왕릉은 겉으로도 식별할 수 있을 정도로 뚜렷한 분구형상을 갖고 있었으나 6호분은 겉으로 거의 식별할 수 없을 정도로 분구가 크게 유실되어 있었다. 분구에 대한 정확한 조사가 이루어지지 않았기 때문에 지금으로서는 무어라 단정할 수 없지만 분구의 구축 방법에 차이가 있었던 것이 아닌가 생각된다.

③ 현실의 크기는 무령왕릉이 길이 4.2m에 너비 2.7m이고, 6호분은 길이 3.7m에 폭 2.2m로 무령왕릉이 6호분 보다 약 50cm 정도가 더 크다. 또한 연도는 무령왕릉의 연도가 하나로 이어져 있는데 비하여 6호분은 전후의 두 부분으로 나누어져 있다.

④ 다음에 벽면의 축조에는 모두가 벽돌을 사용하고 있으나 무령왕릉이 4평1수(四平一竪)의 방식으로 쌓고 있는데 비하여 6호분은 10평1수, 8평1수, 6평1수, 4평1수의 순서로 되어 있다.

⑤ 바닥의 관대시설은 무령왕릉이 전면관대를 설치한데 비하여 6호분은 독립관대를 사용하고 있다.

⑥ 벽면에 설치한 등감과 가창은 등감의 수에서 뿐만 아니라 등감과 가창의 설치 위치에서 차이를 보이고 있다. 아울러, 벽면의 구축에 사용된 벽돌도 무령왕릉은 연화문계통의 벽돌을 사용하고 있는 반면에 6호분은 오수전(五銖錢)문양이 시문된 벽돌을 사용하고 있다.

⑦ 무령왕릉의 벽면에는 사신도의 흔적이 없으나 6호분의 벽면에는 사신도를 그렸던 흔적이 남아 있다.

이상에서 본 바와 같이 무령왕릉과 6호분은 전체적으로는 같은 계통의 고분이고, 그 축조 시기 역시 그다지 큰 차이가 없을 것으로 추정되지만 세부적으로는 약간의 차이가 있는 것도 사실이다. 이 외에도 몇 가지의 차이를 들 수 있지만 가장 크게 눈에 띄는 차이점은 위에서 열거한 것들이다. 두 고분의 축조순서를 살펴볼 만한 직접적인 자료가 없는 현재로서는 결국 이러한 차이점을 통해서 두 고분의 축조순서를 추정해 볼 수 밖에 없을 것이다.

Ⅲ. 축조 순서의 추정

앞에서 무령왕릉과 6호분의 위치 및 구조와 두 고분의 차이점을 살펴보았거니와 이들의 선후관계를 알기 위해서는 이러한 차이가 발생하게 된 원인에 대한 설명이 있어야 할 것이다. 그러나 지금으로서는 이러한 차이점이 발생하게 된 원인을 합리적으로 설명할 만한 방법이 없는 것이 사실이다. 이들 이외에 벽돌무덤으로 남아 있는 더 이상의 백제고분이 없는 형편이고, 벽돌무덤의 원류지인 중국 남조의 벽돌무덤과의 충분한 대비도 할 수 없는 실정이기 때문이다. 따라서 이들의 정확한 선후관계에 대해서는 앞으로 더 많은 자료가 축적될 때까지 기다려야 할 것이지만 일단 여기에서 이러한 차이가 생기된 원인을 몇 가지 측면에서 살펴봄으로써 필자가 갖고 있는 관심의 일단을 피력해 볼까 한다.

무령왕릉과 6호분의 축조순서를 살펴봄에 있어 제일 먼저 눈에 띄는 것은 이들이 자리하고 있는 위치가 아닐까 한다. 즉 앞에서도 설명하였듯이 무령왕릉과 6호분은 높낮이로 따지면 무령왕릉이 높은 곳에(북쪽), 그리고 동서(東西)로 따지자면 역시 무령왕릉이 보다 동쪽에 위치하고 있다. 그런데 중국에서 가족묘지내의 묘의 위치는 동쪽에서 서쪽으로 가면서 사망한 순서에 따라 묘를 배열하든가, 아니면 항렬이 높은 사람을 앞쪽에 놓고 낮은 사람은 뒤쪽에 놓는 방식을 택하고 있다.[2] 이러한 방식이 백제고분군에도 그대로 적용될 수 있는지의 여부는 앞으로 더 검토해 보아야 하겠지만 무령왕릉 보다 위쪽에 위치한 송산리 1-4호분의 경우 동에서 서로 일렬로 배열되어 있으며, 그 아래에 있는 7호분과 8호분 역시 일렬로 배열되어 있어 어느 정도 타당성을 높이고 있다. 무령왕릉과 5호분, 6호분은 동서로 일렬로 있는 것은 아니지만 무령왕릉이 5호분이나 6호분 보다 위쪽에 있다는 점에서 일단은 높은 곳에 자리잡은 무령왕릉이 낮은 곳에 자리한 5호분이나 6호분 보다는 먼저 축조된 것으로 추정된다. 묘실의 구조로 보아 무령왕릉은 남쪽으로부터 운구(運柩)되었을 터인데, 무령왕릉의 앞에 5호분과 6호분이 가로막을 수 없고, 또 무령왕릉이 앞에 있는 두 고분의 봉토 접합부를 뚫고 그 보다 앞으로 노출되도록 배수구를 팠다고 보기는 어렵기 때문이다.[3]

다음에는 축조기법에 대하여 살펴볼 필요가 있을 듯하다. 앞에서도 보았듯이 무령왕릉은 벽면을 4평1수(四平一竪)식으로 쌓아 올리고 있다. 즉 동서 장벽의 경우 맨 밑에 작은모쌓기를 한단 하고, 그 위에 길이모쌓기를 한 다음, 작은모쌓기와 길이모쌓기를 되풀이 하면서 벽면을 쌓아 올렸는데, 길이모쌓기는 4단, 작은모쌓기는 1단으로 통일되어 있다. 벽돌을 쌓아 올리는 데에는 공적법(空積法)이 사용되었으나 벽돌과 벽돌 사이에는 간간히 진흙을 발라서 수평을 잡은 곳도 있고, 터널형을 이루고 있는 천정부분 역시 벽돌 사이에 석회를 끼워 접착시켜서 견고

2) 西萍芳, 「中國秦漢魏晋南北朝時代的陵園和瑩域」, 『考古』, 1931-6, p.526.
3) 文化財管理局, 『武寧王陵發掘調査報告書』, 1973, p.11.

하게 구축하고 있다. 이에 비하여 6호분은 길이모쌓기 한 벽돌의 수가 맨밑에는 10단, 그 위에는 8단, 다시 그 위에는 6단과 4단으로 점점 줄어들고 있다. 이러한 방법은 역시 사전에 충분한 계획하에서 6호분이 축조된 것임을 말해주는 것이며, 벽면의 축조 역시 순수한 공적법에 의한 축법을 보여주고 있다. 터널형을 이루고 있는 천정부 역시 벽돌과 벽돌 사이에 석회를 끼우지 않고 순전히 공적법에 의해 아아치를 형성하고 있는데, 이러한 방식은 무령왕릉의 천정 구성에 석회를 사용한 방법 보다는 일단 진보된 것이라고 볼 수 있다.[4] 아울러 이러한 세부적인 차이뿐 아니라 전체적인 벽면의 축조 기법에 있어서도 동서 장벽 및 북벽을 하부부터 위로 올라가면서 차츰 안쪽으로 기울어지게 하여 전체적으로 터널형의 천정을 구축한 것은 무령왕릉의 벽면 및 친정을 쌓은 전축술(塼築術) 보다 한층 발전된 기술임을 말해주는 것이다. 따라서 이러한 축조기법상의 차이로 미루어 볼 때 무령왕릉 보다는 6호분이 후대에 축조된 것으로 추정된다.

다음에는 현실의 축조에 사용된 벽돌의 차이를 들어야겠다. 다 아는 바와 같이 무령왕릉은 연화문(蓮花文)이 시문된 벽돌로 현실을 꾸미고 있고, 6호분은 오수전(五銖錢) 무늬가 시문된 벽돌을 사용하여 현실을 꾸미고 있다. 따라서 지금까지 무령왕릉과 6호분의 축조 순서를 고찰할 때 이러한 시문의 차이는 두 고분의 축조 순서를 반영하는 것으로 곧잘 거론되곤 하였다. 그러나 아직까지 이에 대해서는 뚜렷한 의견의 일치를 보지 못하고 있는 실정이다. 예를 들어 연화문이 시문된 벽돌로 축조한 무령왕릉이 6호분 보다 먼저 축조되었다는 주장이 있는가 하면,[5]

4) 安承周, 「百濟古墳의 硏究」, 『百濟文化』7 · 8合輯, 公州師大百濟文化硏究所, 1975, p.109.
5) 文化財管理局, 앞의 報告書, 1973, p.11.

반대로 6호분의 오수전이 무령왕릉의 연화문 보다 앞선 시기에 유행하던 무늬라는 주장도 있다.[6)] 뿐만 아니라 최근에는 벽돌에 시문된 무늬가 시기 결정의 근거가 될 수 없는 주장도 있다.[7)]

이처럼 무령왕릉과 6호분의 축조에 사용된 벽돌에 시문된 무늬에는 뚜렷한 차이가 있지만 이것이 실제적으로 두 고분의 시기차를 반영하는지 아닌지, 반영한다면 어느 쪽이 앞이고 어느 쪽이 뒤인지에 대해서는 아직 의견이 분분하다. 필자 역시 이에 대해서는 별다른 확실한 근거를 갖고 있는 것은 아니다. 다만 여러 연구자들에 의해 시문된 문양이 시기적인 선후관계를 직접적으로 반영하는 것이 아니라는 사실이 밝혀진 만큼 다른 각도에서 문제에 접근할 필요가 있지 않을까 한다. 여기서 주목되는 것은 몇몇 글자가 새겨진 벽돌의 존재다. 다 아는 바와 같이 무령왕릉에서는 "…士 壬辰年作" 이라는 글자가 새겨진 벽돌이 출토된 바 있고, 6호분에서는 "梁□□爲師矣"라는 글자가 새겨진 벽돌이 출토되었다. 필자는 여기에서 6호분에서 발견된 "梁□□爲師矣" 이라는 글자가 새겨진 벽돌을 주목하고 싶다. '梁' 자 다음의 두 글자는 명확하게 판독되지 않고 있어서 양(梁)으로부터 초빙해 온 전공(塼工)의 이름으로 보기도 하고,[8)] "梁官品…" 이나[9)] "梁官瓦…" 로[10)] 해석되기도 한다. 판독이 어려운 내용을 놓고 어느 해석이 옳다고 당장 주장할 수는 없으나 벽돌의 제조법과 묘제가 양에서 전래된 것만은 분명하

---

6) 齋藤忠, 「百濟武寧王陵を中心とする古墳群の編年的序列とその被葬者に關する一考察」, 『朝鮮學報』81, 1976, pp.129~154.
7) 岡內三眞, 「百濟武寧王陵と南朝墓の比較研究」, 『百濟研究』11, 忠南大百濟研究所, 1980, p.226.
8) 關野貞, 「塼より見たる百濟と支那南北朝特に梁との文化關係」, 『朝鮮の建築と藝術』, 1941, pp.489~490.
9) 輕部慈恩, 『百濟遺跡の研究』, 吉川弘文館, 1971, pp.61~63.
10) 朴容塡 「公州出土의 百濟 瓦塼에 관한 研究」, 『百濟文化』6, 公州師大百濟文化研究所, 1973, pp.69~70.

다. 그러나 벽돌에 시문된 연판(蓮瓣)의 형태가 백제의 전통을 잇고 있는 것으로 보아 백제인에 의해 벽돌이 만들어진 것만은 분명해 보인다.[11] 그렇다고 볼 때 이 벽돌은 무령왕릉과 6호분의 축조 순서를 추정해 볼 수 있는 하나의 단서가 될 것으로 보인다. 왜냐하면, 무령왕릉의 경우에는 문양의 모티브와 전적법(塼積法)이 남경(南京) 주변 양(梁)의 묘와 매우 흡사하여 양의 조묘(造墓) 공인(工人)이 백제에 와서 만든 것으로 추정되거니와[12] 6호분의 벽돌에 새겨진 명문을 "梁官瓦爲師矣"라고 해석할 경우 6호분에 사용된 벽돌은 양의 것을 견본으로 하여 백제에서 만든 것이 되기 때문이다. 즉 무령왕릉은 처음으로 만드는 것이기 때문에 양(梁)의 공인(工人)이 와서 만든 것으로 보이지만 6호분은 이제 공인이 직접 오지 않고도 양의 벽돌을 모방하여 완성할 수 있는 단계가 된 것을 말해주는 것이라고 생각되기 때문이다.

다음에는 구조를 살펴볼 필요가 있을 것이다. 구조적인 측면에서 볼 때 무령왕릉과 6호분은 같은 문화계통 하에서 나온 것은 틀림없어 보인다. 다만 두 고분 구조에서 우선 눈에 띄는 것은 연도의 형식이다. 무령왕릉은 다른 여타의 백제고분과 마찬가지로 단일 구조의 형식을 하고 있다. 반면에 6호분은 전반부와 후반부의 두 부분으로 나누어지는 이중 구조를 보이고 있다. 이는 다른 백제고분에서는 찾아볼 수 없는 매우 파격적인 구조 형식이라고 할 수 있는데, 이러한 두 고분의 구조적인 차이점은 단순한 차이를 넘어서서 축조 순서와도 관련이 있을 것으로 추정된다.

이들과 직접적으로 비교할 만한 백제고분 자료는 아직 없다. 따라서

11) ① 朴容塡,「公州 出土의 百濟 瓦當에 관한 硏究」,『百濟硏究』창간호, 1970, pp.39~52.
② 金永培,「公州 出土의 百濟塼」,『百濟硏究』창간호, 1970, pp.69~71.

12) 岡內三眞,「その後の武寧王陵と南朝墓」,『百濟文化』21輯, 公州大百濟文化硏究所, 1991, p.64.

이것은 무령왕릉과 6호분과 같은 벽돌무덤의 기원지라고 할 수 있는 중국 남조의 벽돌무덤과 비교해 볼 필요가 있는데, 지금까지 알려진 많은 벽돌무덤 중에서 연도가 전후의 두 부분으로 나누어져 있는 것은 주로 남조시대 말기의 것들이다. 예를 들어 무창(武昌) 하가대만(何家大彎) 193호분은 제(齊) 영명(永明) 3년명의 매지권이 나와서 절대연대(485년)를 알 수 있었는데, 연도가 전후의 두 부분으로 나누어져 있다.[13] 무창 수과호 543호분은 육조 중만기에 속하는 것인데, 이것 역시 연도부분이 전후 두 부분으로 나누어져 있다.[14]

중국에서의 전축분의 발생은 서한시대(西漢時代)로 소급되며, 그 후 이 묘제는 육조와 당 · 송을 거쳐 명대에까지 일부가 이어지고 있거니와[15] 무령왕릉과 6호분의 직접적인 원류는 육조시대의 전축분이 될 것인데, 자료는 많지 않지만 육조시대의 말기로 오면서 이러한 이중 구조의 연도가 나타난다는 사실은 우리의 무령왕릉과 6호분의 관계를 살펴보는데 많은 시사를 준다고 생각된다. 따라서 자료가 부족한 감이 있기는 하지만 지금 현재로서는 무령왕릉 보다 6호분이 후대에 만들어진 것이 아닌가 추정된다.

IV. 맺음말

무령왕릉과 송산리 6호분이 위치한 송산리 고분군은 무령왕릉이 발

13) 湖北省博物館, 「武漢地區四座南朝紀年墓」, 『考古』 1965-4, pp.181~184.
14) 湖北省文物管理委員會, 「武昌東北郊六朝墓清理」, 『考古』, 1966-1, pp.50~51.
15) 尹武炳, 「武寧王陵 및 宋山里六號墳의 塼築構造에 대한 考察」, 『百濟研究』5, 忠南大百濟研究所, 1974, p.160.

견되기 이전부터 백제 왕릉지구로 알려져 왔고, 마침내 1971년에 무령왕릉이 발견됨으로써 이러한 추정은 사실임이 증명되었다. 무령왕릉의 발견은 해방 이후 우리 고고학계가 거둔 가장 큰 업적이었다. 처녀분으로 발견되어 당시의 화려한 부장품이 고스란히 발견됨으로써 화려했던 백제문화를 살펴볼 수 있었을 뿐만 아니라 지석이 출토됨으로써 무덤의 주인공과 당시의 매장풍습, 사회상, 그리고 한중관계와 한일관계를 구체적으로 살펴볼 수 있게 되었다.

또한 고고학적으로 중요한 절대연대를 알 수 있게 됨에 따라 백제고분 뿐만 아니라 신라나 가야고분의 편년에도 하나의 기준으로 기능하게 되었다. 그런 점에서 무령왕릉의 가치는 아무리 강조하여도 지나치지 않을 것이다.

무령왕릉이 갖는 이러한 중요성 때문에 무령왕릉에 대해서는 지금까지 많은 연구 업적이 축적되어 있는 것도 사실이다. 그리하여 백제사회의 이해에 상당한 지식을 얻게 되었다. 그러나 이러한 지식들은 단편적이고 일회성에 그치는 것이었으며, 특히 무령왕릉 주변에 있는 많은 고분들과의 관련성을 생각해 보는 데에는 일정한 한계를 갖고 있는 것이었다. 따라서 여기에서는 무령왕릉과 주변지역의 고분, 특히 무령왕릉과 매우 흡사한 구조로 되어 있는 송산리 6호분과의 선후 관계를 고찰해 보았다. 그리하여 결론적으로 무령왕릉보다는 6호분이 나중에 축조된 것임을 확인하였다. 충분한 자료가 확보되지 못한 상황에서 논리를 전개시키다 보니 약간의 오류와 비약도 있으리라고 본다. 그러나 무엇보다도 이를 계기로 무령왕릉과 6호분, 그리고 더 나아가 백제고분에 대한 더 많은 관심을 기울이게 되기를 기대한다.

(공주대학교박물관, 『공주의 역사와 문화』, 1995)

공산성에 대하여

Ⅰ. 머리말

공산성(公山城)은 백제의 왕도 웅진의 수호를 위한 중심적 거성(據城)이었을 뿐만 아니라 백제 멸망 이후로도 공주가 가지고 있었던 인문적 내지 지리적 여러 여건으로 말미암아 군사적으로 계속 중요한 기능을 담당하여 왔었다. 더욱이 성내에 유존한 각 시대의 유적은 성곽 자체의 중요성 이상으로 학계의 주목의 대상이 되어왔던 것이 사실이다. 그러나 불행히도 이에 대한 종합적인 학술조사는 아직껏 실시된 바 없으며, 따라서 공산성에 대한 자세한 내용이 알려지지 않은 것이 지금까지의 실정이었다.[1] 최근 실시되었던 백제문화권 개발을 위한 문화재현황조사의 일환으로 공산성에 대한 전반적인 지표조사가 진행된 바 있거니와, 본고에서는 당시 조사되었던 자료를 중심으로 비록 기초적인

1) 공산성에 대한 학술적인 언급은 문화재관리국, 『문화재대관』 사적편(하) 1976에서의 설명이 거의 전부가 아닌가 한다.

것이기는 하나 공산성에 대한 약간의 지식을 제공해 보려고 한다.

II. 공산성의 현황

공산성은 현재 남쪽으로 공주시가와 연결되어 있고 북쪽으로는 금강의 남안(南岸)에 연(沿)하여, 장축(長軸)을 북서쪽에서 남동쪽으로 비스듬히 두고 위치되어 있다. 그리하여 북으로는 금강에 의하여 차단되고 해발 110m인 공산(公山)의 산세를 십분 이용하여 축성하였을 뿐만 아니라 포곡형(包谷型)의 성곽이 가질 수 있는 특성, 즉 성내(城內)에 평탄지대와 구릉지 등의 공간을 보유함으로써 「어적보민(禦敵保民)」이란 성곽의 본목적에 적합하도록 되어 있다.

공산성은 백제시대에 축성된 이래 여러 차례의 개수(改修)를 거듭하였기 때문에 백제 본래의 축성 내용을 파악하는 데는 어려움이 있다. 현재는 석성이 중심을 이루고 있으나 원래는 토축이었던 것으로 믿어지며, 오늘날의 석성은 대략 조선 중기의 것이 아닌가 한다.[2] 총연장 길이는 2,660m인데, 이를 토성과 석성으로 구분하여 산출하면 토성이 735m, 석성이 1,925m로서 전체의 72.4%가 석성으로 되어 있음을 알 수 있다. 그러나 석성중에는 보존관리의 소홀로 거의 형적을 확인하기 어려울 만큼 붕괴되어 토성과 석성의 구분을 명확하게 하기 어려운 지점도 없지 않다.

성곽의 선(線)은 남측의 경우 능선상에서 밖으로 약간 낮추어 경사면

2) 그러나 석축이라 하더라도 지형상의 문제 때문에 기존의 토성을 전혀 무시한 개축은 하지 않았을 것이다.

을 두르고 있다. 성곽의 내측은 삭토하여 이를 석축의 내탁(內托)에 사용하였기 때문에 깊은 호(壕)가 형성되어 있고, 반면에 외측은 급한 경사를 이루게 된다. 이러한 점은 축성 당시 지형에 대한 면밀한 검토를 통하여 이를 최대한 이용하였음을 의미한다. 진남루(鎭南樓)로부터 서측 250m 지점에서 호(壕)의 규모를 측정한 결과 상면(上面)너비 16m에 깊이가 2m였다.

석성의 축성방식은 북측에 해당하는 공북루(拱北樓) 부근에서 약간의 협축법(夾築法)이 보이기는 하나[3] 기본적으로 흙 · 잡석에 의한 내탁(內托)이며 성석(城石)은 진남루(鎭南樓) 부근의 남측에 사용된 것이 가장 고르고 공북루(拱北樓) 서측 및 영은사(靈隱寺) 앞의 경우 성석(城石)이 가장 크다. 진남루 부근의 축성상태는 현재의 신석재(新石材)에 의하여 거의 개축된 상태이기 때문에 원래의 모습을 파악하기 어려운 점이 있으나 잔존부분의 경우를 보면 30×70cm의 길이를 가진 성석(城石)을, 장 · 단변을 번갈아 성벽의 외면에 나오게 함으로써 토압으로 인한 성곽의 붕괴를 예방하는 배려를 하고 있다. 성석(城石) 1단의 높이는 30cm 내외로서 대체로 전구간에 공통된다. 그러나 성석(城石)의 조정(粗精)의 차이는 지점에 따라서 차이가 크다. 공북루(拱北樓)로부터 서측 150m 지점 이후의 부분은 축성에 있어서 협축(夾築)의 공법을 보이고 있을 뿐만 아니라 성석(城石)이 극히 대형화되어 있다. 이 지점에 사용한 성석(城石) 수점(數點)을 임의 추출하여 측정해본 결과 두께 25cm 내외에 50×120 · 80×75 · 76×62 · 73×56cm 등으로서 공산성에 사용된 성석(城石)으로는 드물게 보는 큰 형태이다. 동시에 성석의 모양은

3) 북축 공북루 부근에서 나타나는 협축은 다른 지점과는 달리 이 일대가 저평한 지대로 개방되어진 지형상의 이유 때문인 듯하다. 공북루 좌우의 100여m는 공산성 내에서 가장 저평한 지역이며 금강하류에 접하여 있고 이 때문에 성내에 형성된 취락도 이 지역을 중심으로 밀집되어 있다.

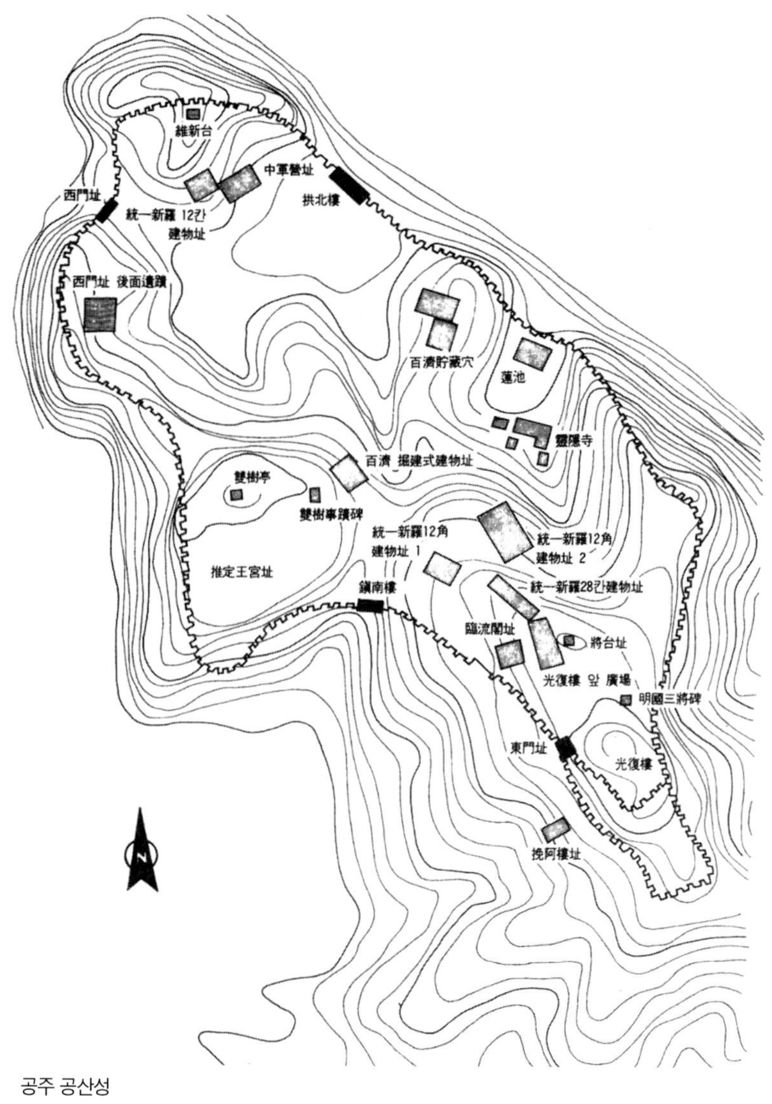

공주 공산성

판석(板石)과 같은 할석(割石)으로 되어 있어 진남루 주변에서 볼 수 있는 각(角)을 둥글게 처리하고 면(面)을 두툼한 호형(弧形)으로 한 성석과는 대조적인 형태를 지니고 있다.

성벽의 단면형태는 수직·내경·규형(圭形) 등의 3가지 형태가 보이며 특히 진남루 동측에서 성곽의 저변(底邊)을 두텁게 하고 중복(中腹)을 안으로 들여밀은 규형(圭形)의 축성이 나타난다. 여기에서 보면 기단부에서 성벽 중간까지는 성석을 차츰 안으로 좁혀 쌓으면서 올렸고 중간 이상 부분은 약간 외반된 듯한 수직을 이루고 있다.[4] 이와같이 성곽의 배(腹)를 들여넣어 홀(笏)과 같은 모양으로 축성하게 되면 성곽의 도괴방지와 적 방어상의 이점을 겸하게 되는 효과를 기할 수 있다는 것이다.[5]

성의 폭과 성의 높이는 위치에 따라 차이가 극히 크다. 비교적 측정이 용이한 진남루로부터 서측 300m 지점의 경우 성의 폭이 6m, 250m 지점의 경우 4.3m, 그리고 성곽 상면의 폭은 1.5m 정도로 나타난다. 한편 성의 높이는 7m 내외가 되는 지점도 있으나 이는 지형에 의하여 크게 좌우되고 있다. 대체로 진남루 좌우의 경우 성의 높이가 높으나 지형 자체가 천연적으로 험조(險阻)함을 이루고 있는 서북쪽·동북쪽 일대의 경우는 2m 정도의 높이에 적석 자체도 극히 조잡한 상태로 되어 있는 것이다.

석성의 축조상태가 가장 양호하게 남아있는 지점은 영은사 앞 수구문(水口門) 밖에 구축된 이중성중 바깥성 부분이다. 이 구분은 바로 금강에 접안하여 있어서 하수(河水)가 평균수량 이상일 때는 반드시 물에 잠기게 되어 있고 유속 또한 급한 지점이다. 그러나 조사기간 중 심한 가뭄으로 인한 금강하수의 고갈은 그 축조상태의 관찰을 가능하게 하였다. 전장 43m, 성의 높이는 7.4m의 이 구간은 강변의 양측 암벽에 부

---

4) 이 부분은 보수공사시 일부 개축이 시행되었지만 원래의 축성방식을 파악하는 데는 큰 지장이 없다.
5)『華城城役儀軌』卷一 御製城華籌略

공산성 원경

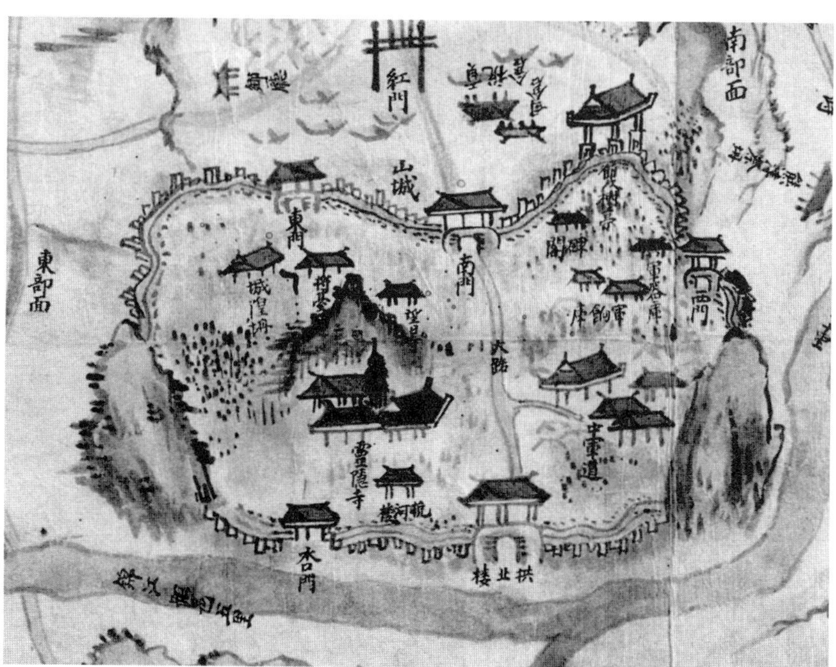

공주목 지도의 공산성

착하여 축조시킴으로써 현재는 양 암벽 사이에 형성된 산곡간 지대의 토사붕괴를 방지하는 축대의 역할도 겸하고 있는데, 그 유존 상태는 거의 원상태에 가깝다.

하반부는 비교적 크고 고른 성석을 잘 정렬시켜 축석하였고 6m 이상은 보다 작으나 연마된 성석으로 일정하게 적석하고 있다. 이 부분은 『여지도서(輿地圖書)』에도 그 자세한 기록이 나오고 있어[6] 일찍부터 주목의 대상이었던 것 같다. 원래 이 성의 축조시에는 하수(河水)와 접촉되지 않았을 것인데 하상(河床)의 상승으로 인하여 이처럼 강물에 잠기게 된 것으로 생각된다.

총 2,660m의 구간중 토성으로 잔존되어 있는 부분은 전체의 27.6%에 해당하는 735m이다. 토성은 주로 광복루(光復樓)와 동문지를 중심으로 한 동쪽구 구간에 이중의 겹성 형태로 구성되어 있는데 이것은 백제 본래의 토축 상태를 전하여 주는 것으로 생각된다. 동문지 분근의 겹성 구조는 공산성 구조상의 일 특징을 이루고 있거니와 내측성(內側城)은 공산의 정상에 해당하는 광복루 부근의 고지대를 경유하여 능선을 따라 진남루 쪽으로 연결되고, 이 선상(線上)에 자리잡고 있는 동문지에서 다시 산 중복(中腹) 경사면을 도는 외측성(外側城)이 분기된다. 이 외측성은 전장 467m로서 모두 토축으로 되어 있는데, 후대의 방치와 밭 경작 등에 의한 지형 교란으로 말미암아 극히 퇴폐된 상태에 있다.

토성의 구축은 적심석을 다수 혼합한 토석혼축의 형태이며 이러한 현상은 동문지 북측 내측성(內側城)의 경우 특히 심하여 토사보다 잡석이 더 많은 비율을 차지하고 있다. 현존하는 토성의 높이는 1m 내외이며, 동문지 부근에서는 성곽 안쪽에 조성된 2m 깊이의 호(壕)도 확인된

6)「東北間水口門外 鑿一池 築外城 長三十五丈 五十二尺 四十四步 高六丈 十八尺 八步半 堞三十堞」(『輿地圖書』 公州牧 城池條)

다. 토성의 성 너비는 저면 6m, 상면 3m 로서 저면의 너비와 상면의 너비가 대략 2 : 1의 비례를 보여준다. 공산성이 이 지점에 와서 유독 2중의 겹성을 형성하고 있는 것은 지형상의 요인이 크게 작용한 것으로 생각된다. 즉 이 지점의 능선 외측은 다른 지점과는 달리 완만한 경사가 계속됨으로써 적 방어상의 취약성을 안고 있으며, 이러한 지형상의 문제점을 감안 이중의 겹성이 축조된 것으로 추측되는 것이다.

III. 부대시설

성곽의 부수시설로는 성문(城門)과 수구문, 초소지(哨所址), 치성(雉城) 등을 들 수 있다. 성문은 성 내외의 출입 및 적의 방어와 공격에 필수적인 시설이거니와 공산성의 경우 원래 동서남북의 네곳에 성문이 시설되어 있었다. 그러나 현재는 남문인 진남루와 북문인 공북루만이 현존하고 동·서문은 그 터만 잔존할 뿐이다. 공산성의 주문(主門)은 역시 남문과 북문이며 동·서문은 그 위치상 중요성이 훨씬 덜하였으리라 짐작된다. 진남루와 공북루는 각각 산성의 남북에 위치하여 초익공 팔작지붕의 문루 형식으로 되어 있는데, 특히 공북루의 경우에는 일반 성곽에서 보는 성문과는 달리 2층의 다락집으로서 아래층의 중앙어간(中央御間)에는 문짝 둔테구멍이 남아 있다. 이같은 성문양식은 고창읍성(高敞邑城)의 공북루(拱北樓)와 유사한 것이다.[7] 양문(兩門)의 규모는 공북루가 정면 5칸 측면 3칸(90.5m^2)이며 진남루가 정면 3칸 측면

7) 문화재관리국, 『문화재대관』 사적편(하), 「고창읍성(高敞邑城)」, pp.162~165 참조.

2칸(44m²)의 규모이다. 한편 현재 남아있지 않은 동서의 문이 어느 때 유실되었는지는 정확하게 확인할 수가 없다. 그러나 『여지도서(輿地圖書)』의 공주지도에 동문과 서문이 명시된 데 비해 『대동지지(大東地志)』에서는 「남북으로는 두 개의 문이 있고 동북(東北)으로 수구문(水口門)이 있다」고만 한 것을 보면 파괴된 시기는 두 지지(地誌)의 편찬연대를 기준으로 1760년에서 1864년의 중간인 100여년 어간이 될 것 같다.

현재 공산성내에는 진남루 쪽에 복원된 수구(水口) 1개소가 있고 공북루 서측 30m 지점 및 영은사 앞에 수구문지(水口門址)로 알려진 지점들이 있다. 공북루 옆의 경우는 현재 성벽이 절단되어 폭 10m의 강에 닿는 도로가 개설되고 부근 민간에서 나오는 오물(汚物)의 하치장처럼 되어있어 원상의 파악이 어렵다. 그러나 현재에도 폭 50cm의 석조 수구(水口)가 시설되어 있고 지형상으로 볼 때 수구(水口)가 있었으리라는 점은 확실하다. 현재의 수구는 물론 근자의 것으로 보아지나 성석(城石) 등 다수의 구석재(舊石材)를 사용하여 만들어졌으며 이 수구 밖의 오물적치장(汚物積置場) 밑바닥에 역시 다수의 석재들이 매몰되어 있음을 확인할 수 있었다.

영은사 앞의 수구문지는 너비 2m로서 보존상태가 양호하다. 특히 성곽의 양단부는 대형의 석재로 축석하였는데 이는 유수에 의한 석재의 유실, 도괴의 방지를 위한 조처라 생각된다. 바닥 역시 대형의 자연석재를 부석하였는데 그중에는 문주석(門柱石) 등으로 사용되었을 법한 석재 2점이 노출되어 있고 그 위 성벽면에는 깊이 25cm의 원추형 홈이 파인 석재가 박혀있어 역시 수구문(水口門)과 관련이 있는 것으로 보인다. 『여지도서(輿地圖書)』에 의하면 여기서 암문(暗門) 1개가 시설되어 수구문으로 이용되었음이 확실하다.

초소(哨所)로 사용되었을 듯한 공산성내의 고대(高台)는 금번 조사에서 5개소가 확인되었다. 이들은 모두 성곽이 급하게 꺾어지는 지점,

특별히 돌출한 지점에 위치하여 전망이 좋고 시야가 넓으며 적심석(積心石)을 넣어 지반을 단단히 다져 놓고 있다.

- 고대(高台) a : 성 중심부로부터 남서측, 진남루로부터 150m 지점에 위치하며 규모는 5×7m이고 남서쪽을 응시하도록 되어 있다.
- 고대(高台) b : 고대 a로부터 300m 북쪽이며, 역시 돌출부 우각에 자리하여 서쪽을 응시하도록 되어있으며, 규모는 5×6m이다.
- 고대(高台) c : 서문지로부터 북쪽 100m 지점, 동측으로 꺾어지는 귀퉁이에 조성되어 동북측을 감시하는 초소였던 듯하며, 규모는 5×7m이다.
- 고대(高台) d : 성 중심부에서 동쪽 고지대 돌출부에 위치하여 금강 이북을 응시하도록 되어 있으며, 크기는 6×10m이다.
- 고대(高台) e : 동문지 부근의 토성 위에 위치하여 남동측을 감시하였던 자리로 보이며, 규모는 5×5m이다.

진남루로부터 동쪽 90m 지점에는 성곽보수공사시 복원한 치성(雉城) 1개소가 있는데 현재에도 그 기단부와 하단 일부는 원래의 성석이 남아있다. 치성의 형태는 길이 9.8m에 성곽의 선으로부터 약 3m를 밖으로 돌출시켜 철(凸)형을 만들고 있다. 여기에 사용된 원래의 성석은 장대석과 같은 모양의 장방형에 각을 둥굴게 하고 면을 호형(弧形) 두툼하게 처리한, 잘 정제(整齊)된 것이다. 치성은 적 방어상 극히 중요한 시설이지만 우리나라의 경우는 별로 보편화되어 있지 못하고 공산성에서도 1개소만이 있을 뿐인데 이는 우리나라의 경우 성곽 자체가 치성의 효과를 내고 있기 때문에 특별한 시설의 필요가 없는 것이 많다는 것이다.[8] 한편 『여지도서(輿地圖書)』에 의하면 「타팔백오첩(垜八百五堞)」이라하여 성곽에 여장(女墻)은 시설이 있었던 것으로 되어 있으나 『여

8) 치성에 대한 일반적 설명은 『華城城役儀軌』 卷首 圖說참조.

지도서(輿地圖書)』 공주목(公州牧) 성지조(城池條)에는 그 흔적이 전혀 발견되지 않고 있다.

IV. 맺음말

본고에서는 공산성의 축조 내용과 그에 부수된 여러 시설물에 대하여 살펴보았다.

공산성은 오랫동안 관심의 부재로 방치되어 왔던 까닭에 거의 전면적인 보수가 불가피한 실정일 뿐아니라 도로의 개설, 택지조성, 과수원, 전지경작(田地耕作) 등으로 말미암아 지형의 변경은 물론 성내외 유적이 파괴 인멸되고 있는 각종 문제점을 안고 있다.

또한 성내에는 현재 사찰 · 누정(樓亭) · 비석 · 누정지 · 추정 군창지를 비롯하여 임류각(臨流閣) · 연지지(蓮池址) 등 백제시대 이래의 각종 유적이 잔존되어 있으며 이러한 성내사적에 대해서는 차후 별고를 통해 상술할 생각이다.

(『고고미술』138 · 139, 1978)

백제사회의 발전과 고분문화

Ⅰ. 머리말

백제사의 연구에 가장 큰 문제인 자료의 부족이라는 한계를 극복하는데 다소나마 도움이 되고져 기왕에 조사된 백제고분을 종합하여 고찰해 보았다. 이에 백제고분을 축조 재료에 따라 토광묘(土壙墓), 옹관묘(甕棺墓), 석실묘(石室墓), 전축묘(塼築墓), 화장묘(火葬墓)로 대별한 후, 여기에 구조 양식에 따라 세분하여 고찰함과 함께 나아가 고분의 편년과 피장자의 신분을 살펴서 지배세력의 변화와 어떠한 연관을 이루고 있는지도 알아본다.

여기에서 백제고분의 편년은 고분 유형의 변천추세와 더불어 고분출토 유물을 이루고 있는 토기의 편년을 적용하여 이루어진 것이다.

II. 고분의 형식과 지배세력의 변화

토광묘는 구조가 단순하지만 조영상에 있어서 몇 가지의 특징을 지적할 수 있다. 그 하나는 고분의 입지조건에 있어서 대체로 평지형과 산지형으로 나눌 수 있다. 또 하나는 묘광의 구축에 있어 지하식과 지상식으로 구분되는데, 지상식의 묘광을 지닌 토광묘는 평지에 축조되었을 뿐만 아니라 봉토를 남기고 있다. 반면에 산지형의 토광묘는 대부분 지하식의 묘광으로 구축되고, 봉토가 남아 있지 않은데, 이것은 유실에 의해 삭토된 것으로 보는 것이 타당하리라 보았다. 한편 장법(葬法)에 있어서는 단장(單葬), 다장(多葬)으로 구분되는 바, 다장의 경우는 봉토하에 다광(多壙)이란 특징을 보이며, 단장의 경우는 일봉토(一封土)에 한 시신을 매장하고 있음을 말한다. 그런데 단장으로 파악되는 대부분의 토광묘에 있어서, 봉토가 유실되어 있고, 나아가 묘광의 밀집현상이 두드러진 예가 있기 때문에 이들이 한 봉토하에 다광(多壙)의 형태라는 것도 전혀 배제할 수는 없으리라 본다.

토광묘는 그 조사예가 많지 않아 어려움은 있으나 조사된 고분 중 서울 가락동, 석촌동, 서산 대산면 명지리, 영암 만수리, 부여 소사리, 청주 신봉동 토광묘 등은 대체로 백제 초기부터 A.D 4세기 말 경까지로 편년되는데, 이중 가락동의 토광묘가 비교적 이른 시기의 것이며, A.D 4세기말경의 것은 명지리, 만수리의 것을 포함시킬 수 있다.

옹관묘는 백제시대 전기간에 걸쳐 존재하며, 전역에 분포되어 있다. 옹관묘의 조영형식도 다양하게 이루어지고 있는데, 묘의 구축형식에 따라 지상봉토식과 지하매장식으로 구분된다.

지상식은 대체로 영산강유역의 대형 옹관묘에서 확인되고 있으며, 이외에 한강유역의 가락동 2호분에서도 발견되는 예이다. 지하에 매장하는 형식은 백제 전역에서 발견되는 바, 지하에 광(壙)을 파고 그 안에 옹관을 안치하거나 혹은 지하에 석곽시설을 한 후 옹관을 안치하는 것이 있다. 사용된 옹의 형태에 따라서 일상용기를 사용한 것과 전용 옹관을 사용한 것으로 구분될 수 있지만, 전용 옹관은 현재 영산강유역에서만 발견되고 있다. 더불어 옹의 종합형태에 의해 합구식 혹은 단옹식으로 나누기도 한다. 옹관묘에 있어서의 또 다른 특징은 영산강 유역의 대형 옹관묘와 같이 독립적 주체로서 존재하는 것이 있는가 하면, 한강 · 금강유역에서와 같이 석실분의 배장(陪葬)으로 잔재하는 것도 있어, 이들이 지닌 사회적 의미가 다르다는 것을 나타낸다.

옹관묘는 분포지역 뿐만 아니라 축조시기도 광범위 하게 걸쳐 있다. 먼저 서울 가락동 2호분과 석촌동 파괴분내 옹관묘 축조시기는 A.D 2세기로 비교적 이른 시기에 축조된 것이다.

금강유역의 옹관묘는 공주 웅진동 1호 옹관묘는 A.D 4세기 말 경으로 편년되었고, 부여 염창리와 능산리의 옹관은 A.D 6세기 말 경으로 편년하였는데, 이들은 대체로 석실분과 함께 발견되었음을 고려한 것이다. 한편 전북지역의 옹관묘는 A.D 2세기말경부터 A.D 4세기 후엽까지 걸쳐 축조된 것으로 보았다. 영산강 유역의 옹관묘는 초기 철기시대부터 존속되고 있다. 이중 나주와 영암지역에 분포되어 있는 대형 옹관묘는 A.D 3세기 후엽부터 4세기 후엽까지 약 100여 년 간에 성립된 것으로 보았으며, 특히 나주 신촌리 9호분은 A.D 4세기 중엽에 이루어진 것으로 편년된다.

석축묘는 조영형태에 따라 계단식 적석총, 수혈식 석곽묘, 횡혈식 석실분의 세가지 형식으로 대별하였으며, 이중 횡혈식 석실분은 다시 벽과 천정의 조영형식에 의해 궁륭상천정석실분, 맞배천정 석실분, 터널형 석실분, 평석천정 석실분으로 구분하였다. 평석천정 석실분은 또 다시 맞조임식 설실분, 괴임식 석실분, 사벽임직 석실분으로 세분하였다. 이들 석실분은 계통적 변천과 함께 시간의 경과에 따른 변화에 기인하는 것으로 보았다.

석축묘의 편년은 수혈식 석곽묘 이외 형식은 백제 지배세력의 변이의 시기가 확정, 편년된다. 즉 계단식 적석총의 경우 그 기원에서 알 수 있듯이 한성 초기에 이루어진 것이 대부분으로, 조사된 석촌동 4호분의 경우 적석총 형식 중 가장 늦은 시기인 4세기 말 경으로 볼 수 있다. 이외의 횡혈식 석실분은 적석총과 관련을 가지면서 축조되고 있는데 가락동 3호분, 방이동 1호분은 A.D 5세기 후엽 경으로 편년되며, 공주 송산리 5호분은 A.D 6세기초로 편년되는 바 대체로 궁륭상천정의 형식이 이 기간에 축조된 것으로 볼 수 있다. 맞조임 평석천정 형식은 터널형식이나 궁륭상천정 형식이 발전 변화된 것으로, 가락동 5호분은 A.D 5세기 말경이나 6세기 초로, 남원 M43호, M21호 등은 6세기 중엽부터 7세기 초로 편년된다. 괴임식 석실분은부여 능산리의 예에서 보듯이 사비로의 천도 후에 축조되고 있어 편년도 당연히 A.D 6세기 중엽부터 백제의 말기까지 계속된 것으로 보았고, 사벽수직의 석실분은 괴임식이 발전된 형식으로 백제의 말기에 속하는 것으로 편년된다.

한편, 백제 전역에 분포되어 있는 수혈식 석곽묘는 청동기시대의 재래식 묘제가 전승된 것으로 청자양형명기(青磁羊形明器)가 출토된 법천리 2호 석곽묘가 A.D 3세기경으로 편년되는 것을 비롯하여 방이동 5호분, 공주 송산리 7호분은 5세기 말 경으로 편년된다.

전축분은 백제지역에 3기가 조사되었는데, 다른 유형의 고분과 달리 사전에 면밀한 기획과 설계로 이루어졌는 바 이는 공주 교촌리 3호분과 송산리의 6호분, 무령왕릉에서 확인된다. 이들 세 전축분은 구조양식이 대동소이한데 모두 남북으로 긴 장방형의 평면에 연도가 남벽중앙에 부설되었으며, 배수구가 시설되어 있고, 사벽을 소위 공적법(空積法)으로 쌓으면서 동서벽을 내곡시켜 아치형 천정부를 구성하고 있는 점이 동일하다. 다만 6호분의 사벽에는 벽화가 있으나 무령왕릉에는 없고, 6

호분의 연도가 전후로 2구분된 점, 전의 문양이 무령왕릉은 연화문이 지배적인데 6호분은 오수전문이 지배적인 점, 관대(棺臺)에 있어 무령왕릉은 합장형인데 6호분은 단장이고, 벽면에 설치한 감실이 6호분은 7개인데 무령왕릉은 5개라는 차이가 지적될 따름이다.

전축분은 공주 송산리 6호분과 무령왕릉이 대표적인 예이지만, 무령왕릉의 절대편년이 이루어져, 그 조영시기가 명확하다. 다만 6호분과 무령왕릉과의 선후문제에 있어 6호분의 축법(築法)이 무령왕릉 보다 한 단계 진보된 수법을 보이고 있어 6호분이 늦은 시기의 것으로 본다.

화장묘제(火葬墓制)는 백제후기에 이르러 불교의 성행과 더불어 중국 남조에서 들어온 새로운 장제로, 그 유적은 주로 부여지역에 국한되어 조사되었다. 조영양식은 대체로 두 종으로 나누어지는데 하나는 생토층을 파고 그 안에 1점의 골호를 안치하는 형식과 또다른 하나는 골호 주위에 부장토기를 넣는 다기식(多器式)으로 구분된다.

화장묘는 대체로 부여지역에서만 조사되고 있어, 백제가 부여로 천도한 후의 시기로 편년된다. 더불어 단기식 화장묘가 다기식(多器式) 화장묘 보다 후행형식인 것으로 볼 수 있다. 이는 다기식이 부장유물을 넣는 재래식 전통장법이 가미된 것으로, 다기식이 단기식으로 변천하는 과정의 과도기적 현상으로 보이기 때문이다.

마지막으로 고분의 유형별 고찰과 그 편년관을 바탕으로 고분 피장자의 사회적 성격이랄까 혹은 백제사상에서 고분의 변천에 따른 제 변화상에 대한 것을 간략하게 언급하고자 한다.

토광묘나 옹관묘, 수혈식 석곽묘는 청동기 시대의 전통을 계승한 재래식 묘제로 백제 성립 후에도 이후에도 그 고지(故地)에서 계속 존속되었다. 그러나 백제지배층인 유이민과 함께 들어온 신래(新來)의 적석총, 또는 횡혈식 석실분 등장은 이들 재래식 묘제에 변화를 일으키게 되는데, 이는 당시에 지배층의 중심 묘제인 적석총 또는 횡혈식 석실분의 변화·확대와 밀접한 관련을 맺으면서 존속된다.

토광묘의 경우 서울 가락동, 석촌동의 것은 백제 초기로 편년됨과 아울러 편년된 시기에는 아직 적석총 계열의 신래묘제(新來墓制)가 확대되지 않은 시기임을 알 수 있다. 더불어 청주 신봉동의 토광묘도 적석총이나 횡혈식 석실분 계통의 묘제가 파급되기 이전에 축조된 것으로, 아직은 토광묘 사용인들이 독자의 전통을 지닌 문화를 향유하고 있던 시기로 보인다.

옹관묘의 경우에 있어서도 신래(新來)한 백제 지배층의 묘제인 적석총, 횡혈식 석실분의 팽창과 관련하여 그 성격을 달리하고 있음을 볼 수 있다. 예컨대 부여 염창리와 능산리의 옹관묘는 횡혈식 석실분의 봉토 내에 배장(陪葬)되고 있어, 지배층 묘제의 남하에 따라 기존사회가 개편되면서 전통묘제가 격하되고 있음을 보여주고 있다. 반면 아직 백제의 중앙세력이 파급되지 않은 시기에는 옹관묘 자체의 독립성을 유지하고 있는데, 영산강 유역의 옹관묘가 그 대표적인 것으로 볼 수 있다. 즉 A.D 4세기 중엽경으로 편년되는 나주 신촌리 9호분을 보면, 출토유물이 금동관, 단봉문환두대도(單鳳文環頭大刀)를 비롯한 수준높은 금속제품이 출토되었고, 토기류도 58점에 달하고 있다.

이 같은 고분의 편년시기 및 출토유물로 미루어 2호분의 피장자는 백제의 중앙세력이 미치기 이전의 시기에 잔존한 마한제국 중 일국(一國)의 군장분묘(君長墳墓)로서 축조되었음을 알 수 있다.

석축분 중 수혈식 석곽묘도 재래식 묘제로, 신래(新來)의 적석총, 횡혈식 석실분의 확대에 따라 변화가 일어나고 있음을 알 수 있다. 수혈식 석곽묘는 초기에 독자성을 지닌 채 조영되었음은 법천리 2호분의 예로서 파악되나 시기가 내려올수록 신래묘제(新來墓制)에 흡수되어 그 지위가 격하되고 있다. 즉 송산리 7호분이나 웅진동 22호분은 각기 횡혈식 석실분의 배총으로 잔존하고 있음에서 알 수 있다.

이와 같은 고분의 변화양상은 각 유형의 고분이 지닌 성격을 나타내는 것으로 백제 지배층의 묘제인 횡혈식 석실분 계통의 확대에 따라 변화를 겪고 있는데, 이러한 고분의 변화양상은 백제의 중앙 정치세력의 확대와 밀접하게 관련하여 이루어진 것으로 볼 수 있다. 그러나 이와 같은 재래식 묘제와 신래의 묘제와의 관계 이외의 백제의 사회사상은 변화에 따라 묘제의 변천을 나타내는 예로 화장묘를 들 수 있다. 이는 묘제가 사회상의 변화를 밀접하게 반영한다는 또 다른 증거가 될 수 있을 것이다.

(『웅진문화』2 · 3합집, 1990)

백제사상의 웅진시대
- 고고학적 연구성과를 중심으로 -

웅진시대의 백제는 정치적 불안정을 딛고 일어서서 난숙하고 완비된 사비시대를 맞게 한 전초적인 도약대였다. 국력을 집약하고 안정을 도모하는 과정과 중흥을 위한 노력이 함께 이루어졌다고 볼 수 있다. 동성왕 때부터는 내외적 문제를 자체적으로 해결하고 새로운 융성을 여는 출발점으로 그 역사적 의의는 매우 크다고 볼 수 있다.

여기에서는 웅진시대의 도성시설, 능묘, 궁지 등의 고고학적 연구내용을 일제 하의 36년간과 광복 50년간을 나누어서 언급하고자 한다.

일제시대에는 조선총독부에 의해서 송산리 고분군과 교촌리 고분 등을 간단히 조사하여 결과보고서를 발행하였고, 일인학자로는 가루베지온(輕部慈恩)이 송산리 6호 전축분과 공주 근교의 파괴 석실분, 사지 등을 조사하였고, 동경대학 세키노(關野貞)는 그의 저서 『朝鮮の建築と藝術』에서 송산리 6호분의 구조와 기원을 언급한 것이 연구 활동의 대부분이었다. 이러한 조사연구는 자료를 소개한 정도의 한계를 지니고 있었다. 광복 후 1970년도까지 한국학자들이 공주지역에 분산되어 있는 유적과 유물을 조사 연구한 것도 일인학자들이 연구한 방법론을 계속하였다고 볼 수 있다.

그러나 1971년 무령왕릉이 발굴 조사되면서 백제사 연구가 활발하게 진행되었다. 무령왕릉의 발굴이 광복후에 가장 큰 발굴이었고 그 성과는 한국고대문화사에서 백제문화사의 비중을 재인식시켜 주었고, 왕릉 출토 유물은 6세기 초 백제조형문화의 위상을 새롭게 확인시켜 준 귀중한 자료가 되었다. 왕릉의 축조는 일인학자들의 주장이 억측이었고, 사전설계에 의해서 공적법으로 쌓았음이 확인되었다. 쌓은 순서는 연도를 먼저 완성한 후 현실이 네 벽을 엇물려 쌓고, 아치형 천정을 남측부터 쌓기 시작해서 북측 천정을 완성하였음도 실측과정에서 파악되었다.

부장품 중 금제관식과, 왕비 팔찌, 장신구 등의 금속공예품의 제작 기술은 6세기 초 중국제품들의 수준에 가깝도록 성숙된 모습을 보여 주고 있다. 이들 부장품은 웅진시대의 중국과의 문화교류가 활발하였고, 외래문화 수용이 매우 진취적이었음을 엿볼 수 있는 작품들이다. 그리고 1980년부터 발굴조사한 공산성은 내성으로 천도 당시 궁실로 짐작되는 굴건식 건물과 『삼국사기』 동성왕 22년 조에 있는 궁궐의 부속시설인 임류각지와 연못 등을 발굴하여 당시 도성내의 시설과 그 경영의 실상을 파악하는데 많은 성과를 얻었다.

공산성인 내성은 문주왕이 웅진으로 천도하기 전에 이미 작은 규모로 축조된 성이 있었고, 그 성안에 굴건식 건물을 세워서 궁실로 사용하였다고 믿어지며, 그 후에 굴건식 건물을 헐고 초석을 사용한 궁실을 중건한 것으로 파악되었다. 현재 2.6km의 포곡형 공산성은 동성왕대나 아니면 무령왕대에 확장 축조되었을 가능성이 큰 것으로 짐작되고 있다. 초창의 궁실로 짐작되는 건물지 앞에는 정원 연못도 발굴하였고, 그 연못 내에서 백제기와, 백제 수막새기와 등을 발굴한 것도 큰 수확이었다. 특히 부속시설로 목곽 저장고의 발굴과 생토를 자루형으로 파 놓은 대형 저장공은 성내에 저장 시설이 있었음을 확인할 수 있었다. 궁실 동쪽 언덕 위에 있는 임류각지는 정방형에 가까운 건물로 초석 42개

중에서 31개가 원위치에 놓여 있었고, 11개의 초석은 초석 괴임돌만 남아 있었다. 초석간의 거리가 좁은 것으로 보아서 쉽게 고층 건물터임을 알게 되었다. 그 건물지 내에서 "류(流)"자의 명문이 새겨진 기와편의 발견은 임류각지임을 추정하는데 좋은 자료가 되기도 하였다.

그리고 공산성 북쪽 영은사 앞 강변에서 동성왕 22년 봄에 파놓은 연못도 시굴하였으나 영은사 부속건물이 인접되면서 아직 전면조사를 실시하지 못하고 있는 실정이다. 공산성내의 시설은 이밖에도 통일신라, 고려, 조선조에 이르기까지 계속되었음을 발굴 조사 결과 알게 되었다.

성의 기능도 조선말기 중군영지의 발굴에서 동학군과 일군이 싸울 때 일군이 사용한 일제의 인마 살상용의 총탄이 발견된 점으로 보아서, 1893년대까지는 성의 기능이 발휘되었음을 알 수 있게 한다. 부여 부소산성도 내성으로 공산성과 유사한 시설들이 계속 조사되고 있음은 백제의 도성경영을 파악하는데 큰 도움이 될 것으로 믿는다.

또한 웅진시대에 불상을 봉안한 석굴사원도 공주시 주변지역 곳곳에서 확인되고 있다. 천도 당시에는 자연석굴을 이용하여 불상을 안치하였다고 알려진 서혈사지, 남혈사지를 조사하였고, 국력이 회복되면서 평지에 사찰을 건립하였다. 시내에 소재하고 있는 대통사지는 성왕 때 창건된 사찰로 사지에는 당간지주가 자리하고 있다. 당간지주 후면 금당지로 추정되는 곳에서 석조 2기도 공주박물관에 옮겨 놓았다. 이 대통사는 왕실의 사찰이었을 가능성도 있다. 부여의 정림사와 같은 성격의 사찰이었다고 믿어진다.

웅진시대의 고고학은 일인학자들에 의해서 시작되었다. 그들은 백제 유적과 유물을 소개하면서 그 기원을 밝히는데 주력하였고, 그 결과 중국 미술품들과 꼭 같다고 표현하였다.

다시 말하면 모방적인 작품들로 백제인들의 독창성을 인정하지 않으려 하였다. 그러나 이러한 해석은 백제조형문화를 모방적인 성격이 강한 것으로 규정지으려는 의도에서 비롯된 것으로 보인다. 오히려 중국 문화를 수용하여 그 당시 현실을 적응시킨 창의력이 강한 문화였음이 무령왕릉의 발굴로 밝혀졌다. 일인학자들의 잘못된 해석은 자료의 부정과 백제의 유적 · 유물을 구체적으로 파악하지 못한데서 기인된 것으로 판단된다.

광복 이후 1971년까지 약 25년 동안은 자료를 발굴하고, 그 자료의 개별적인 내용 해석에만 노력을 경주하고 유적과 유물을 종합적으로 파악하는 데는 큰 진전을 시키지 못한 것도 사실이다. 그러나 1971년 무령왕릉이 발굴되면서 백제고고학 연구에 활기를 찾게 되었다.

그 결과 서울, 공주, 부여, 익산 등지에서 커다란 조사 성과를 얻게 되었다. 특히, 웅진시대의 도성의 면모를 대략이나마 파악하게 된 것은 다행한 일이다. 내성인 공산성의 중요시설 성격과 천도 당시의 궁지, 왕실의 사찰, 능묘, 그리고 중국과 일본을 내왕한 통로인 금강의 기능, 선착장인 터미널의 위치 등을 파악하게 된 것은 웅진도성의 경영 대략을 짐작할 수 있게 되었고, 향후 도성의 구체적인 조사에도 커다란 지침이 될 것으로 믿는다.

(『백제문화』24, 1995)

백제문화 유적의 보존관리와 그 문제점

Ⅰ. 머리말

우리나라 고대문화의 형성과 그 전개과정에서 백제문화가 차지하는 비중이 지극히 크다고 하는 것은 새삼 논의할 필요조차 없는 주지의 사실이다.

백제는 한반도 서남부를 그 중심 거점으로 하여 빈번한 중국과의 통교를 통하여 발달된 문물을 가장 선진적으로 흡수하면서 백제 독자의 문화를 발전시켰으며, 백제의 풍요한 경제적 기반은 더욱 이러한 문화의 전개를 용이하게 하였다. 그리하여 백제의 문화는 동쪽 신라와 바다 건너 일본으로 퍼져나가 그들의 문화내용에 커다란 영향을 미쳤던 것이다.

고대국가 단계에 있어서 백제문화의 이같은 절대적 비중에도 불구하고 유감스럽게도 오늘날 우리는 당시의 문화를 제대로 파악하고 있지 못한 실정이다. 그것은 무엇보다도 자료의 빈곤 때문인데, 이같은 자료의 빈곤이란 다름아닌 백제가 망국의 나라였다는데 크게 기인한다. 나당연합군에 의하여 백제의 유산은 숱하게 파괴의 운명을 맞았으며, 백제의 역사 또한 거의 인멸되어 후대의 기록에 근거하여 겨우 그 불충한 복원을 시도하지 않으면 안 되는 형편인 것이다.

이같은 연유로 오늘날 우리에게 넘겨진 당시의 문화유산이란 한마디로 빈약함을 면치 못한다. 이 때문에 오랜 동안 백제문화는 일반인들에게 아무런 관심도 흥미도 일으키지 못하였다. 그러나 남겨진 유산이 적다하여 그것이 곧 백제문화의 저급성을 말해주는 것이 아니기 때문에 잔존유산에 대한 보다 많은 연구와 천신만고 끝에 오늘날 우리에게 넘겨진 문화유적을 더욱 아끼고 보살펴야 한다는 무거운 책무가 부가되어 있는 것이다.

이상과 같은 전제에서 오늘날 백제시대 유적들은 대체 어느 정도 남아있고 또 어떠한 상태로 존재하는가. 그리고 이를 어떻게 아끼고 보존해야 하는가. 이 같은 문제를 점검하는 것이 바로 이글의 목적이다.

II. 백제 문화유적의 분포

오늘날 백제시대의 유적은 주로 당시의 수도권을 중심으로 하여 분포되고 있다. 백제초기의 중심이었던 지금의 남서울 일대는 백제초기의 유적이 남아있고 웅진과 사비에의 천도로 이어지면서 공주와 부여 일대에 각각 중 · 후기의 유적을 주로 남겼던 것이다.

대체로 백제시대의 시대구분은 도읍의 존재시기에 따라 한성시대, 웅진시대, 사비시대로 3구분하는 것이 통례이거니와 그것은 다시 수도의 천도가 사회변화 내지 문화내용의 변화 발전에 밀접한 상관을 가지고 있었던 것으로 보아지기 때문이다. 유적의 분포 또한 대체로는 이와 일정한 상관성이 있다고 보아진다.

남서울 지방 일대에 분포하는 주요 백제유적으로는 석촌동고분, 풍납리토성, 몽촌토성과 같은 것을 들수 있다. 석촌동의 계단식 적석총은 백제초기의 고분이 고구려 묘제의 영향을 직접적으로 받고 있어 초기 제.려간의 문화적 관계를 단적으로 말해주는 자료이며 풍납리 토성과 몽촌토성은 초기 백제시대의 중요한 거성으로서 앞으로 백제의 도성과 그 초기적 성격을 파악할 수 있는 유적으로 평가된다.

웅진시대의 사적으로서는 송산리고분군, 신기리고분군, 웅진동고분군 등 공주교외 구릉지에 자리한 당시 고분들이 우선 주목의 대상이 된다. 그리고 중국 남조의 영향을 받은 2기의 전축분은 웅진시대 문화의 성격에 중요한 암시를 던져준다. 특히 송산리고분군 안에서 발견된 무령왕릉은 수많은 국보급 귀중 유물들과 함께 피장자의 신분과 연대가 확인됨으로써 백제사 연구의 중대한 전기를 마련하였다.

웅진시대의 사원으로서는 서혈사, 남혈사 등이 우리나라 석굴사원의 효시로서 주목에 오르고, 성왕 5년(527)에 창건된 대통사는 당시의 백제 국력을 과시하는 건축이었다. 그러나 오늘날 이들은 모두 그 터만 남아 있을 뿐이며, 백제 당시 유물의 잔존량도 많지 않은 형편이다.

사비성시대의 유적은 우선 고분으로서 능산리고분군을 들 수 있고, 성곽으로서 부소산성을 비롯하여 부여라성, 청산성, 청마산성 등과 정림사지 · 군수리사지 · 금강사지와 같은 절터가 그 주요한 것이다. 이들은 모두 백제 후기의 문화의 발전을 파악하는 중요한 자료가 된다. 수도권을 벗어난 지역에 있어서는 미륵사지를 중심으로 한 익산지방과 옹관묘 등이 분포하는 영산강유역의 고분군, 서산의 마애삼존불상, 그리고 국경지방과 수도 인근에 다수 분포한 백제시대 성곽들이 있다. 대체로 오늘날 우리가 백제시대의 주요 유적으로서 다룰 수 있는 것들은 위와 같은 범위에서 크게 벗어나지 못한다.

이들 유적의 개괄적인 종합을 못하여 우리는 다음과 같은 사실을 지적할 수 있게 된다.

첫째 백제시대 유적이 양적으로 극히 제한되어 있다는 점과, 둘째 잔존 유적의 내용을 살필 때 성곽이나 절터, 고분 등이 그 대부분을 차지하고 있다는 사실이다. 그 결과 많지 않은 백제시대 유적은 그것도 주로 지하에 묻혀 있는 상태로 밖에 남아있지 않은 것이다.

III. 백제 문화유적의 보존 관리 현황

백제유적은 어떻게 보존되고 있는가?

이같은 문제를 다루게 될때 우리는 그것이 극히 미흡하고 부정적이라는 이야기를 먼저 하지 않을 수 없게 된다. 문화재 애호라든가 문화유산의 보존과 같은 문제가 국가적인 차원에서 강조된 지 이미 오래인 오늘에도 문화재 파괴행위는 끊임없이 자행되고 있기 때문이다.

문화재의 파괴는 인위적인 훼손과 자연적인 훼손으로 나누어 생각할 수 있다. 자연적인 훼손이란 유물이나 유구가 원래 있던 상태에서 노출됨으로써 산화 · 부식 · 풍화 등이 가속적으로 진행되어 문화재가 파괴되는 현상을 가리킨다. 가령 공주 송산리 6호분이나 부여 능산리고분의 벽화는 발견 당시 비교적 선명한 상태였으나 오늘날에는 거의 육안에 의한 식별이 어려울 만큼 퇴색하여 버렸다. 무령왕릉은 그동안 내부의 습기 제거를 위한 여러가지 방법이 강구되었으나 오늘까지 그 문제점이 해결되지 못한 상태이며, 왕릉의 출토유물들 중 특히 두침과 같은 유물은 이를 앞으로 어떻게 보존하여 갈 것인가 하는 과제들이 남겨져 있다.

자연훼손의 문제는 앞으로 계속적인 연구와 노력을 통하여 반드시 해결되어야할 문제이거니와 그러나 이보다 더욱 큰 문제는 문화재의 인위적인 훼손이다.

고분의 경우 오랫 동안 자행되어 온 도굴행위로 말미암아 오늘날 도굴되지 않은 백제시대의 처녀분이 학술조사의 대상이 되는 것은 극히 희귀한 일에 속하게 되었다. 또한 이미 지상에 노출된 고분들은 어느 사이엔지 파괴되어 흔적조차 없이 사라져 버렸다. 필자가 그 동안 조사했고 또 인지하고 있었던 백제고분의 상당수가 오늘날 흔적도 없이 없어졌다고 하는 것이 그 증거이다. 대체로 이 고분군은 주거지에서 가까운 거리에 있고 또 경작지 등으로 이용되는 경우가 많아 인위적 훼손이 자연 많게 되어 있는 것이다.

절터의 경우 역시 예외가 아니다. 대체로 이들 절터는 오늘날 전지화했거나 과수원으로 이용되거나 그렇지 않으면 택지화되어 있다. 성곽내의 평탄지가 경작지로 되어있지 않은 곳도 거의 드물고 심지어는 성곽 내외가 완전히 주거지화 되어 있기도 하다. 시간이 흐를수록 유적의 파괴가 가중되리란 것은 말할 필요조차 없는 것이며, 오늘날 우리의 실정은 유구의 파괴를 아예 탓할 수조차 없게끔 되어 있는 것이다.

문화재의 보수 · 복원이라는 이름으로 파괴가 행해진 예도 없지 않다. 기초조사의 미비, 시공자의 무성의한 부실공사와 전문성에 입각하지 않은 졸속공사, 감독기관의 감독소홀, 이와 같은 여러 요인들이 국가예산을 소모해가며 문화재를 파괴시켰던 것이다. 능산리고분의 수차에 걸친 보수와 개수, 그러면서도 남겨진 문제들은 그 조그만 한 예에 불과하다. 단순히 막대한 예산만을 투입한다하여 문화재 보존 문제가 당장 해결되는 것이 아니라는 사실을 우리는 명심할 필요가 있는 것이다.

IV. 몇가지 제언

최근 정부는 백제문화권에 대한 종합적인 개발과 함께 이들 유적에 대한 대대적인 보수 정화 복원사업을 계획하고 있는 것으로 알려져 있다. 앞으로 정부의 이러한 복안이 실천에 옮겨져 실현된다고 한다면 주요 유적의 보존관리와 환경은 크게 개선될 전망이다. 물론 이는 정부의 사업이 성공적으로 마무리 되었을 때를 가정한 것이다. 만일 그것이 성공적이지 못할 경우는 새로운 형태의 파괴가 있을 것이기 때문이다.

차제에 문화재 보존에 대한 필자의 생각을 몇 가지 제안해 두고자 하는 바이다.

첫째, 유적의 보수 혹은 복원에 있어서는 우선 충분한 학술적 조사가 선행되어야 한다. 그리고 그 결과를 토대로 구체적인 사업방향과 내용을 설정해야 한다. 충분한 기초조사에 근거하지 않는 문화재 사업이 성공적일 수는 절대 없기 때문이다.

둘째, 시공업체의 전문화와 엄격한 선택 및 감독기능의 강화에 유의하여야 한다. 잘못된 건축은 다시 지을 수 있지만, 잘못 손질된 문화재는 원상회복이 영원히 불가능해지기 때문이다.

셋째, 문화재 보존 관리 사업은 결코 전시적 효과를 노리는 것이어서는 안 된다. 그것은 문화재를 잘못 손질하여 파괴해 버리는 첩경이 될 것이다.

넷째, 매장문화재에 대한 주민들의 발견 신고가 원활할 수 있도록 제도적인 조치의 보강이 필요하다. 매장문화재를 신고할 경우 그에 따른 응분의 보상이 주어지도록 법제화 되어 있지만 실제 문화재 발견 신고는 극히 드물다. 법규에 대한 충분한 대민 홍보가 필요하고 보상액을 높임으로써 모쪼록 드러난 문화재가 파괴되지 않고 학술자료화 할 수 있도록 해야할 것이다.

다섯째, 지역주민에 대한 문화재의 내용 및 가치에 대한 홍보, 교육을 강화해야 한다. 문화재의 항구적 보존을 위한 정부의 정책이 중요함은 말할 필요도 없지만 그 성패 여부는 지역주민과 국민들의 자세 여하에 달려 있다. 정부 당국의 감독과 관리에는 한계가 있기 때문이다. 각급 교육기관과 각종 사회교육 기구를 활용한 지역별 문화재 교육은 절실히 필요하며, 문화재를 아는 데서 비로소 이를 아낄 수 있는 애정도 가능할 것이다.

2장 공주의 노래, 세월의 소리

무령왕릉 발굴여화

1971년 7월 초순, 세인의 이목을 집중시켰던 무령왕릉의 발굴은 문자 그대로 우리나라 발굴 역사상 손꼽히는 것이었을 뿐만 아니라 이젠 공주의 상징과도 같이 우리의 뇌리에 깊이 자리한 채 아직까지 긴 여운을 남겨주고 있다. 여기에서는 당시 발굴의 배경으로부터 발굴상황까지를 간략하게나마 이야기 해보고자 한다.

오랫 동안 소외 당해왔던 공주의 백제유적들이 조금씩 논의의 대상이 된 것은 문화재를 통한 민족의식을 앙양하는 교육이 고창(高唱)되기 시작할 무렵부터였다. 당시 중학교 교과서 11종 중에서 공주의 백제유적에 대해 취급한 책이 한 권도 없을 정도로 공주는 백제 도읍 중에서도 더욱 망각의 지대로 화(化)해 있었던 것이다. 이는 일본학자들이 일반적으로 우리의 문화유산을 낮게 평가하고, 이것을 우리들이 비판없이 그대로 받아들였던 때문이었다. 필자는 이미 「공주지방의 백제고분연구」(『백제문화』 제2집)라는 논문을 통해 공주 송산리 6호분이 지니고 있는 백제미술의 가치를 재평가하여 이것이 고대 건축물 중에서 빼놓을 수 없는 귀중한 유적임을 강조하였다.

다행히 학계에 대한 보수의 타당성 여부를 확인하고자 주관중씨가 이끄는 조사원 일행을 1969년 6월에 처음으로 공주에 파견하였다. 이렇게 하여 송산리 6호 전축분(塼築墳)을 비롯해서 공주 주위에 산재된 문화유산들을 서둘러 보수하여야 한다는데 의견을 모았던 것이니 무령왕릉 발굴의 계기가 바로 여기에서부터 마련된 것이다.

1971년 6월 송산리 6호분에 대한 보수공사가 드디어 착수되었다. 이 공사는 고분의 유구를 영구히 보존할 수 있도록 봉분을 깎아 내리고 현실 내부 벽에 물기가 스며들지 않도록 하는 작업이었다.

6호분을 중심으로 궁형(弓形)의 배수로를 설치하는 작업이 6월 28일부터 시작되어 7월 5일에는 북벽중앙(北壁中央)의 3m 북쪽 지점을 파 내려가고 있었다. 이때 필자는 기말고사의 시험감독에 들어가 있을 때였는데 2시 30분 쯤 현장에서 급히 달려오라는 전화가 걸려왔다. 6호분에 사용된 것과 똑같은 벽돌이 출토되었다는 것이다. 혹시나 배수로 작업 중에 6호분을 파괴시킨 것이나 아닌가 하고 단숨에 현장으로 차를 몰았다.

출토된 벽돌은 규격이나 문양이 6호분과 거의 같았으나 전열(塼列)로 보아 다른 유적임이 분명하여, 현장에 나온 김영배(金永培) 공주박물관장 및 공주교육대 박용진(朴容塡) 교수와 조사 대책을 협의한 다음 우선 군 공보실에서 문공부(文公部)로 전화연락을 취하도록 하고 현장 보호를 위한 야간 근무를 군에 부탁하였다.

저녁 식사 후 왠지 마음이 놓이지 않아 야근을 할 생각으로 박용진 교수와 현장에 나가 보았더니 군공보실 직원 6명이 예비군복 차림으로 현장을 보호하고 있었다. 별것도 아닌 것을 이렇게 지키는게 아니냐고 농을 걸기도 했지만 기실 필자는 몇 달 전의 일을 생각하면서 괜시리 가슴이 조여오는 것이었다.

일제때 공주고보(公州高普)에 와 있던 가루베 지온(輕部慈恩)은 백제시대의 묘제가 풍수지리설의 영향을 받았음을 주장한 적이 있었다.

그리하여 필자는 이의 진위 여부를 검토해 볼 생각으로 있던 터에, 시험 삼아 몇 개월 전 부여군 규암면에 사는 서씨(徐氏)를 대동하여 송산리 고분군에 온 적이 있었다. 이 때 그 서씨는 이제까지 왕릉으로 전해져 오던 6호분은 풍수지리에 부합되지 않는다 하고, 여기 정도라면 풍수설에 의해 왕릉을 쓸 만한 곳이라고 6호분의 북쪽 5m 지점을 가리키는 것이었다. 그런데 바로 그 지점에서 우연하게도 지금의 전열(塼列)이 발견된 것이다.

다음 날(6일)부터 현장에 나가 발굴 작업을 시작하였으나 5호분과 6호분이 너무도 가깝게 있어 작업에 매우 신중을 기하지 않으면 안되었다. 7일 오후 3시경에는 당시 국립박물관장으로 있던 김원룡(金元龍) 박사가 문공부의 연락을 받고서 문화재관리국 직원과 함께 도착하였다. 작업 인원을 더욱 증원하여 연문(羨門) 앞을 파 내려가 토양을 제거시키는 작업을 하였는데 아취형의 연문(羨門)이 점차 드러나매 조사원들 사이에는 혹 동성왕의 능이 아닐까 하는 추측까지 나돌았다. 밤이 되자 비가 억수로 쏟아져 배수로를 설치하는 등의 임시 조치를 취하고 철야를 하였다.

8일에도 작업을 실행하여 연문 전면(前面)의 흙을 완전히 제거하고 연도를 폐쇄한 강회(强灰)다짐을 쪼아내기 시작, 오후 4시 15분에는 연문을 폐쇄한 벽돌을 한 장 한 장 들어낼 수 있게 되었다. 이미 보도진과 군중들이 구름처럼 몰려들어 홍분은 극에 달해 있었다. 그러나 무엇보다도 의심스러웠던 것은 과연 이 고분도 여타 대부분의 백제고분과 같이 도굴된 것이 아닌가 하는 것이었다.

벽돌을 한 장 한 장 들어냄에 따라 현실 내부가 차츰 육안으로 보이기 시작했다. 붉은 입술을 하고 연도 앞에 딱 버틴 석수(石獸)! 갑자기 가슴이 미어지는 것 같았다. 처녀분(處女墳)인 것이다.

김원룡, 김영배 관장이 먼저 현실 내에 들어가고 필자와 박교수가 뒤

따라 홍분된 가슴을 애써 누르면서 들어섰다. 목관(木棺)은 삭아서 지그재그로 폭삭 내려앉았고 여기저기 흩어진 부장물, 타다 남은 등잔의 심지, 심지어는 그을음까지 역력하게 남아 1,450년 세월을 침묵으로 대변해 주고 있었다. 나오다가 석수 앞에서 발견한 지석을 판독한 결과 이 무덤이 바로 백제 사마왕(斯麻王) 즉 무령왕의 능임이 밝혀졌다. 지금까지 발굴 조사된 우리나라 고대 왕릉 중 왕명까지 확실히 알 수 있는 것은 거의 없는 상태이며, 또한 백제 왕릉으로 입증된 유일한 능임을 생각할 때, 지석에 새겨진 몇 줄의 글자는 우리가 백년을 풀어도 풀지 못할 것을 순간적으로 해결해 준 국보중의 국보였던 것이다.

이날 밤 촬영과 실측을 끝낸 다음 철야를 하면서 유물의 수습에 골몰하였다. 금제관식(金製冠飾), 머리 뒤꽂이, 목걸이, 팔찌, 요패(腰佩), 환도, 동경(銅鏡), 청동제 신발, 목제두침(木製頭枕), 족좌(足座), 목조(木鳥), 다리미, 자기 그리고 헤아릴 수 없이 많은 구슬 등등… 수없이 쏟아져 나오는 유물의 수습에 그대로 꼬박 날을 새울 수 밖에 없었다. 그리고 동녘이 훤히 밝아왔을 땐, 태풍이 지나간 후의 적막감과도 같은 기분으로 현실을 빠져 나왔다.

이렇게 하여 찬란했던 백제문화가 1,450년 만에 고스란히 햇빛을 보게 되었고 당시의 문화가 타(他) 어느 나라에 비해 조금도 손색없이 고유미를 지닌 채 발달되었음이 입증된 것이다. 아울러 이 무령왕릉의 발굴은 종래의 백제에 대한 사계(斯界)의 무관심을 반성할 수 있는 계기를 마련해 주었고, 백제사 나아가서는 민족사 연구에 하나의 찬란한 빛을 더해주는 것이었다.

(공주사범대학 학생회 『금강문화』6, 1972)

백제를 꿈꾸며

충청남도 문화의 바탕인 백제 문화

그 열린 마음의 세계를 본다

충청남도 하면 사람들은 흔히 '청풍명월' 이란 말을 먼저 떠올린다. 조선의 22대 임금인 정조가 지금의 충청북도까지를 아울렀던 땅인 충청도를 가리켜 썼다고 하는 이 표현은 오늘에까지도 그대로 이어져서 충청남·북도의 유순한 자연 환경만이 아니라 여기에 사는 주민들의 성품까지도 한꺼번에 나타내는 말로 곧잘 쓰인다. 그래서 경기 사람이나 영남 사람은 텔레비전 같은 데서 이따금 들은 충청도 주민의 느릿느릿한 말투에서 받은 인상까지 곁들여서 충청도 사람은 성품이 온화하고 부드럽다는 인상을 쉽게 가지게 된다.

충청남·북도 사람의 성품이 온화하고 부드럽다고 하는 말은 그다지 사실과 다르지 않을지 모른다. 그러나 이것은 어디까지나 상대적인 인식에서 나온 것이며 겉보기 관찰의 결과이기가 쉽다. 특히 온화하고 부드럽다는 것이 요즈음처럼 치열한 생존 경재의 시대에는 돋보이는 덕목에 끼이지 못함을 생각하면, 소극적이고 보수적이라고 해야 할 말을 그렇게 듣기좋게 하는지도 모른다.

실제로 충청남·북도를 보는 태도들의 바탕에는 한반도 남반부의 한가운데에 앉은 이 땅의 주민들이 적극성과 진취성이 모자라다는 의식이 깔려 있음을 부인하기 어렵다. 또 그런 의식의 뒷면에는 충청남·북도에 오랫 동안 그럴싸한 문화가 꽃피지 못했다는 생각이 숨어 있다. 그리고 그것은 이웃해 있는 전라남·북도가 농경 문화의 전통을 뚜렷이 드러내고 있는 것에 견준 생각이기도 하지만 더 구체적으로는 통일신라의 화려한 역사를 등에 업고 있는 경상남·북도와 견준 생각이다.

어느 지역이거나 한 지역의 문화 내용이 반드시 긍정의 말로써만 수식될 수는 없다. 충청남도의 것도 그러하다. 그러나 우리는 결론에 이르기 전에 그 지역의 문화 배경을 되도록 깊이 있게 들여다 봄으로써 그 다양한 문화 요소들을 서로 결합시켜 관찰하려는 자세를 갖추는 것이 필요하다. 그러니 옛 충청도와 옛 전라도 땅에 꽃피었던 백제 문화의 중심지인 충청남도에 오늘날에 나타나 있는 문화 현실의 씨앗으로서 먼저 찾아보아야 할 것이 백제 문화의 내용과 거기에 배어 있는 미의식과 가치관일 터임은 두말할 나위도 없다.

옛 백제 땅의 고분 무리

백제를 포함한 삼국의 문화는 중국 문화와 저마다 교류를 가졌고 또 불교 사상이 그 공통된 정신 바탕이었기 때문에 그 기본 성격이나 표현 방식이 적잖게 서로 비슷했다. 그러나 자연 또는 인문의 환경에서 오는 민중들의 성향이나 풍습, 외래 문화의 수용 경위 그리고 토착 문화의 내용이 저마다 다르므로 세 나라는 공통된 것과 고유한 것을 문화 내용 속에 함께 지니고 있었다.

백제가 없어진 뒤로 세월이 천년이 훨씬 지났기 때문에 자연히 그 시대의 땅 위의 유적은 드물다. 그러므로 새로운 자료를 대체로 끊임없이 제공해 왔던 것은 백제 사람들이 땅을 파고 쓴 무덤들이다.

백제 고분이 많이 분포하는 곳은 아무래도 옛 도읍지 언저리이겠는데, 한강 유역인 서울 강동구의 가락동, 석촌동, 방이동이나 충청남도 공주의 웅진동과 금성동을 위시한 공주읍 근교 일대, 충청남도 부여의 능산리를 위시한 부여읍 근교 일대가 그곳들이다. 특히 공주와 부여는 옛 도성을 둘러싼 주변 지역이 거의 고분이 무리를 이루고 있다시피 한 곳이다. 그러나 이 도읍지들마저도 곳곳에 많은 고분 무리가 있음이 밝혀지고 있는데 충청남도의 논산, 보령, 서산과 전라북도의 임실, 부안, 남원, 전라남도의 영암, 나주 같은 한반도 서남부의 옛 백제 지역에 널리 흩어져 있다고 하겠다.

한강유역에서는 네 벽을 할석으로 쌓아올린 다음에 천장에 판석을 덮고 현실 곧 관을 앉힌 방과 연도 곧 입구에서 현실에 이르는 길을 갖춘 횡혈식 석실 무덤들이 여럿 발굴되었는데, 이 초기 고분들은 고구려의 영향을 많이 받은 듯하다. 웅진시대 곧 백제가 오늘의 한강 유역에 있던 한성에서 웅진(공주)으로 도읍을 옮겨온 때부터 사비(부여)로 다시 천도하기 전까지의 백제 중기부터는 고분의 양상이 더 다양해지며 그 대표되는 양식인 횡혈식 석실 무덤들은 활꼴식, 맞배식, 맞조림식, 괴임식, 네벽 수직식 같은 여러 형태로 나뉜다. 특히 활꼴식 석실 무덤은 백제 초기에 해당하는 한성시대의 것과 직접 연결되는 것으로 웅진시대에 와서도 귀족들의 무덤으로 많이 쓴 것임이 1979년에 발굴된 공주읍 웅진동 고분군에서 밝혀졌다.

백제의 무덤은 이처럼 고구려의 무덤과 연결되고 있다. 그러나 고구려의 무덤에서는 각이 진 직선 처리가 많이 쓰인 것에 견주어, 백제의 무덤에서는 활꼴식 무덤의 천장에서처럼, 현실의 천장을 둥글게 구부리면서 평면을 좁힌 것에 나타나 있듯이 곡선을 즐겨 썼음이 특징이다.

벽돌로 쌓은 무덤 두 기

백제 고분으로 빼놓을 수 없는 것은 공주에 있는 벽돌로 쌓은 무덤 두 기, 곧 금성동의 송산리 6호 무덤과 무령왕의 무덤이다. 만주 통구 지방의 고분에서 벽돌 조각이 발견되기도 했고, 평양 부근에 벽돌로 만든 중국의 무덤이 있음에도 불구하고 옛 고구려 땅에서는 백제에서와 같은 벽돌로 만든 무덤이 끝내 나타나지 않았고, 옛 신라 땅에서도 통일 신라 시대에 이르러 만든 벽돌로 쌓은 탑은 여러기가 남아 있으나 벽돌로 만든 무덤은 지금까지 나타나지 않았으나, 웅진시대에 쓴 이 두 무덤은 벽돌로 만든 무덤이 삼국에서도 백제에 고유했던 것임을 알려 준다.

1971년 7월에 우연히 발견되어 백제 문화에 대한 관심을 일깨웠던 무령왕 무덤은 평면 구조가 긴네모꼴인 연도와 현실을 갖춘 터널 모양의 동굴식 벽돌 무덤으로서 연도와 현실의 벽이 모두 연꽃 무늬의 벽돌로 수를 놓은 것처럼 쌓여져 있다. 벽돌을 쌓은 방법은 면흙을 쓰지 않고 쌓는 이른바 공적법이란 것으로 수직의 벽에 각각 벽돌 네켜를 가로 쌓고 그 위에 같은 크기의 벽돌로 한켜 세로 쌓기를 그 양쪽 이웃에 쌓이는 벽돌과 누움과 섬을 일치시키며 되풀이 하였으며, 둥근 천장의 구부러진 부분은 마름모꼴의 벽돌을 씀으로써 그 구부러진 각도를 보태거나 빼거나 했다.

한편으로 무령왕 무덤과 이웃해 있는 송산리 6호 무덤도 또한 벽돌로 만든 것으로서 무령왕 무덤과 비슷한 구조를 갖추었다. 그러나 이 6호 무덤은 벽돌로 쌓인 네 벽에 다시 회를 칠하고 그 위에 청룡, 백호, 주작, 현무의 사신도와 일월도를 그린 것이 다르다. 그 밖에 벽돌의 무늬가 연꽃 무늬가 아니고 오수전이라는 중국의 엽전 무늬로 되어 있는 점, 연도가 두겹으로 되어 있는 점, 관을 놓는 데가 하나로서 합장 무덤이 아닌 점에서 무령왕 무덤과 차이를 보인다.

무령왕릉 내부

두 무덤이 만들어진 시기가 서로 가까우리라는 것은 쉽게 짐작되지만 어느 것이 먼저 만들어진 것인지를 보는 학자들의 의견은 다르다. 어떤 이는 6호 무덤을 무령왕의 아버지인 동성왕의 무덤으로 보며, 어떤 이는 무령왕의 아들인 성왕의 무덤으로도 본다.

가치 높은 무령왕 무덤의 부장품

삼국시대의 유물은 대부분이 고분에서 나온 부장품들이다. 이 때문에 고분은 문화의 보고로서의 기능을 지닌 셈이 된다. 이 같은 유물 부장의 습속은 고분의 모양과 더불어 그 시대 사람의 영혼관이나 내세관을 반영하는 것으로 보아야 할 것이다. 그런데 백제의 고분들은 부장품의 내용이 대체로 허술한 것으로 나타나고 있다. 이를테면 신라의 고분에서는 많은 양의 유물이 쏟아져 나오는 경우가 흔하나 백제의 고분은 그렇지가 않다. 필자는 지난 여러 해 동안에 고분에서 발견되는 백제 토기에 관심을 가져 왔는데, 고분의 발굴 과정에서 실제로 다른 귀금속 유물은 그만두더라도 토기가 나오는 경우도 흔하지 않음을 보아 왔다.

백제 고분의 이 같은 점은 그 요인이 두 가지로 이해된다. 첫째는 백제의 무덤이 신라의 것과는 달리 심하게 도굴되었다는 것이다. 이것은 조그마한 봉우리 안에 현실을 앉히는 백제 무덤의 구조와 관련이 있다. 곧 백제 무덤은 구조가 도굴이 쉽도록 되어 있어 오늘날에도 도굴되지 않은 백제 무덤을 발굴하는 일이 쉽지 않다. 그러나 도굴되지 않은 무덤의 경우 그 부장유물은 신라의 것에 견주면 뚜렷이 층이 지는데 이것도 또한 백제의 장사 지내는 법의 한 특징인 것이다. 거창한 규모의 석실 무덤에도 고작 토기 몇 점 밖에 없거나 그것조차도 아예 부장되어 있지 않은 경우도 보인다. 이 같은 현상은 백제인의 영혼관이나 내세관과 무관하지 않을 뿐 더러 특히 신라지역의 것과는 대조되는 것이어서 좀 더 관심을 가지고 지켜보아야 할 사항이라고 생각된다.

이런 실정을 생각하면 무령왕의 무덤은 실로 파격스러운 것으로 받아들여진다. 이 왕릉에서 나온 유물은 108 종류에 2,900점이 넘는 것으로 알려져 있다. 이 유물들은 충청남도의 국립 공주박물관에 전시되어 있는데 국보로 지정된 것만 쳐도 왕과 왕비의 금으로 된 관 장식 두개, 금귀고리 두개, 금목걸이, 금뒤꽂이, 금팔찌, 구리 거울, 진묘수 곧 무덤을 지키는 동물상, 매지권 곧 무덤 자리를 사들였다는 내용이 적힌 돌판, 나무 베개, 나무 발 받침대 같은 열 두 점에 이른다. 특히 왕과 왕비의 매지권은 무령왕 무덤과 그 유물의 가치를 크게 높인 보물이었다. 왜냐하면 이로써 이 왕릉에 묻힌 이와 묻힌 연대가 분명히 밝혀지게 되었고, 이 때문에 그 출토 유물들이 백제 미술 · 역사 연구에 절대적인 기준치가 되었기 때문이다. 더우기 묻힌 이의 신원이 확실한 왕릉으로서 부장품이 본디 그대로 있는 상태의 묘실이 발견된 삼국시대의 왕릉으로는 이것이 유일한 것인 점에서 이 무덤의 가치는 더 빛난다.

갓 피어나는 듯한 기와 마구리의 연꽃

삼국시대의 금속 제품과 질그릇 같은 공예품에는 삼국의 특색있는 감정과 기술이 자유롭게 투영되었으며, 따라서 그 시대 사람들의 생활 감정이나 풍습이 잘 반영되어 있다.

무령왕 무덤에서 나온 귀고리를 신라의 것과 견주어 보면 속잎꼴의 내려뜨린 장식이나 세세한 세공 솜씨 같은 데서 서로 닮은 면도 엿보이나 그 부드럽고 여유있는 작품은 백제만의 특징을 나타내고 있다. 또 무령왕 무덤에서 함께 나온 목걸이와 팔찌들은 양쪽에 달린 고리들을 연결하면서 만든 모양이 신라의 전형적인 경향에 견주어 새롭고 참신하여 오히려 현대 감각마저 풍기고 있다. 이처럼 장신구에 나타나는 백제와 신라의 표현 감각의 차이는 무령왕과 그 왕비의 금으로 만든 관 장식에서도 잘 나타나는 것이다.

토기와 갖가지 기와 마구리에도 또한 백제의 문화 예술의 감각과 취향이 잘 표현되어 있다. 백제의 토기는 쓰임새에 따라 여러 가지 형태로 만들어졌고, 그 모양도 형식이나 계획에 매이기 보다는 자유롭고 여유있는 조형 의도를 드러낸다. 그 종류를 보면 음식물의 저장이나 마실 물의 운반 같은 일에 쓰였을 크고 작은 항아리가 대부분이지만, 세발 달린 그릇, 그릇 받침, 굽 높은 잔, 합 따위도 있으며 등잔 또는 요강이었다고 생각되는 특수한 그릇도 눈에 띈다. 이 토기들은 다시 뚜껑이나 받침이 있고 없음이나 무늬의 종류에 따라 실로 다양한 모습을 보여준다.

토기의 대부분을 차지하는 백제 항아리도 그 용도나 모양에 따라 여러 가지로 나눌 수 있으나, 필자는 그 몸통 모양을 보아 그릇의 어깨 부분이 넓은 것은 광견형, 동그란 것은 구형, 달걀꼴로 생긴 것은 난형으로 나누고, 난형과 구형이 백제 초기부터 함께 쓰여 오다가 난형은 퇴화되고 구형이 어깨 부분이 길어지는 과정을 거쳐 광견형(廣肩型)으로 발전하였음을 밝힌 일이 있는데, 이 토기들은 고구려의 단단한 토기, 신라와 가야의 기교스런 토기에 견주어 소박하고 단아하면서도 풍요하고 세련된 맛을 풍긴다. 또 주로 제사 그릇으로 쓰인 것으로 짐작되는, 흔히 뚜껑 있는 접시 모양을 한 세 발 달린 그릇은 신라와 고구려에서는 볼 수 없는 백제만의 고유한 그릇이며, 그릇 받침의 하나인 백제 기대 또한 백제에만 있는 고유한 꼴의 것이다.

백제의 토기가 부드러움과 자연스러움과 풍요함을 바탕으로 하여 친근감과 애정을 느끼게 하는 것처럼 와당 곧 기와 마구리, 특히 수키와의 막새에 나타나는 연꽃 무늬도 고구려 것에서 보이는 날카롭고 강인한 선들이 주는 딱딱함과는 멀리 떨어져 있다. 잿빛인 백제 수막새의 연꽃 무늬는 벽돌색인 고구려 것의 날카로운 선 대신에 넉넉한 입체감과 부드러운 곡선들이 어울려 된 것이기도 하거니와 대체로 재주는 많이 피워 만들었으나 수준이 좀 들쑥날쑥하고 솜씨가 거칠다 할 수 있는 신라 것과는 달리 구도가 단순하면서도 세련되고 우아하며 연꽃이 갓 피어나는 듯한 느낌을 주는 자연스런 아름다움이 넘친다. 삼국시대 기와 마구리의 무늬는 나라마다의 문화 특성을 다른 어떤 유물보다도 잘 나타내고 있을 뿐만 아니라 이 문화 전파의 진로까지 알 수 있는 자료가 되는데, 특히 백제 기와 마구리에 나타나는 연꽃 무늬의 소박하고 온유하면서 '가라앉은' 모습이 풍기는 아름다움은 백제 문화 또는 백제 예술의 성격을 드러내 보여 준다고 생각된다. 그래서 미술사학자인 고 유섭 씨도 일찌기 백제 기와 마구리를 이렇게 높이 평가하였다.

"예술적 가치에 있어서 백제 와당은 윤택하고 온아하고 명석하다. 이 윤택과 명석의 지혜가 백제 와당의 감성이다. 백제 와당의 성격은 이지의 명석됨이요, 백제의 예술적 귀공자연한 것이었고 조각적 용어를 빌면 말러리쉬 *에 속할 것 같다."(* '회화적' 이란 뜻의 독일말임)

많은 승려와 많은 절

백제에서도 신라나 고구려에서처럼 문화와 예술에 끼친 종교와 그 사상의 영향이 실로 컸다. 어떤 뜻에서 백제의 문화와 예술은 종교의 열정과 그 사상의 그림자라고 볼 만한 것이었다. 이같은 점에서 불교는 백제에 가장 주된 힘을 미친 종교였다.

기록에 따르면 백제에 불교가 처음으로 들어온 것은 침류왕 원년인 384년의 일인데, 그때에 인도의 중 마라난타가 백제 왕실에 불교를 전하고 이듬해에 한산에 절을 세웠다. 이렇게 4세기 후반에 새로운 종교로서 들어온 불교는 왕실의 두둔을 받으면서 귀족 사이에 퍼졌다. 원시시대부터 내려온 전통이었던 자연 신앙에 기댈 수 밖에 없었던 그때의 귀족들에게 불교라는 더 이지적이고 차원이 높은 종교는 환영받을 수 있는 여러 요소를 넉넉히 지니고 있었다고 생각된다. 그러나 전래 첫 무렵인 한성시대의 불교는 대체로 신도의 범위가 제한되어 있었던 듯하고 아마도 도읍이 웅진으로 옮겨진 5세기 후반이 지배 신앙이 불교로 바뀌는 전환기가 아니었을까 한다.

불교 신앙의 보급 범위를 구체적으로 드러내는 것이 절의 건립이라고 하겠다. 비록 오늘날에 그 형적을 찾을 수는 없더라도 한성시대에도 절이 세워졌음은 분명하지만 성행하기 시작한 것은 웅진시대의 일이었다. 그리고 웅진시대 다음인 사비시대 곧 백제 후기에 들어서서는 더 활발하게 되었는데, 중국의 기록에조차 백제에 "승려와 절과 탑이 매우 많다"라고 적힐 정도였다.

백제 때 세워진 절은 그 가람의 구조에 따라 석굴 사원, 외탑 가람, 쌍탑 가람, 탑 없는 가람 따위로 나뉜다. 석굴 사원은 웅진시대 절 건축의 특징을 나타내는 것으로서 산중턱의 비탈에 층단을 마련하고 절을 이루되 가까운 곳에 석굴을 지니는 것이었다. 이 석굴은 이른바 비하라 형식의 수행굴로서 공주의 서혈사, 남혈사, 동혈사 같은 데서 그 보기를 찾을 수 있다. 그러나 웅진시대 후기의 성왕 때에는 도성 중심에 대통사라는 큰 절을 세우기에 이르렀고, 그 뒤로 사비시대에는 산이 아닌 평지에 절을 세우는것이 보편스런 현상이 되었다.

백제 때의 절들 가운데 평지에 세워진 절은 공주의 대통사나 부여의 정림사, 금강사의 터 같은 데서 보는 것처럼 남-북을 축으로 하여 금당과 탑을 앉히고 금당과 탑을 잇는 회랑을 돌리는 외탑 가람의 구조가 성하였는데, 절에 따라 세부 구조에는 조금씩 차이가 있었으나 이러한 양식은 백제 절의 한 정형이었다고 말할 수 있다. 이 절들의 규모와 구조는 오늘날의 절터에 남은 옛 자취로서 짐작할 수 밖에 없다.

백제의 대표되는 사찰로 법왕 2년인 600년부터 무왕 35년인 634년까지에 걸쳐 완성된 왕홍사가 있었는데 『삼국사기』「백제 본기」의 무왕 35년조에 "산에 붙어 임하였으니 꽃과 나무가 빼어나고 한해 내내 아름다움을 갖추었으며, 왕은 철 따라 배를 타고 들어가 그 형승의 뛰어남을 찬탄했다"고 되어 있으니 그 경관을 상상하기가 어렵지 않다. 오늘날에 부여지역에 있는 천왕사, 호암사, 임강사, 금강사, 정림사 들의 터 그리고 군수리, 동남리, 가탑리, 구아리, 능산리, 쌍북리, 구교리, 외리 같은 곳에 있는 이름을 알 수 없는 절터들은 사비시대에 불교가 성했음을 말없이 알려 준다. 그토록 많은 절의 건축은 불교의 깊은 신앙심이 없이는 불가능했음은 말할 나위도 없다. 특히 사비시대에는 도성 지역 밖에도 전라북도 익산과 충청남도 서해안 지역에 절들이 세워졌음이 눈길을 끄는데 이도 또한 불교 신앙 기반의 확대를 짐작케 해 준다.

익산 지역에는 제석사 터와 미륵사 터가 남아 있거니와, 특히 미륵사는 백제에는 드문 3원식 가람이었으며 신라의 황룡사에 견주어지는 백제의 가장 큰 절로서 그 규모가 엄청났는데, 이는 익산이 백제의 특별한 도읍으로서 개발되었던 것과 관련이 있을 것이다. 그러나 이 같은 배경을 가지지 않은 충청남도 서해안지역의 절과 불상, 이를테면 보령군 미산면의 오함사, 예산군 덕산면의 수덕사와 같은 절과 서산, 예산 및 태안의 벼랑새김 부처는 이 지역이 지방으로서는 선구적인 불교 전파 지역임을 말해 주는 것으로서 특별한 흥미를 불러일으킨다.

부여 정림사 탑과 익산 미륵사 탑

사찰 건축에서 보는 것처럼, 백제시대에 땅 위에 세운 건축물은 오늘날에 겨우 그 흔적이나 더듬을 수 있는 형편에 지나지 않지만 돌로 만든 탑 두 기는 지금까지 남아 있다. 백제의 탑은 중국식 목탑의 꼴을 한 탑인 것에서 그 특징을 찾을 수 있는데 부여 정림사 탑과 익산 미륵사 탑이 그것들이다.

오늘에 동양에서 가장 큰 석탑으로 잘 알려진 미륵사 터의 석탑은 한 기로 남아 있으나 최근의 발굴 조사에서 본디 지금 남아 있는 것의 동쪽에도 탑이 있어서 서탑과 동탑의 쌍탑으로 되어 있었음이 밝혀졌다. 남아 있는 서탑은, 없어진 동탑도 그러했겠지만, 네모 기둥의 가공 기법에서 위는 좁게 하고 아래는 넓게 한 흘림의 솜씨가 나타나는데, 이것은 우주—모퉁이에 세운 귀기둥—의 귀솟음, 공포—처마 끝의 무게를 받치려고 기둥머리 같은 데에 짜맞추어 댄 나무 조각들—를 본뜬 석단 받

정림사지

침의 옥개석 곧 지붕돌과 함께 목조 건축물의 섬세한 구조를 충실히 재현하려고 애쓴 흔적을 뚜렷이 드러낸다. 이로써 이 석탑은 한국 석탑의 첫 양식을 알리는 것으로서 중요하게 여겨지기도 한다. 지금은 6층까지만 남아 있으나 본디는 7층 또는 9층으로 되었을 것으로 짐작되며, 그 규모의 엄청남에서 백제의 명장 아비지가 신라 황룡사 탑의 건립에 초청되었던 사실을 떠올리기에 충분하다.

정림사 탑은 미륵사 탑의 섬세한 구조가 간결하게 정리되어 백제 탑 양식의 완성을 보여 주는 것이라 하겠다.

이 두 탑에서 공통적으로 확인되는 백제 탑의 특징은 첫째로 작은 석재를 많이 써서 목조 건물을 본떠 지었고, 둘째로 신라 탑에서 보는 높은 이중 받침대가 없이 낮은 받침대 위에 바로 탑신이 서 있어 탑 몸 자체가 단연코 강조되어 있고, 세째로 옥개석이 펀펀하고 넓으며 네 귀가

가볍게 위로 치솟았고, 네째로 이층째부터는 첫층에 견주어 탑 몸의 폭과 높이가 급격히 줄어 있다는 것이다. 중국의 전탑 곧 벽돌탑, 일본의 목탑에 견주어 석탑을 특징으로 삼는 한국탑 예술의 발전 과정에서 볼 적에 백제의 탑은 그 뿌리가 된다고 하겠다.

백제의 이 같은 석탑은 같은 시대에 신라에서 만들어진 분황사 탑과 함께 놓고 보면 흥미있는 대조를 이룬다. 곧 분황사 탑은 중국의 전탑을 본떠 만든 것으로 돌을 벽돌처럼 잘라서 애써 중국의 전탑처럼 만든 것인데 그것이 통일신라에 이르러 전탑의 건립으로 나타났다. 그러나 백제가 만든 석탑은 신라에 계승되어 한국 탑의 주류가 되었을 뿐만이 아니라 석조 예술의 극치를 이루었다. 이 같은 점에서 백제의 탑은 백제의 문화 수용 능력과 창의력의 알맹이를 파악할 수 있는 좋은 보기가 된다고 하겠다.

백제 불상의 너그러운 웃음

백제의 문화와 예술은 백제가 통일 신라의 정치 지배를 받고 나서 하루 아침에 시든 듯한 느낌을 준다. 말하자면 어떤 뜻에서 신라의 문화 통일이 곧 정치 통일에 뒤따라온 듯한 착각이 생긴다. 이런 느낌과 착각은 백제의 옛 땅에서 나오는 통일 신라의 와당이나 토기를 만질 때 마다 생긴다. 탑에서도 통일 신라에 든 뒤로는 백제 양식이 사라져 버렸다. 그러나 통일 신라를 거치고 난 다음에 고려시대에 이르러 그 지역에 백제식 석탑이 다시 나타났다. 공주의 계룡산, 부여군 장암면 장하리, 서천군 비인면 같은 충청남도의 땅에만이 아니라 전라북도 익산군 익산면 왕궁리, 전라남도 강진군 성전면 월남리 월남사터 같은 백제의 옛 땅에서 유행처럼 백제 탑이 다시 섰던 것이다. 따라서 신라의 문화

통일이 어떻게 이루어졌으며, 고려시대에 백제 탑이 다시 나타난 것이 과연 무엇을 뜻하는지가 궁금해진다.

불교의 종교성이 가장 짙게 나타나는 유물은 아무래도 불상이다. 다른 유물에서와는 달리 불상에서는 대체로 세 나라 사이의 양식 차이가 분명히 드러나지 않는 듯한 느낌을 받는다. 그 큰 까닭은 불교가 외래 종교인 것과 일정한 의식을 좇는 불교 조형 미술의 통념이 작용했던 데에 있는 듯하다. 그러나 그 얼굴 모습이나 옷맵시 같은 데서 백제의 불상이 더 온화하고 우아한 맛을 주는 것은 사실이다. 서산군 운산면 용현리의 벼랑새김 삼존 불상은 불상으로 백제의 분위기를 가장 거리낌없이 표현한 작품으로 꼽힌다. 도식적으로 표현된 본존불의 옷맵시에 중국 불상 조각의 영향이 담겨져 있으나 그 얼굴의 눈은 크게 뜬 옛 방식의 것이면서 활짝 웃는 미소는 틀림없는 백제의 것이다. 그 양옆의 보살상들은 얼굴 가득히 웃음을 띤 매우 여자다운 모습인데 그 너그러운 웃음은 고구려의 미소를 백제화시킨 한국 불상의 독특한 미소로 완성되어 있다.

민중이 간직해 온 전통 신앙

지금까지 백제 문화에 나타난 불교 예술을 간추려 보았다. 실제로 불교라는 배경을 빼고는 백제의 예술과 문화를 다루는 것은 불가능하다. 그러나 우리는 다음과 같은 점에도 관심을 보여야 할 것이다. 곧 백제에 불교의 영향력이 썩 커진 것은 대체로 그 나라가 중기로 접어든 뒤의 일이고 또 불교의 전성기에도 그 신앙 계층은 왕실과 귀족을 중심으로 한 일부 계층에 제한되었겠다는 점이다. 불교가 들어오기 전은 말할 것도 없고 후기에 들어서도, 불교를 믿는 귀족이라 할지라도 전통적인 자연 종교의 영향권에서 벗어나지는 않았을 것이다. 이러한 점에서 우리는 백제 문화를 보는 눈을 반드시 불교에 묶어 둘 수만은 없을 듯하다.

원시시대부터 내려온 자연 종교의 토착 신앙을 나타내는 것으로서 백제 시대 전기에 행해진 두 가지 국가적인 의식이 기록에 들어 있다. 하나는 하늘과 땅에 대한 제사이고 다른 하나는 시조신에 대한 숭배이다.

백제 시대에 하늘과 땅에 제사 지내는 것에 대한 기록은 온조왕 20년에 "임금이 큰 단을 세우고 친히 하늘과 땅에 제사하였다"는 것에서부터 동성왕 11년인 489년의 행사에 대한 것까지 모두 열한 차례에 걸쳐 보이는데 해마다 2월, 5월, 8월, 11월에 정기로 지냈던 듯하다. 시조신 숭배에 대해서는 『삼국 사기』의 「제사지」에 "시조 구태의 무덤을 국성에 짓고 한해에 네 차례 거기에 제사한다"고 적혀 있고, 또 왕이 시조인 동명왕의 묘(廟)를 배알하였다는 기록도 같은 책에 여러번 나온다. 곧 한성시대의 백제에서는 임금이 해마다 봄, 여름, 가을, 겨울에 하늘과 땅에 몸소 제사하고 시조신을 숭배하였던 것이다. 이러한 국가적인 의식은 원시시대부터 지녀 온 토착신앙을 국가의 정치 체제 확립 과정에 끌어 넣어 제도화한 것이라 하겠다. 그리고 그 바탕에는 모든 사회구성원의 자연 종교 성향이 깔려 있었으며 임금이 제사장의 지위에서 국가적인 의식을 이끌었음을 알 수 있다.

웅진시대의 동성왕 11년인 489년의 행사 기록 뒤로는 앞에서 든 것과 같은 제사 기록은 보이지 않는다. 이것은 불교의 확장과 깊은 관련을 지니는 것으로서 왕실과 귀족이 불교에 기울어짐으로써 자연히 전통 신앙에 바탕을 둔 종교 의식이 공식으로는 사라졌음을 뜻한다. 그러나 그 자연 종교의 성향은 불교가 널리 퍼졌음에도 불구하고 예전대로 센 힘을 간직했고, 특히 일반 민중은 그러한 전통 신앙에 그대로 기댈 수밖에 없었다고 보아야 한다. 다만 지배층의 불교가 막대한 재력과 인력을 기울여 그들의 신앙 의지를 드러낸 것에 견주어 토착 신앙은 그러한 표현이 지극히 제한되었던 탓으로 오늘에 우리가 그 구체적인 실상을 보지 못할 따름이다. 공주는 '곰 웅' 자를 쓴 웅진 또는 웅천이라는 옛 이름이 말해 주듯이 곰과 인연이 깊거니와, 공주 웅진동에서 출토된 돌로 만든 곰상은 아마도 곰을 숭배하던 그 시대의 원시 신앙을 나타낸 것이 아닌가 한다.

매지권과 사택지적비

백제의 발달된 조형문화와 예술은 한편으로 종교와 그 사상의 영향이 뚜렷이 뒷받침이 되었지만, 다른 한편으로는 문자라는 기록 수단의 전래와 보급으로 힘을 더 얻었다고 생각된다. 고대 문화의 발달과 전개에 문자 기록의 기능이 차지한 비중이 큼은 두말할 필요가 없는데, 삼국에서도 특히 백제는 한학이 발전했던 듯하다. 4세기 후반의 근초고왕 시대를 앞뒤로 하여 아직기, 왕인이 일본에 한학을 전수한 것이나 박사 고흥이 백제의 역사책인 『서기』를 편찬한 사실은 백제의 한학 수준이 매우 높았음을 말해 준다. 그리고 이 같은 백제 한학의 수준은 오늘에 전하고 있는 몇몇 금석문들이 실제로 증명해 준다.

무령왕 무덤에서 나온 돌로 된 매지권은 왕과 왕비의 간략한 사적과 함께 일만문의 돈으로 무덤을 쓸 땅을 사들였다는 관념적인 토지 구입 사실을 적어 놓은 것인데, 그 글씨가 그 무렵에 중국에서 유행했던 육조체의 옛스러우면서도 매우 우아한 붓놀림으로 적혀 있어 그 시대의 한문학의 수준을 간접적으로 나타낸다. 이같이 세련된 글씨는 부여에서 발견된 사택지적의 비문에도 나타나 있는데, 이 비문은 중국에서 오랫동안 유행했던 이른바 사륙병려체의 문장 양식을 지니고 있다. 사륙병려체의 글은 병문 또는 사륙문이라고도 하는데 넉자 구와 여섯자 구를 쓰는 것과 대우법을 쓰는 특징을 지닌 매우 수준 높은 것이다. 사택지적이라는 이름을 가진 백제의 한 귀족이 인간 세상의 무상함을 탄식하며 종교의 신앙심으로 이를 이겨내려고 하는 내용이 담긴 이 비문은 백제의 한학 수준을 짐작케 하고도 남음이 있다.

고구려나 신라에서, 특히 신라에서, 이두식 표기가 보편화했던 것에 견주어 백제의 것으로는 아직 그러한 자료가 나타나지 않고 있음은 백제의 한문학이 발달했기 때문이라고 생각된다. 이같은 한문학의 높은 수준이 백제 문화의 발달에 커다란 저력을 마련해 주었을 것임이 틀림없다.

백제의 것인 아름다움의 본바탕

백제는 문화에서 가까운 여러 나라와 서로 깊은 연관을 맺고 있었다. 그 중에 중국의 한족이나 고구려로부터는 영향을 받는 처지에 있었으며, 동쪽의 신라나 일본한테는 영향을 미치는 처지에 있었다.

대체로 그 초기에는 고구려의 영향이 컸던 듯하나 웅진시대부터는 고구려와의 정치 관계가 끊어짐과 함께 중국과의 교류가 활발해졌다. 그리하여 특히 중국 남조 문화의 영향은 백제의 문화와 예술의 발달에 중요한 기능을 맡았으니 무령왕 무덤에서 중국제 자기그릇들이 나온 일이라든지, 무령왕 무덤의 구조가 중국에서 유행한 것이라든지, 와당의 연꽃 무늬에 서로 닮은 점이 있다든지, 백제가 기와와 벽돌을 만들면서 중국 남조 양나라 것을 본받았다는 내용이 적힌 벽돌이 오늘까지 전한다든지 하는 일들이 이를 잘 설명해 준다.

이러한 관점에서 생각하면 신라 문화가 토착문화의 요소를 대체로 강인하게 지녔던 것과는 달리, 백제에서는 외래 문화의 적극적인 수용으로 문화 발전을 꾀했던 개방성이 그 상대되는 특징으로 드러난다. 그러나 백제 문화가 이 같은 개방성을 지녔으면서도 외래 문화의 흉내로 떨어지지 않고, 오히려 더 세련되고 특징있는 감각의 문화로 발전했다는 것은 많은 학자들이 공통으로 지적해 온 바와 같다. 백제의 문화 자원들이 가까운 신라나 일본에 큰 영향을 미친 것도 백제 문화의 이러한 활성 때문이라고 생각된다.

백제가 신라에 끼친 문화의 영향은 사찰의 건축에서 잘 나타난다. 신라가 국력을 기울여 세운 황룡사로 보자면 백제의 기술 원조가 있었음이 분명한데, 황룡사 탑을 세웠다는 아비지의 전설이라든지 오늘에 그 절터에서 볼 수 있는 네모꼴의 백제식 주춧돌들이 이를 증명한다. 옛 신라와당의 연꽃 무늬도 또한 백제와 연결되는 것으로 백제 기술자의 지도가 있었던 것을 말해 준다.

그런데 뭐니뭐니해도 백제 문화의 힘이 과시된 곳은 일본이었다. 근초고왕 때부터 유학과 한문학이 끊임없이 백제 사람의 손으로 전수되었고, 불교도 또한 성왕 때에 백제한테서 전해져 많은 백제의 지식인과 승려들이 일본에서 활약했다. 그와 함께 사찰의 건축에 필요한 여러 기술자, 곧 불상과 기와와 탑을 만드는 기술자들이 파견되어 일본의 절과 탑의 건축, 불상의 제작을 도왔으며, 이 때문에 일본 가람의 배치에서도 백제 양식이 원류가 되었다. 그 밖에도 역학, 의학 같은 여러 부문에 걸쳐 백제 사람의 도움이 두드러졌으니, 일본이 자랑하는 고대 아스카 문화가 바로 백제 문화의 영향을 크게 입은 것임은 옛 기록으로나 고고학으로나 분명히 증명된다.

이렇게 보면 백제 문화는 중국과 고구려의 서북 문화와 관계를 가지면서 신라와 일본의 남동 문화와 연결되는 이를테면 동아시아 문화 전파의 중요한 거점이었다고 하겠다.

말하자면 백제는 외래 문화의 적극적인 수용으로 제 문화의 수준을 높이면서도 백제의 고유한 문화 특질을 키워 나갔던 것이다. 여기에 백제 사람과 백제 문화의 뛰어난 점이 있다. 백제는 그 문화와 예술이 단순하고 소박한 듯하면서도 매우 세련되고, 온화하고 너그러우면서도 긴장감을 잃지 않는 자연스런 아름다움이 넘치는 세계를 열었으니, 한국 미술의 특성으로 지적되는 자연스런 아름다움의 본바탕은 삼국 중에서 아무래도 백제의 것이라 하지 않을 수 없다.

(『한국의 발견 - 충청남도』 뿌리깊은나무, 1983)

백제문화의 꽃, 무령왕릉

공주의 옛이름은 웅진(熊津), 고마나루, 1천 5백년 전 60여 년동안 백제왕국의 서울이었다. 원래 백제라는 나라의 출발은 한강유역에서였다. 오늘날 서울 강동 일대 풍납동, 잠실 부근, 방이동, 성내동 일대에 흩어져 있는 평지상에 흙으로 만든 성터와 백제 무덤들은 이 지역이 공주 도읍 이전 백제의 중심터였음을 말해 주고 있다.

서기 475년, 백제는 한강 유역을 버리고 금강 중류상의 공주를 새로운 도읍으로 삼았다. 백제의 왕(개로왕)과 왕족들이 한꺼번에 죽임을 당하고 수도가 함락되는 위기의 상황 속에서 이 일은 이루어졌다. 근초고왕 때 백제는 북쪽으로 세력을 확대하여 평양을 치고 고구려의 왕을 사살하기까지 한 적이 있었는데 고구려는 묵었던 원한을 이때 복수로 갚았던 것이다.

공주 도읍은 475년부터 538년까지, 그리고 성왕 16년(538)에 도읍은 다시 부여로 옮겨졌다.

1천 5백년 세월을 건너 뛴 왕릉

백제의 옛 도읍이었던 공주에서 백제의 유적이 찾아지는 것은 당연한 일이다. 그러나 공주에서 백제 유적을 찾는 작업은 그렇게 생각보다 만만한 일은 아니다. 그 단적인 예가 백제시대의 궁궐터가 아직도 확실하지 않다는 사실이다. 부여의 경우 부소산성의 남측, 그리고 공주의 경우 공산성, 혹은 그 부근으로 보는 것은 여러가지 정황상 부정하기 어렵다. 그러나 백제 왕궁의 명확한 내용이 찾아지지 않기 때문에 이 지역의 몇몇 주요 건물터를 일단 왕궁 시설의 일부로 추측하고 있는 정도인 것이다.

왕궁은 그렇다하고, 왕릉의 발견이라는 것도 쉬운 일이 아니다. 백제로부터는 1천 년이나 뒤인 15세기 조선초기의 기록 『동국여지승람』에 공주의 왕릉에 대한 기록이 있는 것은 그나마도 특별한 일이다. 이 기록에 의하면 공주에는 두 곳에 왕릉이 있는 것으로 되어 있다. 하나가 시내로부터 "서쪽 3리 지점"이고, 다른 하나는 "동쪽 5리 지점의 능현(陵峴)"이라는 곳이다. 이들 기록중 앞쪽의 "서쪽 3리 지점"에서 1971년 7월에 발견된 것이 바로 무령왕릉이다.

역사적 사건도 때로 '우연한' 작은 계기가 그 실마리가 되는 경우가 있다. 무령왕릉 발견이라는 역사적 사건도 말하자면 그러한 일에 속한다. 왕릉이 발견된 지역에서는 이미 일제시대에 여러 개의 백제 무덤이 확인 되었고, '송산리고분군' 이라는 이름으로 이미 국가의 사적으로 지정되어 있었다. 이들 무덤중 특히 주목되는 것은 '6호무덤' 이었다. 6호무덤은 다른 인근의 무덤과는 그 규모나 형태, 그리고 건축재료가 크게 달랐기 때문이다. 이 무덤은 정교하게 제작한 무늬 벽돌을 사용하고 지하에 아름다운 아취형 곡선의 건축을 하고 있었다. 거기다 벽면에는 4방으로 4신도의 벽화까지 그리고 있었다. 유감스럽게도 일제 때 발견 상황은 유물은 이미 도굴되어 없어진 것으로 되어 있었다. 그러나 이것은 기록에 의하여도 뒷받침되는 영락없는 백제 왕릉이었다.

오랫동안 송산리 고분군의 중심은 6호무덤이었다. 1971년 여름에도 장마에 대한 6호 무덤의 보호가 관심이었다. 산 윗쪽으로부터 내리칠 빗물이 6호무덤에 줄 영향을 약화 시키기 위해서는 주변에 배수시설이 필요하다는 결론이었다. 그 작업이 시작되자 땅 표면 바로 밑에서 곧 무령왕릉의 앞 부분 건축부의 윗모서리가 노출되었다는 그것은 무덤이 만들어지고 난 다음 1천 5백년간 아무도 손을 대지 않은 것이었다. 더우기 그 안에는 무덤의 주인공이 무령왕 부부라는 사실이 명백히 기록되어 있어 세상 사람들을 크게 흥분 시켰던 것이다.

치밀하게 설계된 왕의 무덤

무령왕의 무덤은 우선 벽돌로 만든 지하 건축이라는 점이 특징이다. 고구려의 무덤들도 지하 건축이지만, 돌을 재료로 한 것인데 비하여, 무령왕릉은 그 제작에 새로운 첨단 기술을 요구하는 벽돌을 재료로 하였던 것이다. 벽돌은 다른 건축재료에 비할 때 크기가 작고, 규격화 되어 있기 때문에 설계자의 의도에 따라 보다 자유롭게 건축할 수 있다는 장점이 있다. 사용된 벽돌에는 주로 연꽃을 소재로 한 무늬들로 표면을 장식하였기 때문에 시공후의 전체적 외관이 퍽 화려하고 세련된 아름다움을 느끼게 한다. 더우기 연꽃이라는 불교적 소재를 사용함으로써 고인의 명복과 내생을 기리는 퍽 종교적인 의미까지를 함축하고 있다고 하겠다.

왕릉의 규모는 남북 4.2미터, 동서 너비 2.7미터이다. 그리고 부부가 모셔진 바닥에서 천정까지의 높이는 약 3미터, 왕 부부를 함께 모신 합장 무덤으로서는 낭비공간이 별로 없는 기본적인 규모라 하겠다.

무덤의 구조는 크게, 들어가는 입구 부분과 부부를 모신 현실(玄室)의 방(房) 부분으로 나누어진다. 방쪽의 벽면에는 도합 5개소에 조명용의 등(燈)을 설치하였는데 등잔은 백자로 제작된 작은 그릇이며, 이 등잔은 특별히 벽면에 설치된 시설 내에 두어졌다. 그리고 등 밑에는 각각 창(窓)을 상징하는 모양을 시설함으로써 이 방안에 조명과 함께 영원으로 향한 창문들이 갖추어진 건축물임을 명시하고 있는 것이다.

건축적으로 볼 때 이 왕릉에서 가장 고심한 부분은 역시 입구의 아치부와, 방의 천정을 어떻게 처리할까 하는 문제였다. 재료의 성격상 이들 건축은 위에서 눌러내리는 흙더미의 압력으로 쉽게 천정부가 붕괴될 수 있기 때문이다. 이 문제를 해결하기 위해서는 벽돌의 모양을 달리 하였다. 표면으로 노출되는 쪽은 작게, 그리고 안쪽에 숨겨지는 부분은 넓게 펼쳐 시공 이후 이들 벽돌의 자체적 맞물림으로 건물의 안정성이 유지 되도록 한 것이 그것이다. 다만 면적이 넓은 천정부는 이것만으로는 위험하다고 판단 했음인지, 벽돌과 벽돌 사이사이에 콩크리트 효과를 갖는 하얀 강회를 곁들여 사용 하였다.

무령왕릉은 백제시대의 건축 수준, 그리고 예술적 감각이나 사상적 배경 등을 이해하는 데 매우 중요한 자료가 아닐 수 없다.

훌륭한 인품, 빼어난 외모

요즘도 무덤을 부부 합장하는 경우가 많이 있다. 백제시대의 경우 역시 무덤 하나에 한 분만 모시기도 하고, 필요에 따라 합장을 하기도 했던 것같다. 합장을 하였기 때문에 왕과 왕비는 서로 시기를 달리하여 왕릉 안에 모셔진 것이라 할 수 있다. 지석의 기록에 의하면 왕은 서기 523년(무령왕 23) 5월 7일(음) 사망하였고, 왕릉에 모셔진 것은 햇수로 3년

후인 525년 8월 12일이었다. 한편 왕비는 서기 526년(성왕 3년) 11월에 사망하여 햇수로 4년이 되는 529년 2월 12일 왕릉에 합장 되었다. 왕은 죽은지 27개월, 그리고 왕비는 28개월 만에 왕릉에 들어왔던 것이다.

무령왕의 이름은 사마(斯麻), 성은 부여(扶餘), 그러니까 그의 이름은 '부여사마' 이다. 수명은 62세, 당시로서는 천명을 다한 나이였다고 하겠다. 특히 공주 도읍기의 역대왕들이 한결같이 비명에 마쳤던 것을 생각하면 더욱 그러하다. 왕비의 수명은 알수 없지만, 왕이 돌아가신지 3년을 더 살았던 것을 보면 왕과 나이차가 많지 않았던 것처럼 생각되기도 한다. 그러나 왕릉에 유일하게 남겨진 유체(遺體) 였던 왕비의 어금니 이빨은 30대의 젊은 여자의 것이라는 결론이 있어서 혼동을 일으키게 한다.

무령왕은 서기 501년 왕위에 올라 523년까지 23년을 재위 하였다. 계산을 다시하면, 그가 왕위에 오를때의 나이는 이미 40, 왕의 즉위 나이로는 상당히 늦은 것이었다. 무령왕은 공주 천도 이후 오랜동안 혼란했던 백제의 정치, 사회를 안정시킨 왕으로 흔히 알려져 있다. 백제 중흥의 기치를 높이 올렸던 성왕, 그가 무령왕의 아들이었다는 사실은 백제 중흥의 비젼이 가능하게 한 것이 바로 무령왕이었음을 암시한다.

『삼국사기』에 나타난 무령왕은 백성들로부터 존경을 한 몸에 받았던 인기높은 임금이었다. 이것은 그가 진심으로 백성들에 대한 애정으로 정치를 하였기 때문이었다. 그는 백제 중흥의 기틀을 다진 훌륭한 업적의 임금이었을 뿐 아니라, 개인적인 인품으로 많은 사람의 존경을 받았던 인물이기도 하였다. 그리고 더욱 흥미있는 사실은 그가 훌륭한 체격을 가진 보기 드문 절세의 미남자였다는 사실이다. 『삼국사기』의 이러한 기록은 무령왕에 대한 우리의 관심을 막연한 역사적 인물로서가 아니라, 구체적인 한 인물에 대한 것으로 클로즈업시키고 있다.

무령왕은 사실 수수께끼의 인물이다. 빼어난 외모에 훌륭한 인품이란 것도 그중의 하나이기는 하지만, 보다 기본적인 신상 명세부터가 의문 투성이다. 무령왕, 그는 누구의 아들인가, 그는 어디에서 태어났는가, 어린시절과 젊은 시절, 그는 어디에서 어떻게 있었는가, 그는 왜 40이라는 퍽 늦은 나이에야 왕위에 오를 수 있었는가 등등.

『삼국사기』에는 무령왕이 전 왕 동성왕의 둘째아들로 되어 있지만, 사실은 그렇지 않은 것같다. 부모보다 더 나이많은 아들이 있기 어렵다는 점에서. 그가 일본의 섬에서 태어났다는 일본측의 자료는 매우 구체적인 내용을 담고 있다. 한마디로 간단히 이를 맹랑한 것으로 단정해버리기도 어려운 형편이다. 그가 나중에 사망한 후 자신의 몸을 묻었던 두터운 나무로 된 목관(木棺)은 일본에서 성장한 나무로 인정되고 있다. 잘 알 수는 없지만 무령왕과 그의 시대는 정치적으로 백제의 격동기였으며, 일본과의 특수한 관계가 유지되고 있었다. 그 상황 속에서 부여사마는 태어나고 성장하며 왕위에 올랐던 것이다. 그러므로 부여사마의 이 기초적인 신상에 대한 물음은 당시의 복잡다단하게 얽힌 역사적 상황과 직접 연결되어 있는 문제인 것이다.

다양한 왕릉 유물

무령왕릉을 더욱 빛나게 하는 것은 역시 왕릉 안에 있던 유물들이다. 일반적으로 백제의 무덤에서는 유물들이 풍부하지 않다. 그것은 신라나 가야와 같이 유물을 많이 부장하는 후장(厚葬)의 풍습이 별로 없었기 때문이기도 하지만, 다른 한편으로는 도굴에 기인한 바도 적지 않았다. 안에서 유물이 발견되지 않았다고 하는 옆의 6호 무덤도 도굴에 의한 훼손의 사례이다. 이같은 실정에 비할 때 무령왕릉의 풍부한 유물들은 가히 경이적인 것이라 할만하다.

기록상으로 살펴볼 때 백제문화는 퍽 수준높은 국제문화의 성격을 가지고 있었다. 일본에 대한 건축 · 조각 등 각종 선진기술의 전수, 그리고 신학문과 종교의 전수가 삼국 중에서도 특히 백제를 중심으로 이루어졌음은 주지하는 바와 같다. 신라의 유명한 황룡사 9층탑조차 아비지라고 하는 백제 기술자의 전문적 지도에 의하여 건립이 가능할 정도였다. 그럼에도 불구하고 백제문화의 발전된 면모를 직접 전해주는 유물은 퍽 희소한 형편이다. 이러한 점에서 무령왕릉에서 나온 108종 2,900여 점의 유물들은 백제문화의 진수를 여실히 증명하는 국보중의 국보로 인정되고 있다. 실제로 당국에서는 왕릉 출토의 유물을 국보 제 154호부터 제 165호까지 도합 12건에 걸쳐 각각 지정함으로써 이들 유물의 가치를 그대로 뒷받침하였다.

왕릉의 유물중 역시 역사적 가치가 높은 것은 왕과 왕비의 지석 2매이다. 이 지석에는 왕릉에 모셔졌던 두분의 신상에 대한 간략한 사실을 명시함으로써 이 무덤이 바로 백제 제25대 무령왕과 왕비의 무덤임을 분명히 하였던 것이다. 삼국시대 무덤중 무덤의 주인공을 알 수 있는 무덤이 거의 없다는 점에서 왕릉의 경우는 퍽 이례적인 것이 아닐 수 없다. 왕비 지석의 반대쪽 면은 흔히 '매지권' 이라 불리는 토지매입에 대한 증서가 새겨져 있다. 그것은 토지신으로부터 영구히 묘역의 땅을 매입 하였다는 내용이 작성 되어 있고, 그 상징으로 '오수전' 이라는 중국 엽전 한 꾸러미가 그 매지권 위에 올려져 있었다. 국왕의 권위는 결코 최고의 권위는 아니었다. 그것은 하늘의 법 가운데 속한 권위였던 것이다.

왕릉 유물중에는 아무래도 금붙이가 많다. 금으로 만든 관 장식, 귀걸이, 목걸이, 머리뒤꽂이와 각종의 장식용 악세사리들이 그것이다. 이들 유물은 모두 예술적으로 뛰어난 구성을 가지고 있어 금이 갖는 재료적 특성과 함께 어울어져 그 가치를 높이고 있다. 1천 5백년 전 만들어

무령왕 관식과 왕비 관식

졌던 이들 유물을 보노라면 무의식중에 "역시 금은 좋은 것이여" 하는 탄성을 발하게 된다.

왕릉 유물중에는 사람들에게 특이하게 생각되는 장의 용구들이 있다. 스파이크를 박은 군함만큼 커 보이는 금동 신발 두 켤레, 시신을 안치하는 데 사용하였던 나무베게, 발받침 등이 그것이다. 스파이크와 영락 장식을 달고 화려한 투각(透刻)문양을 한 금동신발은 무령왕릉에서만 나온 것이 아니고 전북 익산이나 일본의 후지노끼고분에서도 확인되었는데, 아무래도 이 신발을 실제 사용한 것으로 보기는 어렵다. 아마도 머나먼 구천길을 가기 위해서는 특별히 튼튼하게 제작한 신발이 필요하다고 생각했음직 하다. 나무베개와 발받침 등은 모두 나무로 만들어진 흔하지 않은 유물이다. 이들 유물에는 겉에 금박이나 붉은 색 등으로 다양한 무늬와 그림을 그림으로써 이제는 거의 만날 수 없는 백제 그림의 단편을 짐작케 한다.

왕릉의 유물들을 보다보면 한편으로는 왕릉과 같은 급수의 6호무덤에 원래 있었을 유물들이 그렇게 아쉽게 느껴질 수가 없다. 무령왕릉을 기준으로 할 때 6호무덤은 왕릉이 아니기가 어렵다. 6호 무덤은 길이 3.7미터, 너비 2.2미터로서 무령왕릉에 비하여 약간 작은 크기이다. 그러나 왕릉에 비할 때 비슷한 점이 많으면서도 차이가 있다. 내부 벽면에 죽은이의 영혼을 수호하는 사신도(四神圖) 그림을 그렸던 점, 입구의 구조를 이중으로 구성하고 있는 점, 벽돌의 무늬가 연꽃 대신 오수전이라는 중국의 엽전을 주로 사용한 점 등이 그것이다.

6호 무덤에서 특히 주목되는 것은 이것이 건축상 무령왕릉에 비하여 보다 세련된 기술적 수준을 보여주고 있다는 점이다. 즉 6호무덤은 무령왕릉 건축의 경험이 그 기술적 토대가 되었으리라는 점이다. 이같은 사실은 6호 무덤이 무령왕릉보다 다소 늦은 시기에 조성 되었을 것을 짐작케 한다. 6호 무덤이 무령왕릉보다 늦은 시기의 왕릉이었다고 한다면 그 무덤의 주인공은 과연 누구였을까 하는 것이 궁금해진다. 추측컨대는 6호 무덤의 주인공은 백제 성왕(재위 523-554)일지도 모른다. 부여로의 천도를 단행한 백제 중흥의 제왕으로 널리 알려진 성왕은 무령왕의 아들이며 웅진시대 최후의 임금이다. 554년 신라와의 전투도중 관산성(옥천)에서 비극적 죽음을 당하였는데, 그가 비록 부여 천도를 단행하였지만 그의 삶의 대부분이 공주에서였음을 생각하면 공주에 그 무덤이 있는 것이 하등 이상하지 않다. 더우기 부부 합장을 한 무령왕릉과 달리 6호 무덤이 주인공 1인만이 모셔진 무덤이었다는 사실은 성왕의 돌연한 죽음과도 관련이 있을 수 있다.

무령왕릉과 백제문화

무령왕릉은 왕릉 자체가 갖는 가치, 그 안에 부장되어 있는 다양한 유물들이 갖는 가치, 그리고 지석에 의하여 특별히 부여된 역사적 가치 등 가히 백제문화의 진수라 하지 않을 수 없다. 무령왕릉의 발견에 의하여 비로소 백제문화는 다소나마 세인들로부터 인정을 받게 되었다. 그러나 이 역시 백제문화의 지극히 작은 편린에 불과하다 할 것이다. 근년 부여에서 발견되었던 금동향로를 비롯한 몇몇 유물도 이같은 백제문화의 특별성을 다소나마 뒷받침해준다.

무령왕릉과 그 유물을 통하여 오늘날 우리가 새롭게 주목하게 되는 것 중의 하나는 그것이 가지고 있는 국제성이다. 왕릉과 그 유물은 백제문화 뿐만 아니라 당시 백제와 밀접한 관계를 유지하고 있던 중국(남조) 혹은 일본과의 교류상을 입증하고 있기 때문이다. 왕릉의 건축은 중국 남조에서 유행하던 왕릉의 모델을 변형한 것이다. 그리고 유물중에는 백자 등잔이나 청자그릇과 같은 중국산이 포함되어 있다. 그 시기

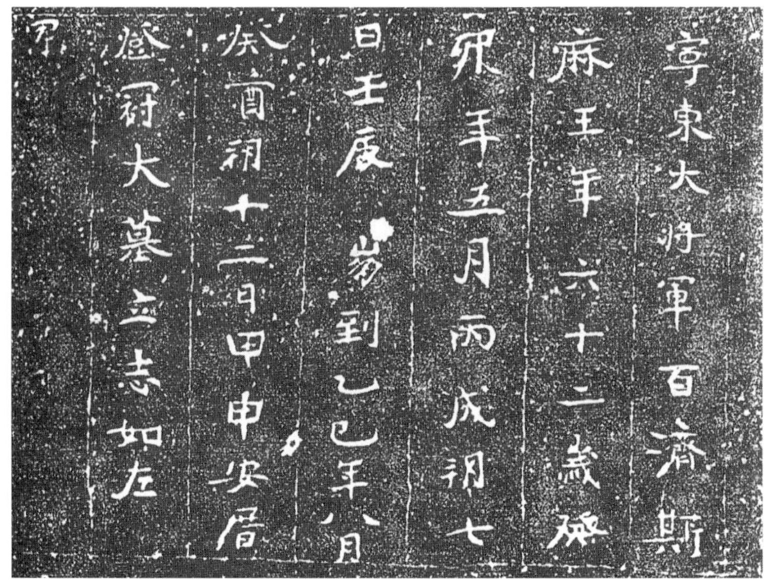

무령왕릉 출토 지석

무령왕릉 출토 진묘수

의 분명성 때문에 이들 유물은 중국 도자사에 있어서도 일정한 가를 가지게 되었다. 왕과 왕비를 안치하는 데 사용한 두터운 나무관은 그 재질이 금송(金松)이라는 소나무과의 나무로서 이것은 일본 큐우슈우(九州)지방 산(産)인 것으로 추측되고 있다. 이러한 유물상은 당시 백제의 국제적 교류상과 동아시아 삼국관계 속의 백제의 위치를 이해하는 데 매우 중요하다.

무령왕릉과 그 유물들은 높은 수준의 백제문화가 빚은 결정체들이며 동시에 여기에는 당시 백제의 역사성과 비밀이 그대로 숨겨져 있는 것이다. 특히 백제 및 백제문화가 가졌던 국제성은, 세계화시대에 있어서 한국문화는 과연 어떤 모습이고, 어떠해야 할 것인가에 대한 많은 시사를 던지고 있다.

(공주향토문화연구회, 『문화가 살아있는 이야기, 공주』, 1997)

당면과제에 대한 공동해결의 길

• 교수협의회장 취임사 •

어려운 때에 교수협의회 의장이라는 크고 무거운 임무를 맡게 되었습니다. 저를 지지해 준 여러 교수님들께 감사하면서, 한편으로는 주어진 임무를 제대로 수행함으로써 여러분들의 기대에 부응할 수 있을지 적이 걱정 되는 것이 사실입니다.

지금은 역사의 전환기입니다. 대학의 경우도 마찬가지입니다. 물론 우리 대학의 경우도 예외가 아닙니다. 어쩌면 우리 대학의 경우는 다른 대학들보다 더 부과된 난제들이 있어서 진통도 훨씬 많이 겪고 있다고 생각이 됩니다. 지방대학으로서의 열악한 교육환경, 취업의 전망이 갈수록 불투명한 것 따위가 그것들입니다.

우리는 이러한 여러 가지 당면한 문제들을 능동적으로 해결하기 위하여 교수협의회를 만들었습니다. 물론 교수협의회가 태어나게 된 것은 학원의 민주화와 자율화라는 대명제를 성취하기 위한 역사적 요청에 의해서 입니다만, 저간의 숙제를 자주적으로 해결해야겠다는 당위성도 내포되어 있습니다. 그러기 위해서 획일적인 관료체제의 극복과 외부의 부당한 간섭으로부터 벗어나야 된다는 사실을 철저히 깨닫고 있습니다.

교수협의회에서 해야 할 일을 다음의 몇 가지로 요약고자 합니다.

첫째, 대학 민주화의 실현입니다. 우리는 알게 모르게 안일 무사한 타율의 타성에 젖어 있음을 부인할 수 없습니다. 어느 누구는, 오랫 동안 새장에 갇힌 새가 문을 열어 주어도 날아가지 못하는 것으로 비유하기도 했습니다마는 크게 과장이 아니라고 생각합니다. 자유는 결코 주어지는 것이 아닙니다. 부단한 노력과 추구 없이는 불가능한 세계입니다. 학사, 인사, 예산 등의 운영들이 공명정대하기 위해서는 비판의 자유가 전제되어야 하고 또한 감독의 자유가 있어야 합니다. 불이익을 받지 않으면서 마음껏 학문에 전념할 수 있는 분위기가 조성될 때 우리는 자율과 민주의 고마움을 알게 될 것입니다.

둘째, 교권의 수호와 그 신장입니다. 참다운 교육은 교권이 확립되었을 때 이룩된다는 사실은 누가나 다 아는 일입니다. 그러나 교권을 저해하는 내 · 외의 어떠한 일에도 의연한 자세로 교육의 올바른 이념에 따라 공동선을 추구한다는 일은 서로의 협조가 없이는 어렵습니다.

셋째, 우리 대학의 기반 공고화입니다. 다 아시다시피 우리 대학은 유구한 전통을 자랑하는 유일한 국립사범대학입니다. 그러나 작금에 와서는 입학정원의 감축이다 뭐다하여 위축 일로를 걸어 왔습니다. 우리는 이러한 사실을 직시해야 하며, 또 이것을 슬기롭게 극복하려는 공동의 노력을 보여 줘야 합니다. 껍질이 깨지는 아픔이 없이는 알에서 새가 나올 수 없지 않겠습니까?

넷째, 활발한 학풍의 조성에 일조가 되어야 하겠다는 것입니다. 현재의 우리 대학은 두가지 임무를 동시에 걸머지고 있습니다. 진정한 교사양성으로서의 사범교육이 그 하나이고 아카데미즘을 지향하는 대학 본연의 임무가 그 다른 하나입니다.

이 둘의 균형을 조화롭게 조절함으로써 양면의 특성을 모두 살려야 한다는 것입니다.

다섯째, 학생과의 신뢰회복입니다. 학생들은 그들이 가진 순수성 때문에 현실의 여러 과정을 무시해 버리는 수가 많습니다. 그리고 기성세대를 무능력과 비겁 일변도로 몰아붙이는 사례도 많습니다. 우리에게도 책임이 없는 것은 아니지만, 정말 열린 마음으로 대화를 나누어 존경받는 스승과 믿음직한 제자의 관계를 회복하고 싶습니다. 진정한 민주화는 대화와 인내 없이는 불가능하다고 생각합니다.

현재의 우리 대학은 중대한 국면에 처하여 있습니다. 이 같은 시기야말로 무엇보다도 여러 교수님들의 생산적인 토의를 통하여 활로를 모색할 때입니다.

학교 당국도 우리 각개 교수들의 열의에 보조를 맞추어, 모처럼 얻은 대학 자율화의 기회를 십분 활용함으로써 바람직한 대학상의 정초(定礎)를 쌓도록 해주시기 바랍니다.

(1988. 7. 1)

변화와 발전의 문턱에서

• 공주대학장 취임사 •

우리 민족 웅비의 시대라 일컫는 첫 해 만물이 그 약동을 시작하는 희망찬 새 봄입니다.(중략)

1948년 개교 이래, 유능한 중등교사 배출의 요람으로 공헌해 온 우리 대학은 내외 여건의 변화로 커다란 변모의 전환점에 서 있습니다.

지난 2학기의 뼈아픈 진통으로 상징되듯이 그 동안 우리가 누려왔던 전통과 명문의 허물을 벗고 새롭게 거듭 태어나지 않으면 안될 시점에 서 있습니다. 과거의 화려했던 명성을 벗어나야 한다는 아쉬움은 우리 모두의 아픔이지만, 더 큰 도약과 발전을 위해서라면 그 극복의 지혜와 슬기를 모아야 할 때라고 생각됩니다.

대학은 다 아시는 바와 같이 연구, 교수, 봉사의 세 기능을 가지고 있습니다. 이 가운데에 가장 핵심을 이루는 것은 연구입니다. 연구열이 높을 때 그 대학은 젊어지고 생기가 충만해 집니다. 반대로 연구열이 없거나 식어지면 그 대학은 생명을 잃게 됩니다.

예로부터 대학을 상아탑이라 일러 왔습니다. 여기는 학문의 숭고함과 독립성을 옹호하는 뜻이 내포되어 있습니다. 대학이 사회나 시대로부터 분리되어 상아탑을 고수하는 것은 물론 옳은 일이 아닙니다. 그러나 대학은 어떠한 권력의 간섭도 거부해야 하듯이 어떠한 정치의 흐름으로부터도 자유로워야 합니다. 이 길만이 대학을 본연의 대학으로 환원하는 것이라고 생각합니다.

세계는 급속히 페레스트로이카의 시대에 접어들고 있으며, 냉전의 시대가 가고 서로의 다양성과 공존을 인정하는 데탕트의 시대에 접어들었습니다. 좁아지고 단축된 시간과 공간의 이 지구촌에서 미래를 개척해야 할 사명을 우리는 부여 받고 있습니다. 이 속에서 우리는 대학을 통하여 건강한 교양인을 육성하지 않으면 안 될 것입니다.(중략)

저는 우리 대학이 지금 내일을 향하여 힘차게 도약하느냐, 아니면 정체해 있느냐하는 중대한 기로에 놓여 있다고 판단하면서 그 성패의 책임을 통감하고 있습니다. 그리하여 그 타개책으로 다섯 가지의 방향성을 설정하여 실천하도록 하겠습니다.

첫째, 가장 빠른 시간내에 본교를 명실상부한 종합대학으로 승격시켜서 발전 속에 안정을 도모하도록 하겠습니다. 주변의 여러 대학들이 구각을 탈피하면서 눈부신 발전을 보여주고 있는데 반하여, 우리 대학은 단설 사범대학의 불리한 여건 아래 영세한 규모의 대학으로 움츠러들 수 밖에 없었습니다. 이런 현실이 바로 본교의 아픔이며, 절규이며, 몸부림이었던 것입니다. 그 타개책은 오늘의 우리 대학을 특성있는 종합대학으로 발전시켜 비약의 발판을 마련하는 것입니다. 그것은 우리 대학 구성원 모두의 소망이자 저의 염원이기도 합니다.

아울러 우리 대학도 다양한 학문 연구로 특수성과 보편성을 갖춘 대학이 되도록 개방의 문을 활짝 열어야 하겠습니다.

둘째, 종합대학에로의 확대 발전과 함께 사범대학의 역사와 전통이 지속적으로 계승, 발전되어야 하겠습니다. 이를 위하여 중등학교 교육과정에 있는 여러 과목의 학과를 고루 갖추도록 하여 양적인 규모를 확장하며, 질적인 향상도 함께 도모하여야 할 것입니다. 그리하여 충청권에서 제일의 역사와 전통을 되찾도록 기초를 다지고, 나아가 한국의 명문대학이 되도록 그 기반을 구축하는 일에 저의 모든 힘과 노력을 다하도록 하겠습니다.

셋째, 공개행정의 정착과 교권의 확립에 최대한 노력하겠습니다. 개방의 시대, 대중화 단계에 맞춰 대학의 제반 학사 운영은 공개행정을 원칙으로 하겠습니다. 공개행정을 통해 정직한 대학인, 경직성을 탈피한 행정, 봉사 위주의 행정이 되도록 역점을 둘 생각입니다.

또한 행정의 책임을 맡은 사람은 교수의 권위를 대내외적으로 지켜주어야 할 책무를 가지고 있다고 생각됩니다. 합리적이고 공정한 학사 운영을 통해 교수님의 학문적인 권위가 유지될 수 있도록 하고, 외부로부터의 어떠한 압력에도 교수님의 권익이 손상되지 않도록 하여 교권이 확립되도록 도와드리겠습니다. 아울러 학생들의 학습권도 최대한 보장되도록 노력하겠으며, 공부하고 연구하는 면학 분위기가 조성되도록 모든 노력을 기울이도록 하겠습니다.

넷째, 교수님들의 연구분위기 조성과 복지시설 확충에 노력하겠습니다. 연구비 지원의 확대와 현실화, 부설연구소의 단계적 육성 · 발전을 위해 불편없이 연구에 전념하실 수 있도록 도와 드리고, 교수님과 학생들의 복지시설 확충에 노력하여 문화 · 체육활동을 즐길 수 있도록 힘을 기울이겠습니다.

다섯째, 합리적인 대학운영이 되도록 여러 제도의 개선에 힘쓰겠습니다. 현대의 대학은 상아탑 속에서 진리탐구에만 몰두하는 전통적인 유니버시티는 아닙니다. 다양성 있는 사회 각계 각층과의 밀접한 대중화 관계와 위상이 정립되어야 합니다. 미국의 우수한 대학에는 2천 6백여 종류에 달하는 다양한 교과목이 개설되어 있다고 합니다. 우리 대학에는 8백 80여개의 강좌가 개설되어 있는 매우 미흡한 실정입니다. 오늘날의 대학은 국제화 시대에 부응하는 다양한 학문영역을 대표하는 멀티버시티가 요구되는 것입니다.

그러기 위해서는 타 대학에 손색이 없는 인사제도의 확립, 점진적인 학칙개정, 미래지향적인 교육과정으로의 개편과 학생들의 학습환경 개선을 위해 노력하지 않으면 안될 것입니다. 또한 학생들의 학구적인 분위기 조성을 위해서 자유로운 학생활동을 보장하되, 학칙의 엄격한 적용도 필요하다고 생각됩니다.

이상 말씀드린 내용을 실현하기 위해서는 먼저 각계 각층의 의견을 수렴하여 장단기 종합계획을 수립하고, 우선순위를 정해서 차질없이 진척되도록 하는 일도 필요하지만, 무엇보다도 모든 대학 구성원 여러분의 도움과 지역사회 주민들의 협조, 동문 여러분들의 협력이 필요합니다. 이 모든 분들의 힘이 하나로 결집되어 저를 성원해 주실 때 저의 힘도 배가 되어 우리 대학의 밝은 미래가 활짝 열릴 것이라고 확신합니다.

공자께서는 일찍이 회사후소(繪事後素)라는 말씀을 한 적이 있습니다. 바탕이 있은 뒤에 그림을 그려야 한다는 말입니다만, 무엇보다 중요한 것은 바탕이라 하겠습니다. 사람의 됨됨이가 이루어짐이 없이 어찌 모양을 낸다고 하겠습니까? 저는 이 말씀을 늘 명심하면서 제 맡은 바 소임에 충실하도록 노력하고자 합니다.

90년대는 우리 대학의 개교 50주년이 되기도 하면서 20세기가 마무리 되는 시기이기도 합니다. 변화와 발전의 문턱에서 복잡하고 어려운 때를 맞는 우리 대학이 한국은 물론 세계적인 명문대학으로 제2의 도약을 하여 21세기의 주체가 될 수 있도록 저는 신명을 바쳐 소임을 다할 각오입니다. 이 자리에 참석해 주신 여러분들의 변함없는 편달과 성원을 다시 한번 부탁드립니다.

끝으로 내외 귀빈 여러분의 건승하심과 하나님의 가호가 늘 함께 하시기를 기원 드립니다. 감사합니다.

(1990. 3. 12)

진리탐구, 가치창조, 정의실천을 지표로

• 총장 취임사 •

3월은 만물이 새로운 생명의 약동을 시작하는 달입니다. 얼었던 대지가 풀리고 죽은듯한 가지에서 생명의 고동이 다시 맥박치는 감격스러운 시기인 것입니다. 그러나 지금 우리 공주대학교의 1991년 3월은 다른 어느 해의 3월보다도 더욱 벅찬 생명의 고동을 실감케 하고 있습니다. 공주대학교의 새로운 발전적 부활이 이제 이루어지고 있기 때문입니다.

그간의 인고의 시간을 넘기고, 종합대학 체제로 새롭게 출발하면서 앞으로의 발전에 대한 기대 때문에 부활의 감격과도 같은 적지 않은 감회를 갖게 되는 것입니다.

본교는 종합대학으로서의 충분한 내용과 체계를 아직 갖추지 못했습니다. 그러나 종합대학으로의 전환은 향후의 대학발전을 위한 그릇을 만들고, 그 기초를 마련한 것이라는 점에서 그 의미는 매우 크다고 해야 할 것입니다.

우리대학은 사범대학, 인문사회과학대학, 그리고 이공대학의 3개 단과대학으로 새롭게 출발합니다. 종합대학의 승격과 함께 그 모체가 된 공주사범대학이 공주대학교 사범대학으로 부활되었습니다. 이것은 사범대학의 이름이 교명에서 지워져버린 지난 1년 재학생과 졸업생들에 가져다 주었던 아픔을 다소간 위안한 것이라는 점에서, 그리고 과거의 빛나는 전통을 지속한다는 점에서 의미 깊은 것입니다. 한편 인문사회과학대학은 기초학문의 연마와 더불어 종합대학에로의 방향제시라는 점에서 본교의 대학방향을 새롭게 설정하는 전환적 의미를 내포하는 것입니다. 이공대학은 기초과학과 공학계열의, 시대가 필요로 하는 인재양성을 목표로 한다는 점에서 본교의 미래지향성을 표현하고 있습니다. 그리하여 3개 단과대학의 구조는 전통에 기반을 두면서 끊임없는 자기 발전을 도모하여, 그리고 미래사회에 적응하여 대비한다는 대학 발전의 전체적 모양을 암시하고 있기도 합니다.

3개 단과대학은 아직 내부적인 정리와 발전성장을 위하여 많은 노력과 시간을 요하고 있습니다. 그러나 이제 본교는 과거의 빛났던 전통에 연연하지 않고 새로운 시대변화에 발맞추어 더욱 적극적으로 대학발전을 모색하게 될 것입니다. 그리하여 대학의 질적 발전 뿐만 아니라, 이 시대가 요구하는 각종 영역의 전공분야를 확대 개설하여 명실상부한 종합대학으로서, 그리고 충청남도 유일의 국립종합대학으로서 발전해 나가게 될 것입니다.

본교의 종합대학 승격은 대학인의 입장에서 중요한 전환적 의미가 있음을 강조하고 싶습니다. 그것은 타 대학과의 치열한 경쟁을 통하여 대학발전을 지속적으로 도모하기 위해서는 경쟁구조에 대비한 의식의 전환이 무엇보다도 긴요하다고 봅니다. 우수한 인재의 선발, 교수방법의 질적 관리를 통한 보다 효율적인 수업, 국가사회와 사회에 기여하는 연구결과의 끊임없는 창출, 대학경영의 효율화, 지역사회와의 협조체제 강화는 이러한 점에서 끊임없이 염두에 두어야할 필수적 요건들이 될 것입니다. 향후의 대학발전은 본교의 경우 먼저 다양한 전공의 설치를 통한 규모의 확대가 긴요한 현안이라 하겠습니다. 그리고 이를 수용할 수 있는 제반 교육시설의 확대가 자연 수반되어야 할 것입니다.

뿐만 아니라 지역사회와의 연대를 보다 강화하여 대학의 지역사회 발전과 문화계발에 보다 적극적으로 기여하고, 동시에 대학발전이 지역사회에 의하여 뒷받침 받는 상호 연대관계가 필수적으로 요청된다고 봅니다.

대학운영의 측면에서는 민주사회의 지도적 시민을 양성하는 대학의 본령에서 생각하고, 다양한 의견을 균형 있게 수렴하여 대학행정에 반영하고자 합니다.

공주대학교는 이제 새로운 기상으로 다시 일어서고 있습니다. 그리고 진리탐구, 가치창조, 정의실천을 지표로 삼고서 과거의 빛나는 전통을 토대로 새로운 도약의 발판을 마련하고 있습니다. 미력한 제가 그 무거운 소임의 일부를 능히 감당하여 대학발전의 초석을 견고히 놓을 수 있도록 변함없는 편달과 성원을 부탁드립니다.

(1991. 3. 11)

새시대의 주인공으로서

• 신입생 환영사 •

새봄과 함께 93학년도에 입학한 우리 공주대학교 신입생 여러분을 진심으로 환영합니다.

그동안 여러분은 끊임없는 노력과 땀흘린 수고가 있었기에, 어려운 입시 관문을 넘어 캠퍼스의 새 주인공이 된 것을 진심으로 축하합니다. 그리고 이 영예로운 자리에 앉게 하기까지 불철주야 정성으로 뒷바라지 해주신 부모님과 헌신적으로 가르쳐 주신 여러분의 모교 선생님들께도 삼가 감사의 말씀을 드립니다.

우리 공주대학교는 2년 전에 종합대학으로 확대 · 개편되었고, 93학년도는 5개 단과대학과 대학원, 교육대학원 등 2개 대학원의 편제를 갖추고 미래를 향한 대학으로 발전하게 되었습니다. 이와 같은 발전은 앞으로도 계속되어 가리라고 믿고 있습니다.

나는 오늘 새로운 꿈과 희망을 가지고 입학하는 신입생 여러분께 몇 가지 당부의 말씀을 드리고자 합니다.

첫째는 자율적인 사고입니다.

지금까지는 입시라는 높은 장막 앞에서 제한적이고 부자유스러운 생활을 해왔지만, 이제는 대학이라는 매우 귀한 공간에서 자유로운 생활을 하게 될 것입니다. 그러나 참된 자유는 자율적인 사고에서 비롯됩니다. 이 자율적인 사고는 여러분의 대학생활을 보다 풍요롭게 하며, 삶의 참 의미를 깨닫게 할 것입니다. 괴테는 말하기를 "어렸을 때의 얼굴 모습은 부모의 책임이지만 젊을 때부터는 본인의 책임" 이라고 하였습니다. 여러분이 지금 입학하는 이 시간부터 어떤 마음과 각오가 되었느냐 하는 것은 4년 후 이 대학의 문을 나설 때 여러분 얼굴의 모습에 나타난다고 봅니다. 그러므로 값진 대학 4년의 생활을 아름답고 소중하게 가꾸시기를 바랍니다.

둘째로는 인격을 도야하는 일입니다.

신입생 여러분, 여러분은 앞으로 우리 민족과 사회의 지도자들이 될 일꾼입니다. 그때를 위하여 훌륭한 인격을 갖추기 위해 노력하시기를 바랍니다. 많이 독서하고 사색하며 많이 깨닫는 생활이 되어야 합니다.

셋째로는 학문의 연구입니다. 대학을 가리켜 상아탑이라고 합니다. 진리를 탐구하고 학문을 연구하는 최고의 지성이 숨쉬는 곳입니다. 신입생 여러분은 상아탑의 주인공으로서 또한 미래 이 민족의 지도자로서 날로 첨단화 되어가는 학문을 섭렵하고 더 높은 심오한 연구에 게을리 해서는 안될 것입니다. 책과 연필은 돈으로 살 수 있지만 실력과 인격은 끊임없는 학문 탐구를 통해서만 가능합니다. 그것은 기적처럼 나에게 다가오는 것이 아니라 내가 땀 흘려 찾는 것입니다.

신입생 여러분, 이제 우리는 21세기의 문턱에 서있습니다. 여러분은 새시대의 주인공으로서 나라와 민족의 예비지도자로서, 여러분의 꿈과 희망이 우리 공주대학교에서 알차게 영글어가는 대학생활이 되기를 바랍니다.

(1993. 3. 12)

충남 자치력 향상을 위한 씽크 탱크

• 열린충남 창간호 •

오늘날 우리는 더욱 밀접하게 상호 의존한 가운데 경쟁의 강도가 그 어떤 시대보다 커지는 국제 여건과, 경제 발전의 결과로 단순한 물질적 풍요를 넘어 삶의 질에 큰 관심을 갖게 되는 국내적 변화에 직면하고 있습니다.

최근의 이런 국내외적 여건의 변화는 우리로 하여금 국제화와 아울러 지방화를 동시에 추구하도록 하고 있습니다. 밖으로는 세계로 문을 더욱 넓게 열어 세계속에서 경쟁하고 협력함으로써 경제를 비롯한 국가의 힘을 길러 나가는 한편, 안으로는 현대의 복잡하고 다양한 국민의 여러 욕구들을 그 해당지역에서 자치적으로 해결해 효율성을 높여가자는 것입니다.

우리 충남발전연구원은 이러한 시대적 변화 속에 우리 충남의 자치력 향상을 통한 향후 발전을 뒷받침할 씽크 탱크(Think-Tank)로 설립되었습니다. 우리 연구원은 충남의 각종 발전계획들을 심도 있게 분석하고 평가해, 합리적인 대안을 제시하는 역할에 충실하고자 합니다.

우리 자체 상임연구원들의 연구는 물론이고 충남에 관심을 가진 여러 객원 · 석학 및 전문가들의 고견(高見)도 폭넓게 수렴해서 우리 도정

(道政)에 좀더 나은 대안들을 제시하고자 합니다.

이번에 우리 연구원의 첫 번째 사업으로 내놓은 이 『열린충남』은 우리 충남과 관련된 정치 · 경제 · 사회 · 문화 · 환경 등에 관한 여러 전문가의 글을 묶은 것입니다.

이 중 일부는 우리 연구원 개원 기념 심포지엄에서 발표된 글이며, 나머지는 엄선된 집필자들이 별도로 『열린충남』을 위해 기고해 주신 옥고들입니다. 앞으로도 우리 연구원에서는 『열린충남』을 정기적으로 간행하여 충남에 애정을 가지고 계신 분들의 열린 토론과 제안의 광장으로 활용토록 할 예정입니다. 이번 『열린충남』 창간호에 기고해 주신 여러분들께 각별한 감사의 말씀을 드리고자 합니다.

(1995. 10. 20)

푸른 바다, 그리고 일렁이는 파도

• 창해 박병국 교수 정년 기념 역사학 논총 •

선배교수이신 창해(滄海) 박병국(朴秉國) 선생께서 정년(停年)을 맞게 되었다.

1965년 30대의 청년기에 본교에 부임하신 이래 30여 성상(星霜)이 흐른 것이다. 그 대부분 기간을 같은 과(科)에서 고락(苦樂)을 같이 해왔던 나로서도 새삼 무심한 세월의 진행을 실감하게 된다. 물처럼 흘러 바람처럼 지나가버린 세월을.

창해(滄海)선생은 본교의 역사교육과 설립과 함께 지금까지 대학과 학과의 역사를 함께 해오신 분이시다. 대부분 교직에 나가 있는 역사교육과의 모든 졸업생은 선생의 제자들이며, 인기 있는 교양강의로 인하여 다른 과(科) 졸업생들에게도 가장 지명도가 높았던 분으로 알고 있다.

창해(滄海)선생은 그 인간적 성품으로 많은 화제를 가지고 있다. 선생의 인간성과 품성은 한마디로 '솔직담백' 이다. 사회생활과 대인관계에서 우리들이 다소간 가질 수 있는 속계산이라든가, 가면성(假面性) 같은 것은 전혀 허락되지 않는다. 거기에 사물의 정곡을 찌르는 직관력이 특별하시다.

창해선생은 놀라운 기억력의 소유자이시다. 선생의 미세한 기억력에

혀를 내두르게 되는 때가 한두번이 아니었다. 10년 혹은 20여년 전 회식때의 음식값이며, 주문된 식단이며, 대화 내용을 거의 그대로 재생하신다. 이점에 있어서 거의 한치의 오차도 없다. 영수증이나 회의록이 필요없다.

창해선생은 뛰어난 일본어 구사력을 가지고 계시며, 학문적 열정 또한 대단하셨다. 원래 서양고대사 전공이셨지만 어떤 계기에선지 인류학에 흥미를 갖게 되어 그 방면에 상당한 학문적 축적을 이룩하셨다. 그의 인류학 강의는 항상 수강신청이 즉각적으로 마감되는 인기 강좌였던 것으로 기억한다.

창해선생의 술과의 인연은 또한 특별한 것이었다. 최근 건강상의 이유로 약주를 삼가하시게 되었지만 약주야말로 선생의 가장 큰 취미라면 취미였다. 선생의 음주스타일은 전형적인 폭주형(暴酒型)으로서 일단 시작하면 끝을 봐야하는 것이다. 약주대의 경제적 소요를 충당하는 방법으로 이른바 '제2통장' 의 아이디어를 제안한 것이 선생이시라는 것은 아는 사람은 다 아는 이야기이다.

창해선생은 경북 포항 부근 바닷마을에서 성장하셨다. 때문에 바닷사람 같은 스케일과 관대함을 가지고 계시다. 선생의 아호(雅號) 창해(滄海)는 내가 붙여드린 것이었는데, 고향 떠난지 이미 오래지만 선생의 마음 깊은 곳에는 항상 동해의 푸른 바다, 그리고 일렁이는 파도가 자리 잡고 있음을 느낀다.

정년을 기념하여 제자들이 중심이 되어 학술논문집을 봉정(奉呈)해 올린다고 한다. 이 논문집이 선생의 지난 노고에 다소나마 위안이 되었으면 한다. 그리고 이제 바다처럼 힘 있고 장대하게 인생의 여정을 새롭게 시작하실 것을 기원 드린다.

(1994. 8)

3장 내 인생의 큰 스승

김정수 / 강의실과 발굴현장에서 맺은 인연
서정석 / 무령왕릉과 송산리 6호분
양종국 / 그리운 안승주 교수님
유장근 / 백제 와당을 사면서 선생님을 회상하다
윤용혁 / 쉬임 없이 앞으로 나아 갔던 삶
이귀영 / 박물관으로 가는 길
이남석 / 고고학의 무덤파기와 우재선생님
이해준 / 기대와 바램을 어기기만 한 제자
이현숙 / 총장님의 지키지 못한 약속
이 훈 / 우재 선생님 전상서
홍순승 / 내 인생의 큰 스승

강의실과 발굴 현장에서 맺은 인연

김정수_충남과학고

대학 2학년 때 일이었을 것이다. 당시 역사교육과 조교였던 유덕조 선생님께서 강의실에 오셔서 학생들에게 과제를 내주었다. 잘 기억되지는 않지만 미륵사지인가 정림사지의 탑 사진을 보고 정확히 모사해 보라는 것이었다. 다른 동기들이 대부분 시큰둥해 대충 넘긴 것 같은데 나는 왠지 잘 그리려고 노력했었다. 결과 나는 안승주 선생님께서 주관하시던 공산성내 연지 등의 발굴에 참여할 기회를 얻었고 2학년에서 3학년에 걸친 약 3번의 방학을 공산성 연지, 임류각지, 왕궁지 등의 발굴 현장에서 보내게 되었다.

덕분에 동기들끼리 어울린 방학동안의 여행들에 낄 수 없는 아쉬움이 있었지만, 무언가 새로운 것을 배우고 있다는 느낌에 뿌듯한 방학을 보낼 수 있었다. 그리 고되지 않은 일과에 푸짐한 점심식사, 그리고 한 학기 등록금을 거의 채울만한 두둑한 작업수당은 정말로 매력적인 것이었다. 이 발굴 과정과 연속된 발굴보고서 작성에 참여하면서 가까이서 안승주 교수님을 모시고 '고고학' 이라는 것을 조금 경험할 수 있었다. 당시 발굴 실무를 맡았던 이남석 선생님(지금은 이 분야의 전문가로서 사학과 교수로 계신)의 일하시는 모습을 어깨너머로 배우고 그 보조일을 하면서 역사학도로서 그야말로 역사의 현장에 서있는 쾌감을 만끽한 시간들이었다.

이때 참여한 발굴의 경험은 내가 아직도 고향 공주에서 살아가는데, 그것도 역사 교사로 살아가는 데 있어 커다란 자부심 같은 것을 갖게 해준다. 가끔 개인적으로 이곳에 오를 때면 발굴에 참여해서 연지 구석구석에 정방형의 실을 늘어뜨리고 돌 하나하나 빠트리지 않고 줄자를 들이대며 실측도를 그렸던 내 모습을 추억하곤 한다. 나는 대학생활의 소중했던 많은 시간에 공산성에서 남다른 경험을 했고, 이 기억들은 지금 내게 이곳 문화유산에 대한 한없는 애정과 주인의식을 갖게 해준다. 그리고 학생들을 데리고 공산성을 오를 때면 내가 대학시절에 경험했던 발굴의 체험을 생생하게 이야기해주곤 한다. 내가 좀 더 살아있는 역사수업을 할 수 있는 소중한 자산인 것이다.

그 당시 내 느낌으로 안승주 선생님께서는 참 선이 굵은 분이었던 것 같다. 발굴 현장에서도 전체적인 일의 흐름이나 과정을 지도하고 방향을 제시하는 것으로 당신의 역할을 제한하셨다는 느낌이 들었다. 사소한 현장의 발굴 실무나 노무 관리에는 크게 관여하거나 말씀을 하시는 모습을 뵙지 못하였다. 현장의 학생들에게도 달리 별 말씀이나 간섭이 없으셨다. 그리고 현장의 구체적인 실무는 이남석 선생님께 대부분 일임하여 진행하셨다. 그래서 그런지 안승주 선생님은 당시 나에게는 좀처럼 다가서기 어려운 존재로만 느껴졌던 게 사실이다. 외모에서 풍기시는 카리스마에 그리 말씀이 많지 않으시고 농담도 거의 없으셨던 모습 때문이었을까, 당시에는 상당히 멀게만 느꼈었다. 그러나 나는 후일 선생님의 제자에 대한 깊은 배려와 사랑을 느낄 기회를 갖게 되었고, 그 기억은 지금도 선생님에 대한 따뜻한 마음으로 남아 있다.

개인적으로 대학생활의 스승으로 모시기도 했고 선생님의 발굴에 참여하여 또 많은 것을 배울 수 있었던 인연 이외에도, 나는 선생님의 특별한 은혜를 입은 사람이라고 생각한다. 그 하나는 학과 동기로 대학 3학년 때 시작된 인연으로 지금도 같이 살고 있는 내 아내 오숙자(역사교육과 81학번)와의 결혼식 주례를 서주신 일이다. 대학원을 다니느라 나이 27살에 늦깎이로 군대 현역입영을 앞둔 나는 20년 전 5월 결혼식을 치르게 되었고 별 고민 없이 학과의 원로이시고 많은 인연을 쌓은 안승주 선생님을 주례로 모시게 되었다. 선생님께서는 바쁘신 중에도 흔쾌히 축하의 말씀과 함께 주례를 맡아주셨다. 벌써 20년 세월이 흘러 그 말씀 하나하나를 제대로 기억할 수는 없지만 부모님께 효도하고 세상에 가치 있는 사람으로 살아가라는 당부를 하셨던 것 같다. 당부하신 대로 잘 살고 있다고 감히 확신할 수는 없지만 그 말씀하신 바는 항상 내 인생살이의 중요한 지침이 되고 있다.

선생님께서는 우리가 대학을 졸업한 이후 국립 공주사범대학의 마지막 학장이 되셨고, 이어 대학의 종합대학 전환을 이끄시면서 국립 공주대학교의 초대 총장을 역임하셨다. 공주사범대학으로 40년 넘는 세월을 한국 중등교육의 요람으로 발전해온 공주사범대학은 이 때 그 역사상 가장 중요한 전환기를 맞이하였고, 그만큼 찬반의 반향도 아주 컸었다. 선생님께서는 대학 발전의 일관된 소신을 가지고 종합대학화를 추진하셨고 결국 지금 공주대학교의 발전된 위상을 만든 중요한 기초를 닦으셨다. 이 과정에서 간접적이지만 개인적으로 선생님의 은혜를 입었다고 생각하는 일이 있다. 당시 공주대 도서관교육과를 2회로 졸업하였지만 임용고시 실시로 직장을 얻지 못하고 있던 동생이 공주사대의 종합대 개편과 이에 따른 대학 기구의 확대 개편 과정에서 공주대학교의 사서직 공무원으로 임용될 수 있었다. 동생의 경우 어쩌면 종합대로서 공주대학교 출범이 지금까지 공주대인으로 살게 된 결정적 계기가 되었을 것이다. 따지고 보면 적어도 내 가족들의 입장에서는 안승주 선생님의 땀과 의지로 이룬 종합대 공주대학교 출범에 큰 수혜를 입은 것이다.

지금은 나라의 경제사정도 좋아졌고, 문화재관련 여러 법 때문에 문화재 발굴의 기회도 많아지고 발굴 조건도 예전보다 많아졌다고 생각한다. 그런데 당시 내가 느끼기에도 항상 빠듯한 발굴 비용과 보고서 발표 시한에 쫓기는 열악한 환경 속에서도, 선생님께서는 공산성 일원의 백제 관련 유적과 충청권의 고분 및 절터 등의 발굴을 통해 오랜 세월 흙 속에 묻혀있던 수많은 역사의 생생한 증거들을 새롭게 발견하셨고 또 그것을 학문적으로 정리해 놓으셨다. 지금 공주대 박물관에 소장된 백제 토기 등 많은 백제 관련 유물은 상당부분 선생님의 손으로 직접 건져내신 역사의 보물이자 살아있는 역사의 증거들이다. 그리고 선생님의 한국고대사 수업과 한국미술사 수업은 그만큼 선생님의 현장 경험이 녹아있는 것이었다.

선생님께서 유명을 달리하신지 벌써 10년의 세월이 흘렀다. 안승주 선생님은 역사공부의 스승으로서, 문화재 발굴의 값진 경험을 안겨준 은인으로서, 또 개인적인 배려와 도움을 주신 분으로서 내게 많은 은혜를 주신 분이다. 내 삶의 중요한 시간과 고비에 따뜻하게 베풀어주신 선생님의 손길을 결코 잊을 수는 없을 것이다.

새삼 나도 좀 더 좋은 역사 선생으로 진지하게 살아야겠다는 생각을 해본다. 제자들에게도 더욱 따뜻한 마음으로 많은 것을 베푸는 선생이 되어야겠다.

무령왕릉과 송산리 6호분

서정석_공주대 문화재보존과학과 교수

고고학에서는 '우연' 이라는 말을 유난히 많이 쓴다. 세기적인 발견을 이야기할 때는 꼭 꼬리표처럼 따라다니는 말이 바로 이 '우연' 이다. 무령왕릉의 발견이 그렇고, 백제금동대향로가 출토된 부여 능산리사지의 발견이 그렇고, 최근에 조사된 공주 수촌리유적의 발견이 그렇고….

'우연' 은 고고학에만 있는 단어는 아닌 듯하다. 일생 생활을 하면서도 무수히 많은 '우연' 과 만나기 때문이다. 영어 'chance' 라는 단어는 우리가 익히 알고 있는 '기회' 라는 뜻 이외에 '우연' 이라는 뜻도 있다. '우연히' 이루어진 일이기 때문에 그것이 '기회' 가 된다는 뜻일 게다.

토정비결이 너무 잘 맞아 사람들이 노력은 하지 않고 토정비결만 바라보기 때문에 몇 군데 틀리게 해 놓았다는 우스갯소리도 있지만 삶이 정해진 틀대로만 움직여진다면 노력할 사람은 아무도 없을 것이다. 그래서 살다가 '뜻밖의 행운' 을 얻으라고 '우연' 이라는 것이 있는 것이 아닐까. 다시 말해서 빡빡한 삶 속에서 가끔은 숨통을 트기 위한 신의 선물이 '우연' 이 아닌가 한다.

물론 '우연' 이 항상 기회만 가져다 주는 것은 아니다. 필연이 갖지 못한 가능성을 열어주기도 하지만 반대로 불안과 위험을 안겨주는 경우도 심심찮다. 고고학에서도 '우연히' 세기적 발견을 하고서도 뜻하지 않게 불행을 경험한 고고학자의 이야기를 심심찮게 들을 수 있다. 그 만큼 트여있다는 것은 기회인 동시에 위험일수가 있는 것이다.

우재 선생님을 생각하면 떠오르는 기억이 두 가지 있다. 그 중에서도 가장 또렷한 것은 3학년 1학기 때 있었던 기말고사다.

3학년 1학기 때 당시에는 필수였던 고고미술사 강좌를 수강하였는데, 당연히 무령왕릉에 대한 발굴 이야기가 나왔다. 지금은 널리 알려진 이야기가 되어 버렸지만 그 당시만 해도 그다지 알려져 있지 않았던 발굴 뒷이야기가 수업시간 내내 이어졌다. 선생님은 당시 발굴을 직접 담당하였던 만큼 수업시간에 들려주는 발굴이야기는 그야말로 흥미진진한 한편의 드라마였다. 사진기가 없어서 쩔쩔 매던 이야기며, 신문기자와의 실랑이, 그리고 주민들과의 마찰, 무령왕릉 안으로 들어온 나무뿌리 이야기 등등 수업시간 내내 귀를 쫑긋 세우고 들었던 기억이 지금도 생생하다.

그런데 대개의 이런 수업이 그렇듯이, 그 때도 이런 뒷이야기가 길어지다 보니 정작 중요한 알맹이는 빼놓고 수업을 마치고 말았다. 예를 들어 무령왕릉의 구조나 다른 무덤과의 관계, 백제 무덤의 전개 과정에서 무령왕릉이 끼친 영향 등등과 같은 고고학적인 설명은 생략한 채 재미있는 에피소드만 듣다 끝나버린 것이다.

문제는 이런 사실을 잊으셨는지 선생님께서 기말고사에 무령왕릉과 송산리 6호분을 비교 설명하라는 문제를 출제하셨다. 평소에도 허를 찌르는(?) 시험문제를 잘 내는 것으로 유명한 선생님이셨지만 막상 문제가 이렇게 나오다보니 발굴 뒷이야기만 무성하게 떠들던 우리들은 그저 당황할 수 밖에 없었다. 수업시간에 다 설명을 하셨다고 착각하신 것인지, 아니면 가까이에 있으니까 수업시간에의 설명 여부와 관계없이 이 정도는 알아야 한다는 뜻으로 출제하신 것인지는 모르겠지만, 시험문제를 받아들고 당황해 했던 기억이 지금도 생생하다.

당연히 그 때 답안지를 어떻게 채웠는지는 전혀 기억이 없다. 지금까지 셀 수 없이 많은 답안지를 작성해 보았지만 그 때만큼 당황했던 기억도 없었던 것 같다. 송산리 6호분에 벽화가 있었다는 사실조차 몰랐으니 답안지를 어떻게 작성했을지는 너무나도 뻔하다.

시험은 끝났지만 그 때 받은 충격만큼은 20년이 지난 지금도 생생하다. 다행히 그 이후 그 해답을 찾아 이리저리 헤매면서 자연스럽게 고고학을 공부하게 되었고, 그 공부는 지금까지도 계속되고 있다. 3학년 때 마주했던 뜻밖의 시험문제 하나가 삶의 중요한 계기가 된 셈이다.

선생님이 저만큼 앞서서 걸어가고 있는 지금, 그 때 냈던 문제에 대해서는 어느 정도 설명을 드릴 수 있을 듯하다. 그러나 여전히 당황스럽기는 마찬가지다. 그렇다면 6호분의 주인공은 누굴까, 하는 또 다른 문제가 놓여져 있기 때문이다. 예나 지금이나 선생님은 편달(鞭撻)을 멈추지 않으시는 것 같다.

그리운 안승주 교수님

양종국_공주대 사학과 교수

거울 앞에 서도 사진을 찍어도 낯선 얼굴을 대하게 되어 씁쓸함을 맛보고 있는 요즈음이다. 아직 익숙하지 않은 현재의 내 모습에서 세월의 빠른 흐름을 실감하며 지나간 그리움과 허망함까지를 느낀다.

우재 안승주 교수님의 추모 1주기 기념논총을 발간하기 위해 논문 및 추모의 글과 시, 그림 등을 모으려 애썼던 기억이 엊그제 같다. 또 교수님 묘소 앞에서 가진 1주기 추모행사 때 조재훈 교수님의 추모시 「편지 - 바람에 부치는 안부」의 낭독을 들으며 하염없이 눈물을 흘리던 것도 어제의 일로 여겨진다. 그런데 벌써 9년의 세월이 다시 흘러 10주기 추모집을 만들기 위해 글을 쓰고 있으니, 화살처럼 흐르는 세월의 수레바퀴는 생사의 세계를 가리지 않고 굴러가나 보다.

교수님과의 인연이 처음 시작되던 때로 기억을 되돌려 보고 싶다. 그러니까 내가 1975학년도 공주사범대학 사회교육과 역사전공에 입학했을 때이다. 우리의 입학인원은 20명이었다. 교수님의 실제 생년월일이 음력 1936년 6월 23일이므로 그때 교수님의 나이는 만 39세였다. 그러나 39세의 교수님을 보면서 느꼈던 당시의 무게감을 50살이 넘은 지금도 나는 가지고 있지 못하기에 교수님 생각을 하면 여전히 주눅이 들곤 한다.

입학 당시 우리 과에는 4명의 교수님이 계셨다.

제일 연장자이셨던 박병국 교수님의 엄포는 전혀 겁나지 않았다. 결석을 한 학생에게는 A학점을 주지 않는다는 박 교수님의 말도 안 되는 엄포에 은근히 반발한 나는 박 교수님에게서 한번도 A학점을 받아보지 못했다. 가장 막내 교수이셨던 김용무 교수님은 중세 서양의 기사처럼 젊은 패기에 자세가 항상 꼿꼿하고 말씀도 반듯하셨다. 「역사란 무엇인가」라는 수업을 통해 배운 지식은 지금도 간직하고 있는데, 정년퇴임의 시간표는 어느새 김 교수님까지 명예교수의 자리로 옮겨놓았다.

우리 학과의 중간 버팀목 역할을 하셨던 안승주 교수님과 신채식 교수님은 비슷한 연배이면서도 정반대 이미지를 가지고 계셨다. 안 교수님이 불굴의 백제장군과 같은 외모와 성품을 지니셨다면, 신 교수님에게서는 중국 사대부의 풍모가 느껴졌다. 사실 신 교수님에게 매력을 느낀 나는 중국사를 전공하는 학자로 지금까지 활동하고 있다. 안 교수님에게서는 왠지 모를 경외감을 느끼면서도 교수님 담당과목인 「한국고대사」를 안일하게 수강했다가 D학점을 받는 어이없는 불상사를 겪기도 했다. 물론 그래서만은 아니겠으나 학부시절 안 교수님과의 접촉은 그다지 많지 않았던 것으로 기억된다. 아마도 1971년도 국내외의 관심을 불러일으키고 백제사 연구의 발전에 일대 전환을 가져오게 한 무령왕릉 발굴에 직접 참여하셨던 안 교수님의 대외활동이 계속 늘어나면서 상대적으로 학생들과의 접촉기회가 줄어든 결과가 아니었나 싶다. 학부시절은 그렇게 지나가고, 나는 공주대학교를 떠나 고려대학교 대학원에 진학해 중국사를 전공하며 한동안 안 교수님을 뵙지 못했다.

내가 안 교수님 옆에서 좀더 밀착된 생활을 하게 된 것은 대학원 석사과정을 마친 뒤 1985년 공주대학교 역사교육과 조교로 오면서부터다. 그때는 전두환 군사정권의 강압적인 분위기가 대학 내에도 팽배하여 학생들은 데모하고 교수들은 비상식이 난무하는 현실 속에서 전전긍긍하던 때였다. 조교의 역할도 힘든 시기였다. 현실이 이와 같았지만 그래도 늘 여유를 갖고 의연하게, 그리고 때로는 꾸밈없는 솔직한 자세로 여러 가지 난관을 풀어나가던 안 교수님의 다가가기 힘든 모습을 보며 교수님이 속한 역사교육과 조교로서 믿음직한 자부심을 느낀 적도 있었다. 사실 강아지를 좋아하는 나는 철이 들면서 보신탕을 일체 입에 대지 않았다. 그러던 것이 공주대학교에 조교로 부임해 오면서 다시 이 음식을 즐기게 되었는데, 이러한 식생활의 변화에는 보신탕을 즐기시던 안 교수님의 영향이 컸다는 사실을 이제 밝히는 바이다. 그만큼 안 교수님을 좋아하고 따랐기 때문으로 보면 되겠다.

난세가 영웅을 낳는다는 말이 있다. 아마도 1980년도 중반까지 우리 대학이 겪을 수밖에 없었던 수많은 난관들이 안 교수님의 이후 생활방향을 바꾸어 놓지 않았나 싶다. 내 눈에 비친 안 교수님의 활동은 정말 대단했다. 1987년 11월에서 1989년 11월까지 처음으로 공주대학교 교수협의회를 만들어 1기 의장을 지내셨고, 1990년 3월 1일에서 1991년 2월 28일까지는 공주대학 학장으로 계시다가 1991년 3월 1일에서 1995년 2월 28일까지 공주대학교 초대 총장으로 활동하셨다.

안 교수님이 총장으로 계시던 시기에 나는 고려대학교에서 박사학위를 받고 안 교수님으로부터 공주대학교 교수 임명장을 받았다. 그만큼 큰 은혜를 입은 셈이다. 그러나 총장으로서의 바쁜 일정 때문에 교수로서 학과에서 함께 활동할 기회는 많지 않았다. 단지 총장으로서 교수님의 엄격한 모습 이면에는 다니던 성당에서 화장실 청소를 했다는 말씀도 들은 바 있듯이 인간적이면서 꾸밈이 없는 생활을 늘 실천에 옮기고 계셨다. 어쩌다 내 연구실에 오셨을 때인데, 누구도 마시지 않는 연구실 수도꼭지의 물을 틀어놓고 벌컥벌컥 마시는 것이었다. 내가 의아해하자 공주대학교 수돗물은 신경써서 정수했기 때문에 마셔도 된다는 말씀이셨다. 물론 나는 그 후에도 수돗물을 직접 마시지 않았지만, 총장으로서 솔선수범하려 애쓰시던 모습으로 내 마음 속에 간직되어 있다.

안 교수님의 활동은 공주대학교 총장으로 멈추지 않았다. 총장 임기가 끝나고 4개월 후인 1995년 6월 15일에는 충남발전연구원의 개원과 동시에 초대 원장으로 부임하셨다. 신출내기 교수인 내 입장에서는 그것도 대단한 일이었지만, 공주대학교가 아닌 대전에서 원장직을 수행했기 때문에 정든 학과와 학교를 떠나있는 시간이 많아지셨고, 게다가 바로 전까지 수많은 구성원을 거느린 총장직에 계셨던 탓인지 충남발전연구원장 시절 가끔 뵙던 안 교수님의 모습에서는 학교 돌아가는 사정에 대한 강한 궁금증과 함께 외로움의 편린이 느껴지기도 했던 것 같다.

그러던 중 병석에 누우셨고, 가벼운 마음으로 서울대 병원에 문병을 가 다시 학교에서 뵐 날을 이야기 한 얼마 뒤 갑자기 돌아가셨다는 믿기지 않는 소식을 듣게 되었다. 너무 큰 그릇으로 하늘에서도 필요로 하여 일찍 데려간 것인지, 내가 느낀 안타까움과 인생 무상감은 그 어느 때보다 컸다. 내가 삶의 의미에 대해 진지하게 생각해 보는 계기를 갖게 된 것도 그때였다. 그런데 벌써 10년이 흘러 세상이 또 많이도 변했다. 안 교수님 생존 당시 중국 송대사 만을 고집스럽게 파고들던 내가 이제는 의자왕과 관련된 백제사 분야의 논문과 저서들을 내놓고 있는 것을 저승세계에서 보시며 안 교수님은 어떤 생각을 하실까. 잘 한다고 칭찬하실까, 아니면 한 가지만이라도 확실하게 하라고 꾸짖고 계실까.

안 교수님과 같이 한편으로는 엄하기도 하면서 다른 한편으로는 지극히 인간적이고 꾸밈이 없는 솔직한 면모를 보여줄 수 있는 스승상이 지금은 쉽게 찾아지지 않는다. 어쩌면 오늘날의 변화한 교육풍토에서는 그러한 스승상이 이상향으로만 남아있는 것인지도 모르겠다. 그래서인지 오늘따라 안 교수님과 함께 하던 예전의 공주대학교 생활이 더욱 그리워진다.

백제 와당을 사면서 선생님을 회상하다

유장근_경남대학교 인문학부 교수

나는 부여박물관의 로비에 있는 기념품 판매대에서 백제식 연화문 와당 복제품을 만지작거리고 있었다. 꼭 마음에 드는 것은 아니었지만, 그나마 괜찮은 제품이 하나 있었던 것이다. 결국 다른 것들을 제쳐두고 그걸 포장해 달라고 하였다. 오동나무 통에 들어있는 모습을 보니, 처음 눈길을 주었을 때보다는 더 맘에 들었다. 2008년도 봄 부여답사 때의 일이다.

왜 꼭 그것을 사고 싶었는지를 논리적으로 설명하기는 어렵다. 다만 그것이 안승주 선생님과의 인연에서 시작되었다는 점은 분명하다. 내가 선생님과 처음으로 인연을 맺은 것은 1972년 어느 봄날의 강의실 부근이었던 것 같다. 아무 것도 모르는 1학년 신입생에게 선생님은 그림이나 뭐 제도 같은 것을 해본 적이 있느냐고 물으셨고, 나는 얼떨결에 조금 해본 적이 있다고 대답하였던 것이다. 그 말이 끝나기도 전에, 조사하러 갈 테니 준비를 하고 어디에 몇 시까지 나오라는 지시를 내리는 것이었다.

사실 그 때 우리는 '노새 노새 젊어서 노새'를 입에 달고 살았다. 그런데 그 즐거움을 포기하고 일을 해야 한다는 것이 썩 내키지는 않았다. 그러나 대학 교수라는 위상이 더 없이 높던 데다, 선생님의 외모와 인상까지 더해져 그 지시를 도저히 거역할 수가 없었다. 커다란 몸피에 검은 빛의 얼굴, 보일 듯 말 듯한 안광, 게다가 걸음걸이조차 고전적인 학자풍의 그것은 아니었기 때문이다.

약간의 긴장감과 설레임을 안고 갔던 곳은 서혈사터였다. 그 자리에는 당시 공주 교대의 박용진 선생님도 계셨다. 안 선생님과 박 선생님은 그곳에서 가람이니, 초석이니 하는 말들을 주고받았고, 백제 와당에 대해서도 두런두런 이야기를 나누었던 것 같다. 당신들의 어깨 너머로 흘러 들어오는 그 말들은 아주 낯설었다. 그러나 한편으로는 학문이라는 미지의 세계에 대해 호기심이 발동되기도 했던 순간이기도 하였다.

서혈사에서 맺었던 짧은 인연은 다음 학기에 다시 다른 형태로 이어졌다. 학회세미나를 2학기 초에 할 테니, 거기에서 발표를 하라는 학회의 요청이 나에게 떨어졌다. 당황스러웠던 나는 선생님을 찾아가 어찌하면 좋을지를 여쭈어보았다. 선생님은 김정배 교수께서 쓴 고아시아족 관련 논문을 잘 읽고 정리해서 발표를 해 보는 것이 어떻겠느냐는 조언을 해 주셨다. 그러나 실제 그 논문은 1학년짜리가 이해하기에는 턱없이 어려웠다. 고대 한민족의 기원에 관한 새로운 문제를 담고 있었기 때문에 정리조차 쉽지 않았던 것이다. 그런 까닭에 나는 발표회장에서 거의 정신을 잃을 지경이었다. '아이구, 좀 쉬운 걸 소개해 주시지 않고…' 라는 원망을 한 적이 있다.

복학하고 난 뒤 3학년 때였던가. 한국미술사 강의 시간에 백제미술사에 대해 당신은 온갖 정열을 쏟았던 것 같다. 책과 논문 그리고 발굴 경험 등을 중심으로 백제의 미술과 그 특징에 대해 많은 이야기를 해주셨던 것이다. 특히 그 중에서 나는 탑과 와당 이야기에 솔깃해 있었다. 그 까닭을 정확하게 알 수는 없지만, 아마도 서혈사터와의 인연이 작용하였던 것 같다.

백제 지역에서 출토된 8엽 단판 와당의 모양이나 특징, 그리고 그것과 백제문화가 어떤 상관관계가 있는지에 대해 열강을 하셨던 모습은 지금도 눈에 선하다. 이 와당은 잎사귀가 넓고 도톰한 데다 끝 부분이 살짝 반전되어 있다. 중앙의 씨방도 단순하게 처리하였고, 주연부에도 아무런 장식이 없다. 편안하고 부드러우며 소박한 인상을 준다. 신라 와당을 보아도 고구려 와당을 보아도 이런 맛이 없다. 바로 이것이 백제 문화의 특징이라는 것이었다.

나는 교탁 위에 놓여 있는 그 실물 와당을 직접 만져보면서 그 말씀에 어느 정도 공감하였다. 노트 위에 그 느낌을 사실적으로 표현하기 위해 애를 썼지만, 뜻대로 되지는 않았다. 반면 망한 나라의 와당 한 조각이 무슨 의미가 있겠는가 하는 시니컬한 마음도 동시에 생겨났다.

와당에 대해 애착심을 가졌던 것은 1980년에 시작된 공산성 발굴 때였다. 박물관의 조교로서 발굴의 행정업무를 맡았던 나에게 이 시기는 안선생님과 가장 오랫동안, 그리고 가장 가까이 지냈던 시기이기도 하였다. 당시 이 발굴은 공산성에 대해 전면적으로 시도한 큰 사업이었다. 그런 까닭에 사전에 조사하였던 유적이 정확하고 빠르게 나오기를 기대하였다. 특히나 건물지를 조사할 때마다 백제 와당이 수두룩하게 나와 주기를 바랐다. 그것이야말로 백제시대의 건물임을 확실히 알려주는 중요한 증거였기 때문이다. 건물터는 몇 군데 확인을 할 수 있었지만, 도대체 그 흔하게 볼 수 있을 것 같던 백제 와당은 제대로 나와주지 않았다. 조그마한 조각이라도 보게 되면 그것만으로도 환호를 해야 하는 지경이었다. 선생님은 그것으로도 증거는 될 수 있겠다며 젊은 조사자들을 위로하였지만, 실제로 실망감은 컸다. 그 때서야 비로소 미술사 시간에 학습용으로 들었던 와당 이야기가 조금씩 나의 것으로 내면화되기 시작하였다.

그 때의 아쉬움은 오래 갔다. 공주를 떠나 마산에 내려온 이후 그것을 달래기 위해 8엽 단판 와당의 탁본을 떠서 보관하고 있기도 했지만, 마음은 허전했다. 그래서 멋지게 생긴 녀석을 하나 가졌으면 하는 소망을 하게 되었던 것이다.

이번 부여 답사에서는 유난히 백제 와당들을 많이 볼 수 있었다. 왕흥사터에서, 부소산성터에서, 능산리 절터에서 나온 것들이 박물관에 보기 좋게 진열되어 있었다. 부소산에 올라 부여 시내와 그 앞에 펼쳐져 있는 구룡 뜰도 볼 수 있었다. 기묘하게도 그 넉넉함과 풍요로움, 그리고 자연스러움이 백제 와당의 특징과 거의 같다는 생각이 들었다. 비로소 와당 속에서 백제를 볼 수 있게 된 것인가.

쉬임 없이 앞으로 나아 갔던 삶

- 우재 안승주 선생님을 추모하며 -

윤용혁_공주대 역사교육과 교수

1998년 6월 23일 새벽, 우재 안승주 선생님은 세상을 뜨셨다. 향년 63세. 호적상으로는 62세이고, 그것을 만으로 따지면 61세이다. 인생이 한 번 가야 하는 길이야 정해진 바이지만, 그러나 회갑을 겨우 넘긴 60여 세라는 것은 한 마디로 짧은 인생이었다고 하지 않을 수 없다.

연기군 대박리에서 출생하여

내가 선생님을 뵙게 된 것은 1970년 공주사대 역사교육과에 입학해서의 일이었다. 4년 간의 가르침을 받고 대학원에 진학한 이후 1978년부터 모교의 강사로 출강하기 시작했고, 1980년 전임이 되어 같은 과에서 봉직하게 되었다. 말하자면 1970년부터 작고하신 1998년까지 거의 30년 동안, 나는 선생님 주변에 퍽 가까이 있었던 셈이고, 학문적 가르침 뿐 아니라 개인적으로 많은 은혜를 입게 되었다. 선생님의 생애를 한마디로 정리하라면, 그것은 "쉬임없이 앞으로 나아갔던 삶" 이었다.

흔히 공주 토박이인 것처럼 기억되는 선생님은, 1936년 충남 연기군 금남면 대박리 출생이다. 지금은 많이 나아졌지만, 이 대박리 마을에 들어가 보면 한마디로 '깡촌' 이라는 말이 실감된다. 금강의 물줄기를 가까이 끼고 있는 것은 공주와 마찬가지인데, 풍수가 좋아서인지 고위 관직자나 유명한 학자가 다수 배출된 지역이라 한다. 마을 동구에 탄산 약수가 용출하는 샘은 이 마을의 명물이기도 하다.

선생님의 공주와의 인연은 중학교에의 진학으로부터였다. 공주고등학교를 거쳐 대학(고려대 사학과)을 마친 후 교직을 공주에서 시작하여 이에 이르렀으니, '공주토박이' 로 불리더라도 서운할 바 없는 처지이다.

교직에의 길은 공주 시내 사립중학교의 강사로부터 시작 되었다. 한 번 마음 먹으면 최선을 다해 진력하여 일을 이루는 집념이 그 장기였다. 그러므로 어느 직장에서건 곧 중심이 되었다. 영명학교 교사 재직 시에는 거친 학생들의 지도를 위하여 스스로 자신의 머리를 삭발하여 학생의 기를 제압하였다는 것은 유명한 일화이다. 이같은 열심 때문에 곧 공주사대 부속중고교에 '스카웃' 되었다.

역사교사로서의 공주생활은 그로 하여금 보다 높은 단계를 바라보게 하였다. 당시 공주에는 풍부한 백제문화 유산의 존재에도 불구하고 이 같은 유적을 전문적으로 연구하는 학자가 한 사람도 없었다. 공주를 기반으로 이를 연구하는 작업은 지역적으로도 매우 절실한 요구였다. 아직 '고고학' 이란 학문이 일반화되기 전의 일이었다. 교사로 재직하며 대학원에 진학하여, 백제문화 연구에 평생 진력할 것을 결심한 것은 선생님의 실질적이며 정확성 있는 판단력을 잘 보여준다. 석사학위 논문은 지금의 공주대 캠퍼스 바로 곁에 위치한 백제 시목동고분에 대한 연구였다. 이 첫걸음이 그를 백제 고분연구에 진력케하는 백제 고분박사로의 출발점이었다. 그리고 뒤이어 1968년 선생님은 공주사대 사회교육과의 전임으로 채용되었다.

백제의 산야를 누비다

공주사대 교수로서의 주어진 일은 학생들의 지도 이외에 역사도시 공주의 유적과 백제문화 연구를 전담하는 일이었다. 이를 위하여 대학 내에 백제문화연구소와 박물관 설치에 주역을 담당하였다. 이 때문에 공주대의 백제문화연구소는 국내의 여러 백제관련 연구소중 최초로 설립된 연구기관이었다.

초기 연구는 물론 공주지방에 산재한 백제무덤이었지만, 반드시 공주에 국한되지 않고 멀리 서산에까지 관심을 보여 새로운 정리, 학계에 보고하였다. 그의 학문적 여정에 힘을 보탠 것은 백제 와당을 전문하게 된 공주교육대학의 박용진교수, 그리고 공주박물관장이셨던 우보 김영배 선생이었다. 이들은 공주의 산야를 누비며 유적의 발견과 조사에 힘을 기울였으며, 이같은 노력의 결과 1969년 이후 2차에 걸친 서혈사지 발굴이 가능하였다.

공주 서혈사지는 백제 불교문화의 초기 거점으로서, 그리고 석굴사원으로서 주목되는 점이 많았을 뿐 아니라 통일신라기의 불상과 함께 백제기 와당의 발견으로 그 초창의 역사가 주목되었던 터였다. 당시로서는 아직 발굴 작업이 흔하지 않던 시기였고 따라서 발굴예산을 얻는 일이란 쉬운 일이 아니었다. 그러나 문화재관리국으로부터 발굴예산을 지원받아 수년에 걸쳐 절터를 발굴하게 되면서, 공주는 비로소 역사 유적의 발굴이라는 새로운 기원을 이룬다. 우재 선생님의 고고학적 학문 능력도 이에 의하여 단단히 다져지게 되었다.

1971년 7월 무령왕릉의 발견은 우재 안승주 선생님의 학문적 여정에 매우 중요한 계기가 된다. 무령왕릉의 발굴 작업에 참여하게 됨으로써 삼불 선생을 비롯한 중앙의 학자들과 두터운 교분을 가는 계기가 되었고, 백제 고고학 연구에 대한 자신감과 함께 학문적 안목도 크게 달라지게 되었던 것같다. 우재 선생은 백제문화에 관심을 갖는 일본의 학자들과도 깊은 교류를 맺었다. 국사관대학(國士館大學)의 오가와(大川 淸) 교수, 남산대학(南山大學)의 이토오(伊藤) 교수, 큐슈(九州大學)의 니시타니(西谷 正) 교수 등이 그렇다. 백제 고분에 대한 관심은 여전히 지속되었으며, 이에 의하여 백제 고분 연구자로서의 위상을 탄탄히 닦아나갔다. 그의 조사연구 결과는 주로 공주사대 백제문화연구소의 기관지인 『백제문화』를 통하여 발표되었고, 그중의 일부는 일본에서 번역, 출판되기도 하였다.

그의 조사 가운데 가장 의미 있었던 것중의 하나는 1974년 부여 초촌면에서의 청동기시대 석곽묘 조사였다. 수습조사의 형태가 되었던 석곽묘에서는 요령식동검이 부장되어 있어, 학계에 커다란 파문을 일으켰고, 이후의 청동기 연구에 큰 자극을 주었다.

백제무덤 발굴로 당한 곤경

학문적 업적을 깊이해 가던 우재선생에게는 이로 인한 시련도 없지 않았다.백제고분 연구의 전문가는 바로 이 백제고분으로 인하여 큰 어려움을 겪었다. 1979년 여름 공주 웅진동고분 발굴의 일이다. 문제의 지역은 무령왕릉의 남측에 좀 떨어진 한산소 마을이었다. 당시 이 지역은 조폐공사의 공장 부지로 확정되어 공사가 시작된 곳이었다. 공장과 같은 근대 산업시설의 결여가 지역발전의 침체를 가져왔다고 생각하던 주민들은 조폐공사의 공장 부지로 이곳이 확정되자 지역발전의 큰 계기가 될 것을 기대하고 있었다. 그런데 기공식을 올리기 위한 진입로 공사중에 백제 무덤이 불도저에 걸려 나오기 시작하는 것이었다. 선생님은 이 부지가 백제 무덤의 밀집 지역일 가능성이 크다는 점을 지적하고 공사는 현지의 조사를 마치고 진행해야 함을 주장하였다. 이같은 주장에도 불구하고 공장의 부지공사는 그대로 진행되어 나갔다. 그런데 구릉을 깎아내는 부지 정지 공사중 백제 무덤은 계속 도저에 걸려 나왔고, 그 무덤은 왕릉 옆의 석실분과 같은 유형의 것들이었다. 공사의 진행이 어려워졌고 유적의 조사는 불가피해졌다.

1979년 여름 방학이 시작하는 7월 중순부터 조사 작업은 개시되었다. 예상대로 웅진도읍기 조영된 궁륭상 형태의 횡혈 석실분이 집중 확인되었는데, 이같은 대량의 백제고분 조사는 처음있는 일이었다. 그러나 작업이 진행되면서 그 내용이 신문에 보도되기 시작하면서, 이곳이 공장부지로 부당하다는 여론이 일기 시작하였다. 어떤 중앙의 일간지는 이 문제를 집중보도하며 사설까지 동원하여 공장 건설의 부당성을 지적하였는데, 상황이 이렇게 흐르면서 문제가 확대되자 정부는 돌연 공장건설 계획을 취소하고 공사중지 명령을 내렸다. 조사 작업이 시작된지 딱 한 달만의 일이었는데, 이렇게되자 공주시내에서는 발굴 때문에 지역 발전의 기회를 잃고 낭패하였다는 여론이 끓었다. 정부의 공장건설 백지화를 반대하는 일부 시민들은 데모대가 되어 발굴 책임자의 자택으로 몰려들어 투석 농성의 사태까지 벌어지는 바람에 몸을 피하지 않으면 안되었다. 그 후유증은 꽤 심각하였으며 두고두고 무거운 말거리로 남게되었다.

백제문화권 개발을 선도하고

1970년대 말 이후로는 백제문화권 개발에의 기대가 부풀어 있었다. 1978년 정부는 공주 부여 등 지역의 문화유적 현황을 조사하도록하고, 이를 개발의 자료로 활용하고자 하였다. 이에 의하여 공주지방 유적의 전체적 현황을 처음으로 정리하는 기회를 갖게 되었다. 그리고 이후 논의되어지는 백제문화권 개발에의 계획 심의 등에 주요 인사로 줄곧 참여하게 된다. 여기에서는 유적에 관한 문제 뿐아니라 정책 전반에 대하여 많은 조언과 제시를 하였다.

백제문화권 개발이라는 정부의 전제에 힘입어 1980년대에는 주요 유적에 대한 발굴작업이 추진되었다. 그중 가장 집중적 장기적으로 작업이 진행되었던 것이 공산성 유적이다. 성안의 유적들을 매년 일정 부분 발굴 하였으며 성안 유적에 대한 조사 작업은 선생의 발굴작업의 가장 중심적인 것이 되었다. 이를 통하여 공주 공산성의 성곽 축조 방식, 추정 백제 왕궁터와 통일신라시기의 각종 대형 건물지 등을 확인하였으며, 땅속에 묻혀 있던 만하루 연못을 드러내 세상에 빛을 보게하기도 하였다.

1980년 제4회 한국고고학 전국대회를 공주사대에서 주관하게 되었다. 이는 전적으로 선생께서 실무를 맡아 일을 치른 작업이었다. 공주와 공주사대의 당시 사정이 이같은 전국규모 학술대회를 치를만한 시설이 미비하여 여기에는 대단한 어려움이 있었다. 1989년 한국 대학박물관협회 회장을 역임하고 1991년에는 한국고대학회장에 피선 되었다. 이같은 경력은 선생님의 꾸준한 학문 정진의 노력이 대외적으로 인정되고 있었음을 말해주는 증거가 된다.

공주대학 학장, 공주대학교 총장

1968년 대학의 전임이 된 이래 선생님은 박물관 혹은 백제문화연구소 이외의 다른 보직 일을 맡지 않았다. 1980년대 초기의 어려운 시기에는 한때 교무처장직을 종용받기도 하였으나, 이를 교묘히 회피하였다. 그리고 20여 년을 오로지 백제문화의 조사 연구 업무에 전력하였던 것이다. 적어도 이같은 업무에 대하여 그 자신이 신념과 더불어 큰 긍지를 가지고 있었다. 그러한 그가 1987년에 결성된 교수협의회 의장직을 맡는다. 당시 민주화의 바람으로 각 대학에 교수협의회가 결성되고 있었지만, 그 직을 맡는 것에 대해서는 불이익을 우려하여 꺼리는 것이 일반적 분위기였다. 2년 임기의 의장직을 맡는 동안 그는 공주사대의 운영 전반과 향후 대학의 진로에 대하여 직접 현장에서 고민하는 경험을 갖게 되었다. 이 시기는 대학과 사회에 민주화 열기가 팽배하였던 시기였고, 동시에 전환적 성격의 시기이기도 하였다. 대학의 행정 책임자는 종래의 임명제로부터 교수들의 직선으로 바뀌고 있었고, 사범대학의 경우는 교원 임용방식이 시험제도로 전환하는 시기였고 이 때문에 학생들의 반발이 심각하던 시기였다.

교수협의회 의장을 역임한 경험은 그를 대학 행정의 책임자로 내몰았다. 1990년 1월에 실시된 학장 선거에서 그는 최다득표자로 선출되었다. 그리고 일반대학으로의 개편과도기인 '공주대학' 의 학장직을 맡게된다. 그 1년만에 공주대학은 종합대학으로 개편되고 이에 따라 총장 선거를 다시 치르게 되었는데, 압도적 다수표를 얻어 공주대학교 초대 총장에 취임하였다.

총장 재임중 공과대학과 대학원의 설치, 제2캠퍼스 조성, 예산농전과의 대학 통합 등, 굵직한 여러 사업을 전개하고 교수들과의 인화도 원만하여 무사히 임기를 마칠 수 있었다. 발굴작업의 현장에서의 실무적 일은 손을 떼었지만, 정부의 문화재위원을 맡아 활동하는 등 그에 대한 관심은 여전하였다. 공무로 바쁜 와중에 발굴현장을 찾을 경우, 친정에라도 온 것처럼, 현장일에 대한 향수를 자주 피력하시곤 하였다.

충남 발전과 발굴에의 집념

학장 1년, 총장 4년의 임기를 마친 그를 이번에는 충남도에서 기다리고 있었다. 당시 충남도에서는 지역발전의 체계적 뒷받침을 위하여 충남발전연구원이라는 기구를 발족시켰으며, 그 책임자에는 학문적 능력과 행정능력을 겸비한 지역인사가 요청되었다. 이점에서 우재 선생님은 누구에게나 이의없이 적격자로 지목되었다. 그리하여 1995년 선생님은 교수직을 가지면서 충남발전연구원장에 취임한다. 초창기의 연구원은 그의 혼신적 노력에 의하여 튼튼한 기반을 닦고 지역발전의 핵심적 동체로서 그 위치를 확고히 하였다.

연구원에서의 임기는 3년이었다. 선생님의 나이도 이미 회갑을 넘어 있었다. 젊은 시절의 패기로웠던 성격도 이제는 너그로움으로 대체되어 있었다. 대학에서의 정년을 준비해야하는 시기가 다가오고 있었다.

선생님은 정년을 전후한 생애의 마지막 활동을, 채 완결하지 못한 고고학적 작업에 헌신하고자하는 뜻을 세우게 된다. 발굴과 조사를 전담할 수 있는 지역 전문기관의 설립이 그것이다. 국토 개발의 급격한 확산으로 인하여 지역별 전문 조사기관의 설립이 요청되었고, 선생은 자신이 뼈를 묻게될 충청지역에 이러한 기구를 설립하고 향후의 시대적 요구를 대비케 하려고 하였다. 이 일은 고고학적 학문 능력과 행정 능력을 동시에 요구하는 일이었다. 이렇게하여 1997년에 충청매장문화재연구원이 재단법인으로 발족하게 된다. 1998년 6월 30일에는 충남발전연구원장의 3년 임기가 종료된다. 그러면 다음에는 발굴 현장에서 그 삶을 종신하고 학문을 정리하고 후진들에게 자신의 유산을 이어주려는 계획이었다.

이제는, 편히 쉬시옵소서

1998년 6월 23일 새벽, 선생님께서는 투병중 돌연히 서거하셨다. 병세가 아직 크게 호전된 상태는 아니었지만, 일단 수술의 경과가 성공적이라는 전언에 안도하고 있었던 터라, 이 소식은 청천의 벽력같은 것이었다. 6월 25일의 장례식에는 억수같은 비가 쏟아져 하늘도 함께 슬퍼하는 것만 같았다.

이제 선생님은 가시고, 그 공백을 선생님의 후진들이 메꾸어야할 계제가 되었다. 그러나 그 공백은 더욱 크게만 느껴진다.

선생님은 평시 밤낮으로 일 속에 파묻혀, 거의 쉬실 겨를이 없으셨다. 그러나,

선생님,
이제는 편히 쉬시옵소서,
모든 슬픔과 걱정이 없는 저 세상에서.

*이 추모문은 한국고대학회 『선사와 고대』 11집(1999)에 실렸던 것을 옮긴 것입니다.

박물관으로 가는 길

이귀영_국립고궁박물관 유물과학과장

선생님을 처음 만난 것은 1982년 대학 2학년 때이다. 1981년 3월 나는 공주사범대학부속고등학교를 졸업하고 공주사범대학 인문계열에 입학하였다. 고등학교 시절부터 자연스레 접한 백제의 고도로서 '공주'의 분위기는 자연스레 역사학을 택하게 하였지만, 결정적으로 나를 이끈 또 하나의 요인은 공주사범대학이 그동안 진행해 온 활발한 백제문화에 대한 조사 연구와 미래에 대한 비젼이었다. 그리고 그 중심에 안승주선생님이 계셨다.

내가 입학할 당시 대학의 학제는 계열별로 들어와 2학년에 올라갈 때 학과가 정해졌다. 당시 역사교육과는 인기학과여서 경쟁이 퍽 치열하였다. 다행히 나는 내가 원하던 역사교육과로 안착할 수 있었다. 역사교육과는 학과 명칭에서 보듯 '역사학'과 '교육학'이 병존하는 구조로써 궁극적으로는 중고등학교 교사 양성에 그 목표를 두고 있었다. 덕분에 교육이론에 대한 기본 지식들을 습득하여 교육의 틀을 이해하는 데는 그나마 도움이 되었다. 그렇지만 나의 관심은 역사학, 좁게는 유물유적에 관련된 학문에 보다 집중되었다.

처음으로 내가 바라마지 않던 강의가 있었는데, 바로 2학년 1학기에 개설된 〈한국미술사〉였다. 여기에서 나는 비로소 오늘날 박물관의 길을 걷게 된 학문과 조우하게 되었다. 이 강의를 담당하신 분이 바로 우리 안승주선생님이셨다. 당시의 수업은 지금 관점으로 보면 미술사인지 고고학 수업인지 구분이 잘 되지 않았지만, 어찌되었든 나로서는 처음으로 내가 배우고자 했던 학문의 맛을 보게 되었다. 당시 교재는 김원룡 교수의 〈한국미술사〉였다. 이 책은 당시 칼라인쇄가 비싸서 그랬는지 칼라 도판은 따로 인쇄하여 붙어 있었다. 그리고 이 수업이었는지 다른 수업이었는지는 구분이 잘 되지 않으나 선생님이 직접 쓰신 연구논문집인 〈백제토기 연구〉를 교재로 하여 최고의 백제토기 이론과 학문적 성과를 저자 직강으로 접할 수 있었다.

1983년 봄, 나는 오늘날 길을 걷게 된 박물관 생활의 첫 발을 들여 놓았다. 그 계기는 다름 아닌 대학의 박물관이 대 운동장 앞 돌집건물에서 그 옆의 옛 학군단이 있던 건물을 고쳐 이전하면서였다. 박물관만의 단독 건물이 마련되었고 규모도 더 커졌다. 그러면서 박물관 인원도 늘려 박물관 전시물도 설명해주고, 일도 거들어 줄 학생들도 보강하였는데, 백제 유물에 관심이 많던 나는 매우 즐겁게 지원하였다. 당시 박물관장으로 선생님이 계셨고, 지금은 고고학계의 중진이 되신 공주대 이남석 교수님이 박물관 조교로서 열심히 공부하고 계셨다.

박물관은 규모는 작았으나 유물의 종류는 선사시대부터 조선시대에 이르기까지 다양하였고, 발굴과 지표조사, 기증 등을 통해 수집된 백제시대의 토기와 기와 등과 같은 수준 높은 백제 유물, 도자기들도 꽤 있었다. 나는 수업이 없을 때 박물관에 있는 것이 꽤 즐겁고 너무도 편안하였다. 한가하였던 하루는 전시실에 의자를 가지고 가서 청화백자 운룡문 항아리 앞에 앉아 있었다. 다음 수업이 있을 때까지 한 시간 넘게 쳐다보노라니 나중에는 용이 꿈틀대는 느낌이 오고 그린 사람의 마음이 가슴에 자연스럽게 와 닿기도 하였다. 그곳은 선생님, 이남석 선생님을 비롯한 여러 분들의 노고가 그대로 담겨 있는 백제문화의 보고였고, 내게는 저절로 안목을 키워주는 너무나 즐거운 안식의 공간이었다.

당시 선생님을 중심으로 하여 공산성 발굴이 한창이었는데, 이남석 선생님이 현장을 관리하고 계시던 때였다. 나는 영은사 앞 연지 발굴에 참여하여 한 두 번의 여름과 겨울의 방학을 보내었다. 선생님의 말씀에 따라 겨우 조금씩을 발굴이라는 것을 익히던 수준이었지만, 이곳에서 나는 발굴이 무엇인지 처음으로 배웠다. 지난 세월 선인들의 삶의 흔적을 덮어 처녀지가 된 토층을 걷어 과거를 찾고 여기에서 퍼즐 맞추듯 문화를 복원해 나가는 작업은 퍽이나 매력적이었다. 발굴은 손을 잡히는 듯 생생한 역사 읽기였다. 훌륭한 선생님들을 가까이에 모실 수 있었고, 박물관에서는 유물을 감상하고, 공산성에서 현장 발굴에 참여할 수 있었고, 자연스럽게 백제문화, 더 나아가 한국문화에 대한 높은 식견과 고고학 발굴방법 등을 접할 수 있었으니 대단한 행운이었다.

2005년 3월, 졸업 후 나는 군대에 입대하였다. 그리고 2007년 6월 18일 27개월의 군대생활을 마치고 사회로 돌아왔다. 제대 후 학교 교사로 발령을 기대하였으나 당시 상황은 1년 선배들도 아직 기다리는 분들이 있었을 만큼 발령 적체가 심하였다. 막막하였던 시절이었다. 그러던 8월 초쯤 시골집에서 그럭저럭 지내고 있던 무렵, 박물관에 계신 이남석 선생님이 전화를 하셨는데, 국립공주박물관에 근무하는 게 어떠냐는 것이었다. 곧바로 선생님께서도 전화를 주시면서 공주박물관에 가서 면접을 보라는 것이었다. 그러면서 우선 박물관에 가서 근무하고, 교사 발령은 근무하면서 생각해 보라는 것이었다. 박물관은 학예사가 되는 것이라고 말씀도 하시면서…

그렇게 하여 8월 중순 경, 박물관 생활이 시작되었다. 약 보름간의 일용직기간을 거쳐 9월 1일, 당시 국립공주박물관 권승환 관장님으로부터 고용직(2종) 임용장을 받으면서 학예업무를 보조하는 공무원 생활이 시작되었다. 그리고 11개월 뒤, 1988년 7월 말 학예연구사 시험에 당당히 합격하였다. 선생님께서는 당시 권관장님과 함께 저녁에 초대하시어 맛있는 중국요리를 사 주시면서 축하해주셨는데, 그 고마움을 잊을 수 없다. 그 무렵 내겐 학교 교사 발령이 9월 1일자로 예정되어 있었다. 나는 교사의 길을 조금은 아쉬움을 남기며 포기하고, 9월 같은 날짜에 학예연구사로서 그동안 있던 공주박물관에 정식으로 발령을 받았다.

한편 생각나는 이야기가 있는데, 당시 권관장님이 하신 말씀이 기억이 난다. 당시 권관장님 딸이 공주교대 부속초등학교에 다니고 있었다. 어느 날 수업시간, 담임선생님이 공주를 빛낸 인물을 한사람 쓰라고 했다고 한다. 당시 관장님 딸은 서울에서 전학 온 지 얼마 되지 않아 누굴 써야할 지 모르고 있었는데, 옆 짝이 그것도 모르냐는 듯 명쾌하게 가르켜 주었다고 한다. 바로 '안승주' 선생님이었다고 한다. 당시 선생님이 공주사회에서 어린이들에게까지 얼마나 존경 받는 분이었다는 걸 알 수 있게 하는 일화이다.

1992년 봄 학기부터 종합대학이 된 공주대학교에 역사학과 석사과정이 신설되었다. 나는 이훈선생, 김정석 선생과 함께 첫 입학생이 되었다. 이훈선생과 나는 선생님을 지도교수님으로 모시고 또 다시 공부할 수 있는 좋은 기회를 얻게 되었다. 그 해 9월 나는 중앙박물관 미술부로 발령을 받아 서울로 올라갔기에 학교 수업을 듣기 위해 공주까지 내려와야 했다. 마침 그 중간인 천안에 이훈선생이-당시에는 공주대 박물관 조교였다-살고 있어 오고가며 고맙게도 참 신세를 많이 졌다. 교수님들은 열성적으로 가르침을 주시었고, 우리 학생들은 3명이 전부였으므로 열심히 발표 준비하고 또 할 수밖에 없었다. 우리 지도교수님은 당시 총장으로 계시어 그 바쁜 와중에서도 적극적으로 지도하여 주셨고 우리는 백제문화에 대하여 보다 심도 있는 공부를 할 수 있었다.

1996년 6월 나는 늦게나마 결혼을 하였다. 결혼식은 나의 고향 청양에서 있었고, 선생님께서 주례를 서 주시었다. 선생님께서는 당시 공주에 있을 때 천주교 중동성당의 미사에서 몇 번 뵌 적 있었던 걸 잊지 않으시고 '하느님의 이름으로 결혼이 성립된 것을 선언 합니다' 라고 특별히 말씀하여 주시어 정신없던 나를 깜짝 놀라게 만드셨다. 신혼 여행을 다녀 온 후 인사차 찾아뵈려고 전화를 드렸더니, 선생님께서는 바쁜데 올 것 없다고 몇 번이고 만류하시어서 결국 찾아뵙지 못하고 선물만 부쳐드리고 말았다.

1996년, 게으름 피다가 석사과정 데드라인에 걸리는 절박한 처지가 되었다. 나는 '백제 무령왕릉 출토 금속공예품의 제작기법' 을 주제로 하여 논문을 준비하였다. 선생님의 지도 아래, 논문이 거의 다 되어 선생님의 마지막 검토를 받았다. 당시 선생님은 충남발전연구원 원장으로서 집무실이 대전에 있었다. 선생님께서는 꼼꼼히 읽어보시면서 마지막으로 제목도 수정하여 주시고, 글자 한자 한자까지도 고쳐 주셨다. 그렇게 하여 나의 석사논문이 부족하나마 완성될 수 있었다.

1998년 선생께서 서울대 부속병원에 입원해 계실 때 한두 번 병문안 간적이 있다. 선생님께서는 아프신 티를 내지 않으시고 바쁜데 왜 왔느냐며, 본인은 괜찮으니 올 것 없다고 말씀하시면서 어서 돌아가라고 오히려 제자를 챙기시었다.

선생님 돌아가신 지 어느덧 10년, 돌이켜보면 내 인생에서 선생님께 너무 많은 은혜를 입었다. 오늘날 박물관의 길로 이끌어 주셨으며, 백제문화 연구의 기초를 닦아 주시고 성장하도록 지도하여 주시었으며, 든든한 후원자가 되어 주셨다. 선생님의 걸어오신 족적은 우리 학문의 바탕이 되었으며, 삶의 모습은 인생의 본보기가 되었다. 선생님은 시원한 그늘이셨으며, 의지할 수 있는 버팀목이셨다. 그러나 이보다 더 큰 은혜 중의 은혜는 선생님이 계신 것만으로도 마음 든든하였다는 것이다.

고고학의 무덤파기와 우재 선생님

이남석_공주대 사학과 교수

고고학이라는 학문의 가장 큰 매력은 육체와 정신활동이 함께 이루어진다는 점 일게다. 더욱이 고고학의 1차적인 활동은 자료 확보를 위한 발굴이라는 활동에서 시작되고, 이는 단체 활동으로 이루어지는 것이 일반적이기에 매우 역동성을 동반한다고 할 수 있다. 때문에 고고학을 전공하기 위해서는 학문적 역량 외에 친화력을 동반한 인간관계, 효율적 사업수행 능력도 겸비할 필요가 있다. 우재 선생님과의 인연은 30여년 전 고고학이란 학문을 핑계로 가장 역동적이고 드라마틱하였던 발굴현장에서 시작되었다.

1979년 세상은 자못 어수선하였지만 그동안 착실하게 다져진 국력을 바탕으로 충청지역은 백제문화권개발사업이 본격적으로 착수되던 시점이다. 뿐만 아니라 개발을 기회로 유적 발굴도 간헐적으로 진행되었다. 한여름의 뙤약볕이 내리던 웅진동 조폐공사 공장부지의 발굴조사 현장을 군대에서 돌아온 늦깎이 대학생의 신분으로 조사에 참여하면서, 전혀 낯선 고고학이란 학문으로 들어서게 되었고, 엄하기만 하였던 선생님과의 긴 인연도 이에서 시작된다.

처음 발굴현장에서 무덤속의 퀘퀘함과 눅눅함, 잠깐 잠깐 스치는 두려움을 억누르고 자리를 지켰던 것이 선생님의 위압 때문이었음을 지금에 생각하면 실소를 금할 수 없지만, 덕택에 오랫동안 즐겨할 수 있는 꺼리를 찾았고 나름의 보람도 적지 않다고 생각하니, 우연의 인연이 내 인생에서는 꽤나 소중한 것이 아닐 수 없다. 웅진동 발굴조사현장은 70년대 말에 개발과 유적보존이라는 상치되는 관념속에서 유적보존을 이루어낸 '조폐공사 발굴사건' 으로, 아직까지도 공주시민의 마음속에 안도와 아쉬움으로 깊이 자리잡은(?) 내용이지만, 필자에게는 이후 십 수년의 세월을 선생님과 함께할 시작이었음에 결코 잊을 수 없는 현장이다.

79년 조폐공사 발굴 이후 80년대에 들어서 백제문화권 유적발굴이 해를 거르지 않고 지속되었으며, 80년대 중반이후에는 개별 연구 활동으로 백제 무덤에 대한 연차적 조사가 실시되었는데, 그 중심에 우재 선생님이 항상 자리하고 있었음은 물론이다. 공주를 중심으로 전개되는 백제 유적의 탐색과 발굴, 그리고 충청지역의 백제 무덤 발굴조사를 비롯한 문화유적 지표조사가 간단없이 진행되었으니, 그러한 활동 결과물은 이 지역 고고학의 오늘을 있게 한 초석이 되었고, 우재 선생님의 정력적 활동은 백제고고학의 선봉으로서 분명한 입지를 갖추었을 뿐만 아니라 후학인 우리에게 분명한 귀감이 되었음도 물론이다. 더 나아가 고고학을 매개로 이루어지는 다양한 활동과정에서 선생님이 보여준 인간적 유대감이나, 발굴운영에 드러난 그의 탁월한 경영능력은 이후 많은 이들의 감동 속에, 결국은 90년대에 이르러 고고학이란 학문 외의 학교행정이나 지역일꾼의 소임을 수행하는 계기가 되었을 것이다.

나에게 남겨진 우재 선생님의 잔영은 관장님도 총장님도 원장님도 아닌 선생님이다. 대학생활 외에 고고학에 입문케 하여 호된 수련과정을 거치게 하였고, 그 후 당신과 함께 고고학을 함께 할 수 있는 기회를 주셨기 때문이다. 더구나 선생님은 백제고고학 그것도 고분 연구의 상당한 경지에 이르렀기에 필자의 진로도 백제고고학 그것도 고분과 같은 무덤연구로 결정되는 것이 어쩌면 자연스러웠을지 모른다. 물론 우재 선생님의 학문분야는 비단 무덤에만 국한된 것은 아니다. 80년대에 본격적으로 진행된 백제유적 발굴을 기회로 백제고고학에 대한 기초적 토대가 마련되어 학문분야의 다양한 접근을 가능케 하는데, 특히 공산성내 유적조사가 지속되면서 백제사 모든 분야로 고고학적 관심이 확대되었고, 선생님은 선봉장으로서 관련분야에 두루 관심을 보이고 있다. 이는 선사시대 문화라던가 역사시대의 고분문화는 물론 건축문화, 관방문화, 불교문화에까지 미친 선생님의 관심으로 가히 짐작할 수 있을 것이다. 특히 선생님은 백제 토기의 연구에도 남다른 집중력을 드러낸다. 선생님께서 자주 애용하였던 "백제 토기의 멍텅구리식 통계 연구방법"이 당시로서는 획기적인 것으로 오늘날의 통계학적 분석이었음을 상기하면 연구대상에 대한 관심만이 아니라 새로운 연구방법의 개발에도 남다른 열정을 보였음을 알 수 있다.

그러나 우재 선생님의 학문적 관심과 애착은 무엇보다도 백제무덤에 두고 있다. 선생님의 백제고고학으로의 집중이 무덤에서 비롯된다는 것은 널리 알려진 것이고, 그 대상이 무령왕릉이라는 것도 잘 알려진 사실이다. 지금으로 보면 약관의 나이에 무령왕릉 발굴이란 중차대한 학술작업에 깊숙이 관여하면서 백제고분에 대한 방향설정 및 연구결과물의 산출이 지속적으로 이루어졌기에 백제고분 연구의 권위자로서 일찍이 자리 매김 되었음은 물론이다. 고고학 자료로서 무덤의 효용성 외에 무덤발굴의 학문적 실용성도 작용하였겠지만 선생님은 필자가 고고학에 입문하기 전 이미 백제고분의 기초체계를 수립하고, 이어 자료 보완을 통한 새로운 분류 및 성격 규명이 요구되는 상황이었는데, 이러한 환경에서 필자가 함께 고분연구에 동참하게 된 것이다.

80년대 중반에서 90년대 초반까지 우리의 고고학 활동에서 가장 주목되는 것은 아마도 무덤발굴일 것이다. 앞에서 말한 것처럼 해를 거르지 않고 충남의 각 지역에서 하나씩의 무덤 유적을 선정하여 발굴조사를 진행하였는데, 10여 년에 걸쳐 10여 개의 유적이 조사되었고, 이로써 백제고분에 대한 대강의 윤곽도 마련할 수 있게 되었다. 그러나 선생님의 백제고고학에 대한 관심과 열정에도 불구하고, 90년대 이후 학문 활동보다는 학장, 총장으로서 학교행정에 깊숙이 관여하면서 학문 연구에서 사회봉사로 영역을 확장하게 되었다.

이처럼 선생님의 고고학 활동은 무덤에서 비롯되어 다양한 견해를 피력한 상황이었고, 필자도 그러한 분위기에 편승하여 자연스럽게 백제고분에 대한 관심을 갖게 되면서 고분 조사과정에서 수많은 추억을 남기게 되었다. 지금과는 달리 당시의 발굴이 열악한 환경에서 진행되었기에 부족한 것이 많았다. 비록 학문적 정열은 결코 지금에 견주어 손색이 없었지만 지금처럼 유적의 전면조사는 엄두도 내지 못하고, 겨우 수습조사 차원의 조사가 진행되는 경우가 많았다.

선생님을 모시고 진행했던 발굴조사현장은 돌이켜 생각해보면 따뜻한 정과 해학이 있었던 것 같다. 추운 겨울 공산성 건물지 실측을 하다가 손이 너무 시려워 실측판을 집어던진 필자에게 장작불을 담은 깡통 화톳불을 말없이 보내주시던 정, 그리고 총장이 되신 후에도 그 바쁜 일정에도 현장을 찾아오실 때면 양복차림에도 불구하고 어김없이 갖추어 신으셨던 하얀 운동화에서 선생님의 마음이 항상 곁에 계셨음을 느낀다.

그러나 마냥 정만 느껴졌던 것은 아닌 것 같다. 79년 웅진동 고분조사 당시 아무리 발굴조사라지만 현장에 처음 참여한 필자에게 남의 무덤을 파는 행위는 등에 식은땀이 흐르고 당장 뛰쳐나가고 싶은 두려움이 있었지만, 어른들의 위압에 숨죽였던 모습이 아직도 눈에 선하다. 따라서 무덤 안에서 당당하게 정황을 꼼꼼하게 기록하며 관찰하시던 선생님의 모습은 존경을 넘어 기묘한 감정이 교차되던 순간의 기억도 새롭게 떠오른다. 허긴 아직 감정적 성숙이 덜되어 어리고 민감한 마음에 무덤은 자연스럽게 귀신을 연상할 수밖에 없었던 필자의 정서로, 귀신보다는 학술자료로 무덤을 보고 겪었던 선생님의 깊은 속내를 어찌 이해할 수 있었겠는가.

80년대 중반부터 백제고고학 조사가 활성화되면서, 백제고분에 대한 발굴조사는 충남 전역을 포함하여 이루어지게 되었고, 반복되는 발굴 조사 과정에서 귀중한 자료를 축적할 수 있게 되었다. 그러나 선생님은 학교행정을 담당한 총장직을 수행하면서 자연 현장조사 참여는 상대적으로 적을 수밖에 없었다. 이러한 상황에도 불구하고 항상 선생님과 함께하는 조사현장이 있었으니, 이는 고분조사 현장이다.

첫 만남에서 무덤에 대한 두려움은 선생님 곁에서 무덤의 발굴조사 횟수가 거듭되면서 무덤에 대한 두려움보다는 조사과정에서의 추억거리와 더불어 낭만을 느끼게 되었고, 그제야 옛적 선생님의 무덤 속 당당함을 미소로 반추할 수 있게 되었다. 사실 고고학도로서 무덤발굴의 묘미는 무덤자체 조사 외에 무덤 내에 남겨진 유물의 존재 확인에 있다. 그러나 대다수의 백제무덤은 무덤구조가 방처럼 빈 공간으로 있는 경우가 많기에 도굴이 쉽고, 때문에 도굴당하지 않은 상태로 확인되는 경우는 많지 않다. 그러니 발굴과정에서 도굴되지 않은 고분이 발견될 경우 조사 담당자들의 기쁨은 형용할 수 없는 것이었고, 이러한 고분의 조사는 반드시 선생님과 함께 진행하여 그 결과를 공유하는 것이 철칙이었다.

선생님과 10여년 간 무덤발굴을 함께 하면서 그런 추억이 뚜렷하게 떠오른다. 논산의 어드메일 것인데 삼복더위지만 습한 날씨에 잦은 비가 있었기에 무덤 발굴 현장은 어느 정도 을씨년스러웠던 것으로 기억한다. 그러나 드물게 무덤 3개가 전혀 도굴흔적 없이 완벽한 형태로 있음이 확인되었다. 이들 도굴되지 않은 무덤은 화강석을 정교하게 다듬어 만든 것인데, 지하 깊숙하게 안치한 것으로 얼핏 외형만 보아도 제법 품격을 갖춘 무덤으로 범상치 않은 것임을 알게 하였다. 흥분을 가라앉히고 백제무덤 특유의 돌방에 시설한 돌문까지 파내려가 출입문을 드러내 놓고 관행대로 선생님과 연락, 일정을 조정하여 본격적인 무덤조사를 진행코자 하였다.

더위에 발굴현장인 산판에 이르기가 쉽지는 않다. 더욱이 선생님의 거대 체구는 삼복더위와는 어울리지 않았음이 분명한데 그래도 숨을 몰아쉬며 현장에 당도하였음을 특유의 외침과 기척에서 알 수 있었다. 일순간 발굴현장은 선생님의 출현에 긴장하였지만 관심은 무덤 속에 집중되었기에 이내 분위기는 조사문제로 옮겨졌고 관행대로 필자가 먼저 무덤 속에 들어가 상황을 살피는데, 그야말로 무덤 속은 말로 형용할 수 없는 장면이 연출되었다. 늘어진 나무뿌리의 기묘함 속에 가지런히 정리된 유골이 눈에 들어오고, 형용할 수 없는 두려움과 얼마간의 신비로움도 느낄 수 있었다. 어둡고 눅눅한 무덤 속으로 들어가면서 다소 두려움이 엄습하는 가운데 호기심의 불빛 아래 여기저기를 살펴보지만 화려한 유물은 전혀 눈에 띄지 않았다. 적막 속에 실망감만 엄습하였는데, 느닷없는 선생님의 "이선생 뭐 없나"의 외침이 귓가를 스쳐갔다. 대답으로 정황 없이 무덤 안 상황을 외침으로 밖에 계신 선생님께 설명하였지만, 문득 당신이 직접 안에 들어오실 것이란 기대의 무산과 함께 왜 그럴까라는 의구심도 없지 않았다.

선생님과의 긴 생활속에 간간히 들려주는 정담은 일상 잡사에서 학술적인 것까지 경계 없이 종횡 무진하였지만 발굴과 관련한 것들은 대체로 무덤에 대한 것이었고, 특히 무령왕릉 발견 후 처음 무덤 문을 열면서 겪었던 일화라던가, 도굴되지 않은 무령왕릉 발굴 후에 회자된 일화들이 많았다. 돌이켜 보건대 우리도 사람인지라 도굴되지 않은 채 남아 있는 무덤의 조사는 어딘가 긴장될 수밖에 없음이 솔직한 심정이다. 선생님도 무령왕릉의 발굴과 관련된 에피소드와 무관할 수 없었을 것이기에, 그러한 경험은 이후 자연스럽게 도굴되지 않은 상태로 남은 백제 무덤 안에 대한 거리낌과 다소의 긴장감, 경계심이 있었던 것이 아닐까. 이는 필자의 속생각일 뿐, 오히려 삼복더위 여름에 그것도 땅속 깊이 파여진 좁은 무덤구덩이를 덩치 큰 선생님이 어떻게 들어올 수 있겠는가라는 이유로 치부할 수 있음이 행복하다.

그래도 우리는 우재 안승주 선생님의 학문이 역사학과 고고학의 경계를 넘나들면서 다양한 분야에 관심을 보였지만, 핵심은 백제무덤에 있었음을 기억한다. 선생님의 무덤에 대한 관심은 자연스럽게 후학에게는 이 분야 연구의 등대가 되었고, 아마도 필자가 가장 큰 수혜자일 것이다. 선생님 대신에 무덤 속에 들어가 이것저것 소리쳐 알리면서 선생님과 함께한 세월 덕택일 것이다. 이를 바탕삼아 이제 오랜 세월이 지났는데, 다시금 우재 선생님을 뵙는다면 자신 있게 말할 수 있다.

"선생님! 선생님과 함께한 무덤파기가 꽤나 괜찮은 일이었답니다. 다만 저도 결코 유쾌한 것은 아니었고요, 때로는 무섭고 두렵기도 했답니다. 그런데 지금 돌아보니 결코 어렵기만 했던 길은 아니었습니다. 지금 남의 무덤 파서 먹고사는 사람이 되었으니까요, 남의 무덤 파서 석사도 됐고, 박사도 됐고요, 그리고 교수도 됐으니 이만하면 충분하지 않습니까"라고…

기대와 바람을 어기기만 한 제자

이해준_공주대 사학과 교수

부모와 스승

부모와 스승은 분명 다른 모습과 역할로 사랑을 주시는 분들이지만, 자식과 제자를 사랑하는 마음은 하나같다고 한다. 이제 아버님과 스승이 모두 이 세상에 살아 계시지 않지만, 나는 오늘 두 분을 그리워한다. 그리고 과연 나는 나의 아버님과 스승처럼 자식과 제자에게 사랑을 주고 있는지를 다시 생각해 본다. 결국 반에 반도 못 미치는 내 모습을 확인할 수 있을 뿐이지만 말이다.

나의 스승으로서 우재 안 승주 선생님은 정말 특별한 분이셨다. 부모님 보다 나를 더 아껴주시고 앞날을 걱정해 주신 분이다. 대학 1학년시절부터 졸업할 때까지 항상 곁에 두고 가르쳤으며, 꾸지람으로 대학원 진학을 강요(?)하시고 어려운 나의 형편을 아시고 등록금도 주셨다. 나의 아버님을 만나서는 계속 공부시켜 집안에 도움이 못되는 것을 미안하다고 하셨다. 아마 사모님도 모르실 것으로 생각되는데, 옥룡동에 새로 집을 지으시면서 네가 오면 머물 방이니 네가 설계를 하라 하셨던 선생님을 나는 결코 잊을 수가 없다. 나는 그때 정말 선생님을 부모님처럼 느낄 수 있었다. 부모보다 더 큰 애정과 전방으로 제자의 면회를 오셨던, 그런 자상함과 잔정을 선생님은 지니고 계셨다.

행복한 제자가 되기까지

윤용혁 교수나 이남석 교수가 인정해 줄지 모르나 나는 선생님의 "1호 제자" 임을 주장하고 싶다. 물론 선생님이 가장 많은 일을 하고 업적을 쌓을 때가 아닌 초창기였으니까 '제자 자격박탈' 이라고 하면 할 말은 없다. 그러나 실상 나만큼 제자로서 선생님의 사랑과 질책을 독차지한 사람 있으면 나와 보라고…, 그래서 행복했다는 이야기를 꼭 하고 싶은 것인지도 모른다.

나는 원래 고교시절 이과 반이었고, 3학년 때에 바람이 들어 미술대를 지망했던 사람이다. 그런데 역사를 좋아했던 나는 어쩌다가 공주사대 역사교육과를 지망했다. 지금 생각해도 한심한 반전을 계속한 셈이다. 3월 말쯤 아르바이트 자리를 얻고자 안 선생님을 찾았던 나는 며칠 후 '그림 잘 그리는 사람' 을 차출하던 선생님의 눈에 띄어 박물관과 인연을 맺게 되고, 이후 선생님을 도와 발굴현장의 실측을 도맡게 되었다. 돌이켜 보면 고교시절의 반전이 선생님을 만나려고 그랬던 운명 같은 것이었는지 모르겠다.

내가 공주사대 역사교육과에 입학한 70년의 선생님은 고고학으로는 불모지인 공주에서 백제문화를 연구하는 젊은 학도(?)였고, 지금처럼 문화재나 발굴에 대한 관심이 높지 않을 때였다. 그래서 조사나 발굴도 아주 소규모였고, 예산도 없었으며, 항상 조사를 나가면 동행한 연구자는 고정되어 있었다. 항상 대장이셨던 공주박물관 김 영배 관장님, 공주교대 박 용진 교수님이 멤버의 전부였다. 물론 이미 다 고인이 되셨지만 박 병국 교수님이 감초처럼 발굴단에 합류하시어 많은 발굴 후담을 추억꺼리로 만들어 주셨고, 이 상우 전 총장님은 사진 담당으로 항상 동행하셨다. 그러고 나면 다음 멤버는 죄송하지만 이 해준이었다.

어른은 여럿이었으나 막상 준비와 심부름, 모든 뒤처리까지를 도맡을 사람은 아무도 없었다. 모두가 나의 몫이었던 것이다. 생각하기에 따라서는 불평이 커야 하겠으나, 그때고 지금이고 나는 배우는 학생으로서 그런 경험을 혼자 독식한다는 것을 복으로 알았다. 하긴 어린 마음에 때때로 불만이 없지도 않았고, 스스로 우쭐하여 잘난 척을 했던 적도 없지는 않다. 그러나 지금도 나에게 있어 그런 기회를 만난 것은 행운이었고, 졸업할 때까지 방학도 없이 정말 한시도 선생님과 떨어진 적이 없었다.

무령왕릉과 선생님, 그리고 나

무령왕릉의 발굴은 1세기에 한 번 있을까 말까 한 큰 발굴이었다. 이로서 백제에 대한 국민의 관심이 증폭되고, 그 과정에서 안 선생님은 백제문화연구자로서 전국적 명성을 알리게 된다. 그와 더불어 연구과제들도 많아졌다. 나는 선생님을 따라 덩달아 몸을 움직여야 했고, 지금도 몸에 밴 시간 싸움과 계획성은 그 바쁜 일정과 숙제들을 해결하기 위한 몸부림의 소산이라 할 것이다.

유물들이 국립중앙박물관으로 옮겨지고 난 뒤, 무령왕릉과 송산리 고분의 실측조사라든가, 일본학계에의 백제고고학 자료번역 출판 등등은 무령왕릉 발굴과 함께 선생님을 더욱 바쁘게 하였다. 그런가하면 지명도가 높아지면서 선생님의 활동 폭과 영향력도 커져 과거 공주에서는 거의 생각하지 못했던 각종 발굴사업들도 맡겨지게 된다. 다시 강조하지만 나는 그 과정에서 유일한 학생 제자로서 현장을 지켰고, 다른 학생들이나 나와 비슷한 연배의 대학생이 상상도 하기 힘든 많은 경험들을 할 수가 있었던 것이다.

선생님도 성격이 꽤나 강하고 때로는 급한 모습도 없지 않았다. 그런데도 나는 학생시절 일 때문에 선생님에게 크게 혼났던 기억은 하나도 없다. 요즈음 나는 연구실의 제자들을 혹독하게 혼내면서 문득문득 선생님을 떠올려본다. 어째서 그렇게 화를 내지 않으셨을까? 분명 내가 잘해서 그런 것은 아닐 것이다. 이해를 하시려 애쓰셨을 터이고, 열심하는 나의 가능성을 보면서 기다려 주신 것이 아닌가 생각된다.

그런데 참으로 이상한 것은 그렇게 항상 선생님 곁에 있으면서도 대학원에 진학한다는 생각은 해보지 않았었다. 그저 선생님과 일거수일투족을 함께 하면서 즐거워했고 자부심이 생긴 것으로 족하였다. 당시 흥사단과 가나안농군학교의 김 용기 장로에게 심취했던 나는 열심히 선생님을 돕다가 졸업하면 아주 먼 시골학교의 선생이 되는 것을 꿈꾸고 있었다. 그런데 선생님께서는 내게 대학원 진학을 권하셨고, 진학 후 등록금은 물론 내가 공부할 여건까지도 마련하여 주셨다. 나는 정말 행복한 선생님의 1호 제자였던 것이다.

'기대와 바람' 을 저버린 못난 제자

그렇게 선생님은 나를 배려하고 아껴주셨으며, 친 자식처럼 대하셨다. 그러나 선생임의 기대와 바람과는 다르게 알팍한 심성의 나는 뒤에 몇 번씩 선생님의 마음을 아프게 해드렸다. 내 스스로 실토하는 "세 번의 배은(?)" 이 바로 그것이다.

그 첫째의 배은은 선생님의 뒤를 이어 고고학이나 백제사 연구자가 되지 않고 전공을 조선시대 사상사로 바꾼 것이었다. 공들여 키운 제자가 전혀 다른 전공분야를 선택하였을 때 과연 어떤 기분이셨을까? 그러나 선생님은 그렇게 하라고 아주 간략하고 편하게 답을 해주셨다. 지금 생각하면 이유야 어떻든 선생님께서 얼마나 서운하셨을까 짐작이 된다. 내가 그런 경우가 된다면 아마도 파문의 불호령을 내렸을 것이다.

그 뿐 아니다. 나는 곧이어 두 번째 배은을 하게 되었다. 당시의 대학 사정으로 보면 정말 어렵게 선생님께서 만들어 주신 조교(연구사) 자리를 1년 남짓 하다가 사직서를 내고 상경한 것이 그것이다. 물론 공부를 제대로 해 보겠다는 이유였고, 이때 상경하여 나는 석사논문을 마칠 때까지 독서실에서 숙식을 해결하면서 버텨내는 어려운 시기를 보냈다. 그래서 나름대로는 굳은 결심을 가지고 선택한 길이었다고 자부하곤 했었다. 그렇지만, 지금 돌이켜 생각해 보면 참으로 배은망덕에 지혜롭지도 못했었다. 공부한다는 좋은 구실에 무어라 말씀도 못하셨을 당시 선생님의 억장 무너짐을 생각하면서 다시 한번 부끄럽고 죄송하기만 하다. 그랬어도 선생님은 석사학위를 받은 나를 모교의 시간강사로 채용하는 등 이후 끊임없는 애정을 베풀어 주셨다.

또 하나의 배은이 있다. 아는 사람은 다 알겠지만 나는 81년도에 목포대 전임강사로 부임하게 된다. 문제는 이 중대한 일을 선생님과 한마디 상의도 없이 결정하였다는 점이다. 물론 나로서는 선생님께 짐이 되기 싫은 것도 있었고, 스스로를 책임져야 할 시점이라고 생각하여서였다. 임명에 앞서 선생님을 찾아뵈면서 당당한 척 하였던 것으로 기억되니, 속이 없어도 정말 그렇게 없었을까 되새겨 보게 된다. 그래서 솔직하기로 유명하신 박 병국 교수님께서 "싸가지 없는 해준이"라고 하셨을 터이다. 선생님께서 그때 반가움보다 말씀을 아끼셨던 모습을 이제는 너무나 잘 이해할 수 있을 것 같다. 이렇게 나는 행복한 제자, 버릇없는 제자로서 선생님께 여러 번에 걸쳐 배은을 하였던 것이다.

그러나 끝까지 놓지 않은 정

사실 그 후에도 선생님께 서운하게 한 것이 하나 둘이 아니었을 것이다. 그러나 그때마다 선생님은 변함없이 나를 믿어 주셨고, 어려울 때일수록 곁에 두고 의견을 들으려 하셨다. 정말 나는 고맙고도 분에 넘치는 정을 선생님께 받은 사람이다.

선생님께서는 넓은 가슴과 포용력, 그리고 카리스마 있는 결단력을 지니셨다. 그런가하면 사모님과의 열애로 표상되는 자상함도 지니셨다. 그래서 선생님 곁에는 항상 정겨운 지우들이 함께 하였다. 박병국, 이상우, 조재훈, 오왕근, 박영철, 소원섭, 신채식, 곽대섭, 이원국 교수님 등과 같은 많은 선생님들이 그런 분들이었다. 우리 선생님의 친구들이신 이분들은 오늘까지도 나의 인생 스승이 되어주신다.

스승이 세상을 떠나신지 벌써 10년이다. 그럼에도 앞에서 고백한 것처럼 버릇없고 기대에 어긋난 나의 모습은 오늘까지 계속되는 것은 아닌지…. 그래서 선생님께 또 죄스럽기만 하다. 비록 전공은 다르지만 선생님의 선생님이 못 다하신 일들과 기대에 부응하기 위하여 노력할 것을 약속드려야 하겠다. 나와 같이 행복을 누릴 제자는 많지 않겠으나 선생님이 내게 베푸신 것처럼 나의 제자들에게 선생님과 같은 온정을 전해주겠다고 말이다.

총장님의 지키지 못한 약속

이현숙_공주대 박물관 학예연구사

처음 공주대학교에 원서를 내러 온 1989년 겨울의 공주대학교 첫 이미지는 매우 살벌했었던 기억이다. 사범대학에서 일반대학인 공주대학교로의 변경을 반대하는 문구와 교문 앞을 막아서고 있었던 총학생회 선배님들의 모습은 참으로 기억에서 지워지지 않는다.

신설학과인 역사학과에 입학했던 당시 우리 동기들은 많이 헤매었던 것 같다. 학생회실이 없어서, 의지할 수 있는 선배가 없어서 많이 외로워했던 그 때, 역사교육과 선배들이 함께 체육대회도 하고 술도 마시고 해주던 그런 때였다. 그러나 얼굴을 제대로 뵙지는 못했지만 학교 최고의 수장이신 학장님이 역사를 전공하신 분이라는 것에 나름 작은 위안을 받았던 그런 때였다.

이러한 위안은 1991년 공주대학에서 종합대학인 공주대학교로 승격되면서 초대 총장이 되신 우재 안승주 총장님의 수업에서 다시 극대화되었던 것 같다. 어렵기만 하고 자주 뵐 수도 없었던 총장님께서, 당신의 전공인 '한국고고미술사' 만은 직접 강의하시겠다고 한 것이다. 물론 강의시간마다 선생님을 기다리다가 총장실에 찾아가서 '지금이 수업시간인데요' 라고 말씀드리면 넉넉한 웃음을 지으며 '그랬어?' 하며 오시거나, 학교 업무로 출장중이시니 오늘 휴강이라는 공지를 받았던 기억이 더 많았지만 말이다.

그래도 재미있었다. '한국고고미술사' 수업시간에 '무령왕릉' 보고서를 복사한 교재를 갖고 무엇이 의미가 있고 잘못되었는지를 지적하시던 모습과, 백제의 미(美)가 정말로 소박함에 있다고 힘주어 말씀하시던 모습은 철부지 역사학도에게 백제 고고학의 매력에 이끌리게 하기에는 충분한 시간이었다. 그리고 선생님께서 대학시절에 장학금을 받아서 무교동 방석집에 가서 모두 술을 마셔버린 이야기를 하시며, 적어도 당신정도의 객기와 낭만이 있어야 한다고 말씀하시던 모습에서, 신설학과의 설움을 가슴에 가득 담고 있었던 우리들을 어루만지며 대학생활의 패기와 낭만을 심어주시기도 하셨으니 말이다.

선생님의 수업 중에 기억에 남는 또 다른 이야기는 당시 미국과 이라크의 걸프전에 대한 말씀과 그랜저 이야기였다. 걸프전 당시 스커드미사일이라는 신병기가 도입되어 힘의 강약이 극명하게 나타나는 국제적 상황에 대한 이야기와 슈퍼마켓 주인도 돈만 있으면 탈 수 있는 차가 되어 버린 권위의 차 그랜저를 이야기 하시면서 혼자서 빙긋이 웃으시던 모습이다. 그때는 몰랐다. 세상물정 모르는 철부지 어린 대학생들에게 세상을 말씀하고 싶어 하시던 어르신의 깊으신 속내를. 하지만 지금 돌이켜 인생의 품위를 생각하면 당시 선생님의 모습이 떠오르는 것은 왜일까?

이후 박물관에서 고고학 공부를 하면서 다른 사람보다는 선생님을 자주 뵐 수 있었다. 그러나 나에게는 너무나 어려운 이남석 선생님께서 극진히 모시는 우재 선생님은 너무나 범접하기 어려운 할아버지 선생님이셨다. 하지만 나중에 돌아가시고 나서 알았다. 선생님의 연세가 우리 아버지와 동갑이었다는 것을. 그래서 그렇게 일찍 돌아가셨다는 사실에 가슴이 많이 아팠다.

우재 선생님과의 또 다른 인연은 대학원을 수료하고 나서였다. 당시 선생님은 1997년에 '충청매장문화재연구원' 을 설립하셨고, 이에 인연이 되어 그곳에 근무하게 되었다. 대외적인 역할과 활동이 많으셨던 선생님이셨지만, 자주 연구원에 찾아주셔서 격려하시던 모습이 새롭다.

당시 처음 하는 직장생활에 긴장하고 있을 때, 선생님께서는 선임연구원이었던 내 이름으로 된 행정결재용 도장을 파오라고 하시면서 말씀하신 내용은 가슴에 깊이 남는다. 당시 행정결재용이라기에 나무로 된 막도장을 파야지 생각하고 있었는데, "도장은 아무렇게나 막 파면 안 되는 거다. 크고 예쁘게 파서 찍는 곳마다 좋은 표시가 나게 해야 한다." 고 말씀하셨다. 그때 팠던 도장은 지금도 내 서랍 속에서 결재를 할 때마다 잘 사용되고 있다. 물론 항상 찍는 곳마다 좋은 표시가 나기를 기대하면서…

그리고 연구원에 근무할 때는 선생님과 식사할 수 있는 자리가 비교적 많았던 것 같다. 학교 박물관에 있을 때 선생님과 식사할 자리라도 생기면 가장 말석에 앉아 있으면서도 저만치 멀리 앉아계신 선생님이 어려워서 팔을 뻗어야 집을 수 있는 맛있는 반찬에는 젓가락도 못 대고 앞에 있는 밥과 반찬만 먹었던 것을 생각하면, 연구원 근무 당시의 선생님과의 식사는 비교적 편안했던 것 같다.

우선 선생님께서 함께하시는 식사는 항상 맛있는 집에서 있었던 것 같다. 자리가 어려웠지만 음식이 맛있어서 좋았다. 그리고 근엄하신 선생님도 식사 때는 가끔 정감 있는 말씀을 많이 하셨는데, 마음이 넉넉하여 좋았다. 한 가지 아쉬운 점이 있다면… 중매는 반드시 당신께서 서신다고 함부로 사람 만나지 말라고 하셨는데, 그 약속을 지키지 못하셨다는 점이다. 우재 선생님께서 약속을 지키시기를 기다리고 있었다면 아마도 나는 결혼도 못 할 뻔 하지 않았을까…

우재 선생님 전상서

이 훈_충청남도 역사문화연구원 연구실장

선생님을 뵌지도 어느 덧 10년이 지났습니다. 그곳에서도 편안하시지요?

남들은 강산이 한번 변할만큼의 시간이 지났다고 하지만 제 마음속에는 10년 전 모습 그대로 살아계십니다. 그래서 더더욱 선생님께서 멀리 떠나셨다는 사실을 잊고 지내왔는지도 모르겠습니다.

벌써 26, 7년전 이야기가 되는 것 같습니다. 가끔 생각나기도 하지만 이젠 정말 흐릿해져만 가는 이야기들이지요. 그래도 선생님을 추억하면 또렷하게 생각이 나 슬그머니 웃음 짓게 되는 이야기가 있습니다.

대학에 들어와 선생님께 한국사 강좌를 들었을 때, 가장 인상에 남는 것이 부여 초촌면 송국리에서 발굴된 비파형 동검에 대한 이야기입니다. 당시 제가 유년시절을 보낸 곳이 탄천면 신영리인지라 산 두어개 넘어 탄천 남산리를 지나면 바로 도착하는 지척이 송국리였습니다. 우리 고장 바로 인근에서 그렇게 유명한 유물이 발굴되었다는 것이 무척 신기하기도 흥미롭기도 했었습니다. 무엇보다도 넉넉하신 몸매에 항상 웃으시면서 어려운 이야기를 재미있게, 그리고 쉽게도 말씀해 주셨기 때문에 더더욱 생생하게 머릿속에 남아 있는지도 모르겠습니다. 무령왕릉 발굴과 관련된 이야기도 있었지만 그래도 송국리 비파형동검 발굴 이야기가 선생님의 레파토리 중 가장 수위를 차지했던 것 같습니다.

무엇보다도 선생님의 말씀 속에는 듣는 사람들로 하여금 완전히 몰입할 수 밖에 없는 마력 같은 것이 있었던 것 같습니다. 저 역시 선생님께서 말씀해 주시던 것을 한번 두 번 들으면서 점점 고고학이라는 바다 속에 빠져들고 말았으니까요.

대학을 졸업하고 당시 공주사대 박물관에서 하는 발굴에 참여하여 처음으로 삽질을 시작하고, 고고학을 공부하게 된 것은 전적으로 수업시간에 들려주셨던 선생님의 말씀 때문이었습니다. 덕분에 선생님을 더 가까이서 뵙기는 했지만, 지금 생각해 보면 넉넉하신 풍채와는 다르게 무척이나 세심하셔서 그 때는 그저 매사가 조심스러울 수 밖에 없었습니다. 그래도 마음 편하게 박물관을 출입하고, 현장을 재미있게 드나들 수 있었던 것은 학생들이나 저에게 항상 너그러움을 잃지 않으셨기 때문입니다.

선생님도 기억하시겠지만, 대학동기인 고궁박물관의 이귀영과 저, 우리 두 사람은 선생님의 사학과 대학원 첫 제자이자 마지막 제자입니다. 지금 생각해 보면 논문을 어떻게 쓰는지도 몰랐던 철부지 시절이었습니다. 초고를 읽으시면서 하나하나 각주와 문장표현을 고쳐주시던 선생님의 모습이 지금도 눈앞에 선합니다. 선생님의 지도가 없었다면 제가 이렇게 학문의 세계를 경험하는 것도 불가능했을 것입니다.

또한 선생님께서는 제 아내인 박선화와 저를 부부로 만들어 주셨습니다. 1989년 11월에 공주 수원사지 발굴이 있었는데, 그 해 11월은 유난히 눈보라가 자주 일던 해였습니다. 더구나 수원골은 계곡으로 길게 이어져 바람이 더더욱 매서웠습니다. 12월 2일 토요일에 현장설명회를 하고, 바로 그 다음 날인 12월 3일에 결혼식을 올렸습니다. 선생님은 그 때 주례를 맡으셔서 두 사람의 혼인이 성사되었음을 선언해 주셨습니다. 벌써 20년의 이야기가 되는 것 같습니다. 그 동안 살아오면서 이런 저런 일들이 있었지만 수원골의 눈보라를 뚫고 결혼했던 것처럼 선생님의 성혼선언을 기억하면서 열심히 살아가고 있습니다.

그 사이 고등학교 3학년, 중학교 3학년의 두 남매를 두고 있습니다. 중학교 3학년에 다니는 둘째 놈은 고고학을 하고 싶다고 합니다. 쉽지 않다고 말해도 고집을 꺾지 않습니다. 나중에라도 정말 고고학을 한다면, 선생님께서 저에게 해 주셨던 것처럼 기본에 충실한 고고학도가 되도록 잘 이끌어 주어야 할 텐데 선생님의 역할을 대신할 자신이 없습니다. 그래서 그런지 요즘은 더더욱 선생님 생각을 하게 됩니다.

먼 길을 떠나신지 벌써 10년.

선생님께서 베풀어 주신 큰 은혜, 잊지 않고 열심히 노력하겠습니다. 또 선생님께 받은 은혜 후배들에게 베풀어서 선생님의 큰 뜻이 계속해서 이어질 수 있도록 하겠습니다. 이제는 근심 걱정없는 하늘나라에서 편안히 쉬시면서 제자가 하는 일 어여삐 지켜봐 주십시오.

내인생의 큰 스승

홍순승_강경중학교 교장

고(故) 안승주 선생님의 넉넉하신 풍채와 인품이 아직도 우리들의 눈가에 아른거리는 것 같은데 벌써 10주기가 되었다니 세월의 무상함이 절로 느껴집니다. 학창시절 재주가 둔감하였음에도 선생님의 특별한 은혜와 사랑을 받은 저로서는 남다른 감회를 가지고 지나간 세월을 회상해 봅니다.

제가 선생님을 처음 뵌 것은 1967년 공주사대부중에 입학하였을 때였습니다. 그때 선생님께서는 공주사대부고의 역사교사로 재직하시면서 학생들을 가르치시는 한편, 그 바쁘신 중에도 서울을 오르내리면서 대학원에서 학문을 연마하셨습니다.

선생님은 뛰어난 실력을 인정받아 제가 공주사대부고에 진학했을 때 이미 공주사대에서 교수님으로 자리를 잡고 계셨습니다. 그 후 저도 공주사대 역사과에 입학했고 선생님은 고교 교사 시절 저희 누님을 가르치신 데다 부모님과의 친분도 계셔서 저를 무척 아끼시고 사랑해 주셨습니다.

1학년 때 교양국사를 수강하면서 선생님의 깊은 학문 세계를 체감했고 저희들은 선생님의 안목에 차지 않아 학점이 짜기로 유명하였지만 그 누구도 불평을 하지 않았습니다. 선생님의 학문에 대한 열정과 역량은 무령왕릉의 발굴에 주도적으로 참여하시면서 빛을 보기 시작하셨습니다. 이후 선생님은 국내에서 손꼽히는 백제사 분야의 최고 권위자로 명성을 떨치시며 학자로서 승승장구 하셨습니다. 또한 연구실에서만 앉아 계시질 않고 국내외 학자들과 폭넓은 관계를 유지하시면서 관료 행정가들과도 두터운 교분을 쌓아 학술연구와 현장발굴에 필요한 물적 지원을 얻어 내는 등 행정가로서도 탁월한 면모를 보여주셨습니다.

저는 선생님께 대학 재학 중 개인적인 일로 크게 신세를 진 일이 있었습니다. 부끄러운 일로 지면으로는 설명할 수 없지만 아무튼 어찌 어찌 졸업을 하고 공군장교로 군문에 투신하였습니다. 한번은 군복을 입고 선생님을 찾아 뵌 적이 있었는데 제 모습을 보고 무척 자랑스러워 하셨습니다. 그때 선생님께서 마침 제가 근무하던 부대의 친척 병사 문제를 말씀하셨고 저는 그 병사가 어려움 없이 잘 근무할 수 있도록 배려하여 선생님의 신세를 갚았습니다.

그 후 전역을 하고 교직에 들어와 1급 정교사 연수를 받을 때 다시 선생님을 뵙게 되었습니다. 교사 회장을 맡은 저를 '간사장' 이라 부르시면서 변함없이 사랑해 주셨고 저는 잘한답시고 양주 한 병을 준비하여 연구실로 찾아뵈었습니다. 그 때 선생님은 건강이 안 좋으셔서 술을 하지 못한다는 걸 알지 못했고 그렇지만 선생님은 제 성의를 받아 주셨습니다. 지금 생각하면 어찌나 철이 없는 행동이었는지 그 때 그 일을 무척 후회하고 있습니다.

선생님께서는 백제 문화 진흥을 위해 어려운 여건에서도 고군분투하셨고 마침내 공주대학교 총장으로서 자신의 큰 교육철학을 펼치실 기회를 가지셨습니다. 그러나 과로와 격무가 선생님의 건강을 몹시 해치셨고 얼마 후 선생님의 부음을 듣게 되었습니다. 가족에게도 청천벽력의 불행이었지만 중흥을 앞둔 백제 역사학계에도 큰 손실이었고 우리 제자들에게는 말할 수 없는 슬픔을 안겨준 안타까운 소식이었습니다.

선생님은 백제사 연구를 위해 불꽃같은 치열한 삶을 사시며 후학들에게 모범을 보이셨습니다. 언제나 포근하시고 넉넉하시며 짧고 굵게 사는 인생의 방법을 가르쳐 주셨습니다. 선생님의 10주기를 맞아 인자하신 모습을 애잔히 떠올리며 글을 맺습니다.

4장 다시 듣고 싶다, 그 호탕한

곽종흠 / 왕릉에서의 초대면(初對面)
김병기 / 큰 음악소리(大樂聲)을 품으셨는데
김용무 / 우재를 회고함
김진두 / 안승주 대부님을 기리며
변우열 / 그 카리스마가 그립습니다
신채식 / 금강변에서의 10년 우정
이필영 / 당신 앞에서
정하현 / 공주의 80년대와 안선생님에 대한 추억
조동길 / 호탕한 웃음소리 다시 듣고 싶습니다
조재훈 / 60년대 후반, 부고에서의 한 철
최석원 / 내마음의 큰 스승
최덕수 / 내 공주 시절의 우재선생

왕릉에서의 초대면(初對面)

곽종흡_공주대 대기과학과 교수

안승주 총장님이 돌아가신지 벌써 10년이 되었다고 한다. 세월이 빠르다는 것을 다시 한번 절감하게 된다.

안승주 총장님과 나의 첫 만남은 1971년, 무령왕릉이 발굴되었던 바로 그 해의 일이었다. 1971년 나는 공주사범대학(지구과학교육과)에서 시간강사로 대학 강의를 처음 시작하였던 참이었다. 그 당시 공주사범대학은 신관 캠퍼스(현재의 공주대학교 위치)를 새로 조성하여 이전 중이었는데 대부분의 학과들은 새 캠퍼스로 이사하였지만, 과학교육학과 계열만은 이전이 늦어져 현재의 사범대학 부속고등학교의 구 캠퍼스 건물을 그대로 사용 있었다.

나의 첫 학기 강의가 막 끝났을 즈음에 무령왕릉 발굴이 터졌고, 이 때문에 한적하기 그지없던 공주가 갑자기 술렁대게 되었다. 그리고 이 발굴 사건은 안 교수님과 왕릉에서의 초대면을 하게 되는 인연을 만들었다. 왕릉 발굴이 진행되고 있을 때 문화재 위원으로 계셨던 서울 은사님 한분이 왕릉 발굴현장에서 만나자는 연락을 주셨다. 발굴 참여로 공주에 가는 김에 공주에서 막 강의를 시작한 제자의 얼굴이라도 보시겠다는 은사님의 배려였다고 할 수 있다.

무령왕릉에서의 초대면(初對面)

약속한 날 나는 말로만 듣던 왕릉을 찾았다. 처음 온 작업 현장이라 물론 생소하기 그지 없었다. 현장에 계신 분들에게 은사님이 오셨는지를 확인하였다. 그러자 몸집이 크신 어떤 분이 나서서 곱지 않은 시선으로 "어디서 왔습니까?" 묻는 것이었다. "공주사범대학에서 왔습니다" 했더니, 대뜸 "자네 무슨 과 몇 학년인가?" 하시는 것이었다. 그것이 안 교수님과 나의 어색한 초대면이었다.

시간강사라고 말씀드리니 교수님도 퍽 당황하신 눈치이다. 그도 그럴 것이 그 당시 공주사범대학에는 교수 수가 5, 60명에 불과했고, 교직원도 많지 않을 때이었으니 '공주사범대학' 에서 온 안면부지(顔面不知)의 인물이라면, 당연히 학생일 수 밖에 없었을 것이기 때문이다. 무슨 과 몇 학년이냐고 물으신 것은 아마도 자기 신분도 밝히지 않은 채 어른을 찾는 버릇없는 이 학생을 혼 내킬 요량이었을 것이다. 학생이라면 필수과목인 국사를 당연히 이수했을 텐데 안 교수님을 몰라보고 인사를 하지 않는다는 것은 말이 되지 않기 때문이다. 그런데 이 일을 어쩌랴. 하필 캠퍼스가 다른 곳의 시간강사였고 게다가 강사라는 사람이 왜 이리 학생 같은가? 그 때 나는 나이도 어렸지만 워낙 동안(?)이어서 학생으로 오해받기 십상인 얼굴이었다. 여하튼 안 교수님이 오해하신 것은 당연한 것이기도 하였다. 안승주 총장님과의 첫 만남은 그렇게 이루어졌다.

이후 왕릉에서 안 교수님을 몇 차례 더 만날 수 있는 기회가 있었다. 왕릉 내부와 외부에서 기온, 습도 등의 변화를 측정하는 일을 내가 맡게 되어 왕릉을 무시로 출입할 수 있게 되었기 때문이었다. 나는 무령왕릉 발굴 덕에 기상학회지에 '무령왕릉 보존을 위한 미기상학적 연구' 라는 제목의 논문을 은사님과 함께 발표하기도 하였다. 왕릉으로부터 1년 후에 나는 전임이 되어 안승주 교수님과 같은 대학에서 생활하게 되었지만, 그렇다고 특별히 사적인 자리에서 술자리를 함께 한다거나 할 기회는 없었다. 전공상으로나 연배상으로나 출신으로나 어느 것 하나 연결되는 것이 없었기 때문이다. 그래서 안 교수님과 특별한 인연을 갖게 된 것은 같은 대학에서 있으면서도 20년이 지난 다음의 일이 된다.

1990년 공주사범대학은 공주대학으로의 명칭 변경과 함께 종합대학으로의 길을 가게 되었다. 그리고 이때 우리대학에서 처음으로 교수 직선에 의한 학장 선거가 이루어졌다. 이 선거에 의하여 안승주 교수님은 공주대학의 학장으로 선출되었고 학장으로 당선 되신 후, 정말 뜻하지 않게 나에게 교무과장(지금의 교무처장)직을 맡아 달라고 하시는 것이었다. 아는 사람은 다 아는 이야기이지만 솔직히 선거 때에 안 교수님을 지지했던 것도 아니고, 보직이라고는 학과장 경력 밖에 없는 나에게 가장 중요한 보직이라 할 교무 일을 맡으라니 놀랠 수밖에 없었다. 당연히 몇 번이나 사양하였지만 어려운 시기에 대학의 발전을 위해 함께 일하자는 간곡한 말씀에 보직을 맡지 않을 수 없었다. 1년 뒤인 1991년 단과대학 '공주대학' 은 종합대학으로 승격하여 공주대학교가 되었고, 안승주 학장님이 초대 총장으로 선임 되셨다. 나도 덩달아 교무과장 1년 후 교무처장이 되어, 도합 3년간 안승주 총장님을 모시고 대학 교무 일을 맡게 되었던 것이다.

"소신껏 추진 하세요"

종합대학으로의 출범을 전후한 1990년대 초반의 대학 사정은 매우 어려운 여건이었다. 대학의 재정이나 시설면, 혹은 시스템 측면에서의 열악성은 말할 것도 없지만, 교원임용고시 실시의 후유증으로 인한 학생 문제가 심각한 실정이었으며 예산 농대와의 통합 문제도 어려운 문제의 하나였다. 그 가운데 교육과정의 전면적 개편은 교무처장으로서의 주요 업무의 하나였다.

교육과정 개편 작업을 할 때의 일이다. 단과대학에서 종합대학으로의 개편에 따라 교육과정 개편을 비롯한 제반 규정을 새롭게 정리해야 했다. 그러나 주지하는 바와 같이 이해관계가 복잡하게 얽혀 있는 제도를 개편한다는 것은 쉬운 일이 아니었다. 조금이라도 불이익이 생기면 양해를 얻어내기가 어렵고, 당사자들이 이해해주지 않을 경우 원만한 합의 도출이 쉽지 않기 때문이었다. 그 당시 우리 대학교 교육과정에는 타 대학에 비해 필수과목이 많았다. 필수과목을 줄여야 한다는 총론에는 모두 동의하면서도, 자기 과에 해당하는 필수과목을 없애자고 하면 관련 학과에서 그 과목의 중요성을 강조하면서 적극 방어에 나서기 때문에 일이 진척될 리 없었다. 딱히 정답이 있는 것도 아니니 그에 대한 반론을 펴기도 어려웠다. 그렇다고 교육과정 개편을 뒤로 미룰 수도 없는 일이었다.

그 당시 필수과목에는 총장님과 관련이 있는 국사 과목도 들어 있었는데, 국사과목을 필수에서 남겨둔 채 교육과정을 개편한다는 것은 실무적 입장에서는 퍽 난감한 문제였다. 그러나 선뜻 얘기를 꺼낸다는 것이 쉬운 일은 아니었다. 총장님과 평소에 친하게 지내던 처지여서 마음 편하게 말 할 상황도 아니었고, 또 총장님 혼자서 결정할 문제도 아닐 거라는 생각이 들었기 때문이었다. 한편으로는 기껏 일 시켜놨더니 총장 관련 과목부터 빼자고 하느냐고 할 것 같기도 하였고…. 하지만 용기를 내어 사안의 부득이함을 말씀을 어렵게 말씀 드렸다. 그런데 의외로 "교무처장 소신껏 추진 하세요" 라고 대답해 주시는 것이었다. 사심을 가지고 하는 일이 아니고 학교발전을 위해서 하는 일이지 않느냐고 말씀하시면서 교무처장에게 크게 힘을 실어 주었던 것이다. 총장님의 용단에 감탄하지 않을 수 없었다. 당연히 총장님 학과 교수들의 강한 항의가 수반되었지만, 종국에는 대승적인 차원에서 양해를 얻을 수 있게 되었다. 총장 관련 학과의 해당과목에서부터 필수를 제외시킴에 따라 다른 필수과목을 줄이는 물꼬가 트이게 되었고, 그 어려운 교육과정 개편이 이루어질 수 있었다. "학교발전을 위해 교무처장 소신껏 하세요" 총장님 말씀이 지금도 귀에 생생하게 들리는 것만 같다.

사범대학에서 일반 단과대학으로 된지 1년 만에 대학을 종합대학교로 승격시키시고, 열악한 환경에 있는 우리 대학을 명실상부한 종합대학교로 발전시키기 위해 혼신의 노력을 다 하신 분이었는데, 좀더 살아 계셨더라면 우리 대학 발전에 더욱 큰 힘이 되어 주셨을 텐데, 하는 많은 아쉬움이 남는다.

총장님 보고 싶습니다.

'큰 음악소리(大樂聲)' 품으셨는데

김병기_전북대 중문과 교수
서예가

우재 안승주 총장께서 유명을 달리 하신지 벌써 10년이라니, 세월이 참 빠르다. 하기야 나의 가형(家兄)이 49세의 젊은 나이에 저 세상으로 간지도 벌써 14년이 되었으니. "꼭 낫게 해야 한다"는 내 어머님의 절규를 피눈물로 들었기에 우리 집안의 장손인 형을 살리기 위해 무던히도 애를 썼건만 결국 나의 형은 49세를 넘기지 못하고 저 세상으로 갔다. 형의 죽음 앞에서 너무 슬퍼하고 있을 때 정말 따뜻한 위로를 주시고 영결식장에는 물론 49재 때에도 자리를 함께 해주셨던 안승주 총장님이 그로부터 4년 뒤에 유명을 달리 하실 줄을 그 때는 누가 짐작이나 했겠는가? 돌이켜보면 참으로 안타깝고 슬픈 일이다. 나는 안총장님의 영면 앞에서 나의 가형(家兄)이 작고했을 때 못지않은 서러움과 안타까움을 느꼈다. 안총장님의 따뜻한 마음이 내 마음 안에 깊이 자리하고 있었기 때문에 그렇게 서럽고 아깝고 안타까웠을 것이다.

내가 안승주 총장님과 비교적 깊은 이야기를 나누는 기회를 가진 것은 1988년 8월, 당시 안승주 교수가 교수협의회 회장을 맡고 있을 때였다. 그 보다 2년 전인 1986년에 나는 대만국립예술대학의 초빙을 받아 대만에 나가 있었다. 2년 만에 돌아와 보니 내가 소속해 있던 중국어교육과가 많은 어려움을 겪고 있었다. 당시는 노태우 정권이 막 들어선 때였고 바로 얼마 전에 치른 이른 바 '6월 항쟁'의 뒤끝이라서 전국의 대학이 거의 다 아직 학생운동의 열기가 식지 않은 상태에서 여러 가지 어려움을 겪고 있을 때였다. 그 와중에서 우리 중국어교육과도 적지 않은 어려움을 겪고 있었는데 내가 돌아오자 당시 이화영 학장은 과를 잘 수습해 보라며 나에게 학과장을 맡겼다.

어려운 시기에 학과장을 맡아 고민하고 있을 때 나는 우연히 당시 과학관 2층에 있던 교수협의회 사무실에서 안승주 교수를 만나게 되었다. 그 자리에서 안승주 교수는 내게 참으로 많은 조언을 해 주었다. "어려운 때일수록 서둘지 말고 남의 얘기를 충분히 들어라", "남이 어려운 처지에 있을 때 그것을 구경하기로 한다면 그 보다 더 재미있는 구경이 없다고 생각하는 게 세상인심이니까 그렇게 구경을 하는 입장에 선 사람들이 혹 이러쿵저러쿵 쓸데없는 얘기를 하더라도 전혀 마음 쓰지 말고 소신껏 과를 운영해 나가라", "중대한 판단을 해야 할 경우에는 보다 더 옳은 길이 무엇인가를 생각하여 옳은 길을 택해라. 그래야 후유증이 없다."… 당시 나는 아직 사회 경험이 거의 없을 때였다. 1984년에 부임하여 2년간 재직하다 다시 대만으로 건너가 2년을 머물고 막 들어왔으니 어찌 보면 신임교수나 다름이 없는 처지였다. 그런 나에게 참으로 자상하게 당시 대학 내의 분위기와 교수들의 시각 등에 대해서 여러 가지 얘기를 해주시는 안승주 교수가 너무 고마웠다. 마음이 참 따뜻한 분이라는 생각을 했다. 그리고 바른 사람이라는 생각도 했다. 그렇게 해서 나는 안승주 교수를 내 마음 안에 들이게 되었다.

총장에 당선된 후, 안총장은 대학발전기금을 모으기 위해 서울에서 서화전을 개최하고 재경 출향인사들을 초청하기로 하였다. 이 서화전을 준비하기 위해서 나는 내가 알고 있는 전국의 서예대가들을 찾아다니며 작품을 협찬해 줄 것을 청하였다. 한국 서예계의 거장이었던 일중

김충현 선생, 여초 김응현 선생, 강암 송성용 선생을 비롯한 30 여 명의 작가들이 선뜻 작품을 내 주었다. 특히, 강암 선생께서는 좋은 일에 사용하라며 작품을 7점이나 내 주었다. 전시회는 기대했던 만큼 성공적이지는 못했다. 발전기금을 너무 적게 모았다고 더러 비아냥거리는 사람도 있었다. 그러나, 사실은 크게 성공한 전시였다. 당시만 해도 정부의 지원을 받는 국립대학이 따로 발전기금을 모은다는 것 자체가 이상스러운 일로 보일 때였다. 이런 사회 분위기 아래서 처음으로 '대학 발전기금 모금' 을 시도하였으니 그런 시도만으로 큰 성공이라고 평할 만 한 것이다.

발전기금 모금을 위한 전시회를 마친 몇 개월 후, 시간을 낸 안 총장은 강암 선생님께 인사를 드려야 한다며 전주로 내려갔다. 내가 함께 간 것은 물론이다. 안총장을 만나본 강암 선생은 그로부터 다시 몇 개월 후, 안총장에게 자신의 작품 한 점을 선사했다. 한국 서예계에서 전무후무한 묵죽의 대가라는 평을 받는 강암이 스스로 그린 묵죽 작품 한 점을 선사한 것이다. 그 묵죽작품에는 다음과 같은 제화시가 써 있었다.

微風成莞哂, 산들바람 불어오면 빙그레 웃다가
風緊不平鳴. 바람이 거세면 불평으로 우네.
未遇伶倫釆, 아직 진정으로 악기를 다룰 줄 아는 광대를 못 만나
空含大樂聲. 헛되이 큰 음악만 가슴에 품고 사네.

천하의 명 악기가 될 소양을 갖추고 있으면서도 아직 제대로 된 장인을 만나지 못하여 악기가 되지 못한 채 살며, 산들바람이 불면 빙그레 웃다가도 바람이 거세지면 마치 불평이라도 터뜨리듯이 사나운 대바람 소리를 내는 대나무의 모습을 읊은 시이다. 나는 이 시를 볼 때마다 이 시는 대나무를 읊은 게 아니라 바로 안승주 총장을 묘사한 시라는 생각

을 하곤 한다. 정말 대학발전 아니 이 나라의 발전을 위해 큰일을 할 수 있는 인물이었는데, 기회를 제대로 만나지 못해 가슴에 늘 큰 음악을 간직한 채 살다가 천수마저 다 누리지를 못하고 일찍 저 세상으로 가셨으니 참으로 아깝고 안타깝고 슬프다.

나는 지난 2005년에 책을 한 권 출간했다. 일제가 자행한 광개토대왕비의 변조를 증명하고 변조하기 전의 원문을 복원한 내용을 담은 책 『사라진 비문을 찾아서—글씨체로 밝혀낸 광개토대왕비문의 진실』이 바로 그것이다. 우리의 고대사를 깊이 연구하고, 특히 백제의 역사를 끔찍이도 사랑했던 안 총장이 살아계신다면 퍽이나 기뻐했을 것이라는 생각을 하니 마음 한 구석이 허전하다. 일본의 역사 왜곡은 아직도 끝나지 않고 지속되고 있는데 이제는 중국마저 동북공정이라는 이름아래 우리의 역사를 침탈하는 일을 서슴치 않고 있으니 이런 일에 부딪칠 때마다 나는 안총장님이 그립다. 우리 역사에 대한 사랑과 역사의 진실을 밝히고자 하는 집념이 누구보다도 강하였던 안총장님이었기에 그리도 그리운 것이다.

허나, 이제는 그립더라도 잊어야 할 때인 것 같다. 그래야 그 분도 저 세상에서 더 편히 잠드실 수 있을 것이다. 세월은 가고, 가는 세월 따라 사람도 가고, 그리고 간 사람에 대한 추억도 차츰 희미해지고. 가지 않는 게 무엇이 있으랴! 물, 바람, 구름… 오늘도 저렇게 흘러가는 것들, 그리고, 가슴에 품은 대악성(大樂聲)을 다 풀어보지 못하고 저 세상으로 가신 안승주 총장에 대한 기억을 실은 시간이라는 배의 흐름. 이제는 이 모든 흘러가는 것들을 흐르는 대로 받아들여야 할 때가 아닐까? 가슴이 아프더라도.

우재를 회고함

김용무_공주대 사학과 명예교수

산만하더라도 선생님의 면면을 회고할 수 있는 글을 몇 자 적어 본다.

선생님과 필자와 인연은 1960년대로 거슬러 올라간다. 시간강사와 수강생, 지도교사와 교생실습생, 연수원 교수와 중등교사 1정 자격 수강교사, 역사교육과 동료교수, 발굴단장과 단원, 총장과 기획연구실장, 천주교회의 예비자 교리반 교우, 향토예비군 전우….

동양사와 서양사 전공의 M, P 두 교수님의 강의만 들어오던 차에 선생님의 한국사 강의를 새로운 기대 속에서 수강하게 되었다. 첫 강의 주제는 고려의 대몽관계였고, 초짜의 첫 시간, 약간의 흔들림은 지금까지도 기억되지만 설득력 있는 달변에 원 사료를 인용한 명 강의이었다. "한국사는 결국 한자와의 전쟁" 이라고 말하면서 벽자카드를 들고 다니시던 모습에 겁먹은 필자가 "우리나라에서는 서양사전공이 힘들다"는 선생님의 조언에도 불구하고 서양사를 선택한 것은 큰 실수였다.

선생님은 당당한 체구에 비하면 세심하게 건강을 챙기신 분이었다.

대식형 미식가이었으나 술은 체질적으로 못하시었다. 의사의 권고로 그 자리에서 금연함은 물론 정기적으로 건강검진을 받으시었다. 담배를 넣었던 호주머니에 약봉지를 넣고 다니시기도 했다. 건강에 관한한 선생님과 정반대인 필자가 10주기 회고담을 쓰고 있으니 불공평하다. 백제의 역사와 문화를 재정립하자는 작금의 추세를 감안하면 애석한 일이 아닐 수 없다.

필자가 보기에 선생님은 보수기질이 다분하시고, 자수성가하신 분이었다. "물려받을 몇 마지기 농토를 일구면서 면서기 되는 것이 꿈이었던" 대박리 촌사람이 각종 모임의 장을 역임하였고, 민선 대학 총장으로 선출되었으며, 실제로는 사모님께서 주관하셨지만 큰 과수원의 농장주가 되었으니 말이다.

다방면에 활동적이면 씀씀이가 크게 마련인데 선생님의 사생활은 의외로 검소하시었다. 제민천변의 단독주택에 가보면 가구 일체가 소박하였고, 중고차를 선호하시는 편이었다. 총장시절, 아랫바지(필자가 선망의 눈으로 보았던 그 바지인 것 같은데) 단추를 잠그지 못한 채(속옷이 보이는데도) 태연하게 간부회의를 주관하시는 것이었다! 산회 후 "바지요"라고 귀 뜸을 했는데도 그후에도 종종 필자는 선생님의 속옷을 보아야 했다.

선생님은 학과 운영에 관해서는 민주적이었고 욕심이 없었다. 신임교수의 공채 이전, 필자가 전임강사로 발령되었을 때(1970 년대 초)는 대체로 선임교수는 군림하였고, 신임교수는 매사에 순종하던 시절이었다. 그러나 역사교육과의 과 운영은 민주적이었다. 선생님을 포함한 P, S 교수님들은 모든 일을 합의제로 처리하였다. 과내의 전공(한국사, 동양사, 서양사)에 관한 일은 전공교수의 의견을 우선했다.

국사교육이 강화되면서 지방대학에서도 사학과에서 국사를 분리 독립하는 경향이 있었다. 우리대학에서도 선생님이 국사를 분리하자는 의견을 제시했을 때 역사교육과의 특성과 교원수급의 유동성을 이유로 필자가 반대하여 선생님이 당신의 제안을 철회하셨다. 사범대학내에 국사교육과와 세계사교육과의 병존의 어려움을 면한 셈이다.

선생님은 필자를 대학에 근무할 수 있도록 이끌어주셨고 그 이후에도 매사에 소극적인 필자를 잘 보살펴주시었다. 필자도 마음으로부터 선생님을 존경하고 따랐는데 지금도 아쉬운 기억이 하나 있다. 총장 연임 출마 문제가 대두되었을 때 상대방과의 인간관계 때문에 고민 중이던 선생님께 필자가 재출마를 만류한 일이다. "이겨도 지는 게임을 왜 하시려고 합니까?" 하는 것이 내가 선생님께 간곡하게 드린 말씀이었다. 그렇게 말씀드리는 것이 진정으로 선생님을 위한 길이라는 생각 때문이었다. 그리고 그 생각은 지금도 변함이 없다.

말년의 병상에서 "부귀영화나 지위는 아무것도 아니다. 건강과 화목이 더 중요하다"고 선생님께서 말씀하셨다는 것을 전해 듣고 더욱 안타까운 심정을 금할 수 없었다.

선생님의 명복과 가족들의 행운을 진심으로 빌어마지 않는다.

안승주 대부님을 기리며

김진두_공주대 한문교육과 교수

세월은 유수하여 대부님을 못 뵌 지도 어언 십여 년이 된 듯하네요. 괴정동 성당에 오셔서 저희 가족과 함께 부족한 저의 신앙적 지주로 대부를 서주신 것이 엊그제 같은데 벌써 십 년이 흘렀네요.

그 후 부활절이 있은 다음 꼭 저희 아들딸과 식구를 챙겨주신 기억도 생생합니다. 총장이 되신 다음에도 항상 웃는 얼굴로 저를 격려하여 주시고 그 후 충남발전연구원장 시절 이필영 교수와 함께 옛날의 멋스러움을 우리에게 전하여 주시곤 하였는데 이제는 천안의 묘원에 가서 조재훈 선생님의 추모의 글을 통하여 대부님을 기리는 처지가 되고 보니 더욱 뵙고 싶습니다.

그 후로도 사모님께선 항상 저희를 위하여 대부님과 똑같은 배려를 하시니 정말로 몸 둘 바를 모르며 가끔은 옛날을 생각합니다. 형근 진근 자제도 가끔 보는 재미로 끈끈한 인연을 기억하며 열심히 생활하겠습니다.

특유의 그 카리스마가 그립습니다!

변우열_공주대 문헌정보교육과 교수

안 승주 총장님이 가신 지도 벌써 10년이 지났습니다. 안 승주 총장님을 떠 올리면 여러 가지가 생각이 나지만, 특유의 카리스마가 빛났던 분으로 기억하고 있습니다. 총장이라고 하면 상아탑을 대표하는 대학의 상징이요, 존재 그 자체만으로도 존경받아야 할 위치에 있는 분입니다. 요즘 들어 총장의 권위가 자꾸 위축되는 것 같아 더욱 더 안 승주 총장님의 카리스마가 그리워지는 것 같습니다. 안 총장님은 카리스마만 있는 것이 아니고, 초대 교수협의회 회장을 지낸 경력 탓인지 특유의 자율과 부드러움도 겸비한 분이었습니다. 모든 일을 믿고 맡겨 참모들이 소신있게 일을 할 수 있도록 해 주셨던 것으로 기억됩니다.

제가 안 승주 총장님과 인연을 맺은 것은 우리 대학이 종합대학으로 승격한 직후인 1992년에 기획위원으로 잠시 활동하던 시절이었습니다. 그 당시에는 총장님과 나이 차이도 많이 나고, 조교수 신분이었기 때문에 더욱 더 가까이 하기엔 너무 먼 당신으로 느꼈고, 존재 그 자체만으로도 권위가 있었다고 느꼈겠지요.

당시는 질풍노도의 시대라 할 수 있을 만큼 우리 대학은 너무 많은 변화를 겪었습니다. 공주사범대학에서 공주대학으로 다시 1년 만에 종합대학교인 공주대학교로 간판을 바꿔 달던 시절이었습니다. 학장 임기 1년과 총장 임기 4년을 합해서 임기 5년 동안 너무 많은 변화를 겪었습니다.

1992년 종합대학교 초창기에는 강의실, 연구실, 실험실습실 등의 교육환경은 물론 재정이나 인적자원 등 어느 것 하나 풍족한 것 하나 없는 열악한 환경에서 종합대학교의 기초를 마련하셨습니다.

안 승주 총장님이 초대 총장의 임기를 마치고 얼마 되지 않아 유명을 달리하시고 시간이 흘러 2004년에 제가 도서관장을 맡게 되었습니다. 제4대 총장이신 최 석원 총장님의 공약사항이자 숙원사업인 공주대학교 역사자료관을 설치하는 업무가 저에게 떨어졌습니다. 도서관장의 업무와는 다소 거리가 있는 역사자료관이지만 최 석원 총장님이 저에게 역사자료관을 추진하게 하였습니다. 공주사범대학 출신 교수들이 주축이 되어 역사자료관을 준비하게 되었는데, 교육학과 홍 재호 교수님이 준비위원장을 맡으시고 제가 총괄을 맡았습니다. 역사자료관은 공주사범대학이 개교한 1948년 12월 1일부터 현재까지의 역사를 한 눈에 볼 수 있도록 해야 한다는 생각으로 추진하게 되었고, 2005년 개교기념일을 즈음해 개관하였습니다. 현재 중앙도서관 1층에 공주대학교 역사자료관이 설치되어 있습니다.

공주대학교 역사자료관을 설치하기 위하여 동분서주하던 와중에 기억에 남는 일이 두 가지 있습니다. 그 하나는 학사 1호 졸업장을 수집한 일입니다. 1950년 국어과 1회 졸업생이신 강 석진 선생님이 학사 1호로 졸업한 것을 학사관리과에서 확인하고, 강 선생님의 거주지를 수소문하여 홍 재호 교수님과 함께 인천으로 찾아가 소중한 1호 졸업장을 수집해 오게 된 것입니다. 비록 종이 한 장으로 된 졸업장이지만 우리 대학의 모든 역사를 고스란히 찾아 온 느낌이었습니다.

다른 하나는 우리 대학을 종합대학교로 승격시킨 초대 총장의 유물과 자료가 필요하여 안 승주 총장님의 사모님이신 도 순성 여사님을 찾아뵙고, 초대 총장시절의 명패와 대통령 임명장 및 외국의 대학으로부터 받은 선물 등을 기증해 주실 것을 요청했습니다. 도 순성 여사님은 집에 두고 혼자 보는 것 보다 역사자료관에 전시하여 여러 사람이 보는 것이 더 좋다는 말씀과 함께 흔쾌히 안 승주 총장님의 유물인 명패, 임명장, 도자기 등의 선물과 함께 총장 재임시절의 사진첩과 많은 자료를 건네 주셨습니다.

현재 공주대학교 역사자료관에는 안 승주 총장님의 총장 명패, 임명장, 도자기 등의 선물뿐만 아니라 공주대학교 장기발전계획, 외국 대학과의 교류협정서 등이 초대 총장시절 사진과 함께 전시되어 있습니다.

역사자료관 개관행사에 도 순성 여사님을 초청하여 총장 감사패를 드리기로 하였으나 여사님은 참석하지 아니 하였습니다. 여사님 특유의 겸손함이랄까 남 앞에 서기 보다는 뒤에서 조용히 도와 주시고, 지켜보시는 성품 때문인 것 같았습니다.

안 승주 총장님이 가신지 10년이 경과되었습니다만 그 당시의 여러가지 흔적은 고스란히 살아 숨쉬고 있습니다.

안 승주 총장님!

다시 한번 그 특유의 카리스마와 함께 자율과 부드러움이 그리워집니다.

입술을 약간 비스듬히 한 상태의, 싱긋 웃는 특유의 모습을 보고 싶습니다!

금강변에서의 10년 우정

신채식_전 공주대 교수

안승주 교수의 10주기를 맞이하니 안교수와 공주대학에서 생활하던 시간들이 어제 일처럼 되살아나고 고인을 생각하면 비감(悲感)과 함께 인생의 무상함이 마음을 외롭게 한다.

나와 안승주 교수와의 관계는 우연한 인연으로 맺어졌고 그러한 우연이 깊은 인간적 우정으로 이어져 나왔다는 것을 10년 전이나 지금이나 똑같이 회상(回想)되면서 더 한층 안교수를 보고 싶다는 간절함을 느낀다.

내가 공주대학과 관계를 맺게 된 것은 나의 은사 채희순(蔡羲順) 교수님의 제자이며 당시 공주사범대학 역사과 교수로 재직하고 있던 문병헌 교수와의 연분에서 비롯된다. 문교수는 채희순 선생님께서 서울대학에 오시기 전에 동국대학교 사학과에서 가르친 제자였고, 문교수가 채희순 선생님을 인간적으로 좋아하였던 것 같다.

그 당시 나는 서울대학에서 석사를 마치고 이곳저곳 대학에서 강사생활을 하고 있었다. 어느날 채희순 교수님께서 나를 당신의 연구실로 부르시더니 공주대학에 자리가 있다는데 갈 의향이 있느냐고 말씀하시면서 지방 대학에 가 있다가 다시 서울로 올라올 기회가 있으면 공부하는데 도움이 될 것이라고 말씀하시면서 공주대학에 갈 것을 권하였습니다. 한번 지방대학에 내려가면 다시 서울로 올라오는 것이 어려울 것 같고 공부를 더하는데도 서울에 있는 것이 좋을 것 같은 생각이 들었으나, 생활을 안정시켜야 하겠다는 현실적인 마음으로 공주대학에 갈 것을 결심하였다.

채교수님의 소개장을 가지고 공주에서 문교수를 만나 이야기를 듣고 보니 공주대학은 처음부터 전임을 주지 않고 한두 학기 강의를 시켜본 후에 전임으로 발령하는 것이 관례라고 말씀하시기에 나는 좀 실망하였으나 시간표는 이미 짜여져 있고 해서 한 학기 강의를 시작하게 되었다. 60년대 후반의 공주—서울간 교통편은 현재와 같지 않아서 강의를 마치고 당일 서울로 올라오는 것은 무리였기 때문에 공주에서 하루를 보내는 일이 자주 있었다.

내가 공주에서 하루를 쉬는 것은 아름다운 금강의 자연에 매료되었기 때문이기도 하였지만 이때 안승주 교수와 금강변, 공산성 그리고 공주의 유적을 답사하는 시간을 갖게 되었다. 나는 고고미술, 그리고 백제의 유적, 유물에 대한 흥미와 지식을 안교수의 열성스러운 이야기를 통하여 알게 되었다.

안교수의 백제 유적과 한국 고고미술에 대한 젊은 열정을 그와 이야기를 나누면서 감명을 받았다. 안교수가 장차 한국 고고미술과 백제문화 유적 연구에 큰 업적을 남길 것임을 그의 힘 있는 이야기에 귀를 기울이면서 느끼게 되었다.

당시 공주사범대학 역사교육과에는 서양사와 문화인류학을 강의하던 박병국(朴秉國) 교수가 재직하고 있었는데, 박교수는 안교수가 한국 고고미술, 특히 백제문화 유적을 연구하게 된 것은 물고기가 물을 만난 것에 비유하면서 안교수는 학문적으로 복이 많은 사람이라고 부러워하였다. 박교수의 이와 같은 이야기는 공주와 백제문화는 안교수가 마음을 모아 학문을 할 수 있는 터전이 공주임을 실증적으로 평한 이야기라고 생각하였다.

그 후 안교수는 공주사범대학의 전임이 되어 학문적 발전을 위한 도약의 발판을 마련하였고 본격적인 백제문화 유적의 발굴과 백제의 고고미술을 연구하였다. 나는 안교수의 권유로 공주사범대학에서 함께 공부하고 강의하게 되었다.

안교수와 공주사범대학 역사교육과에 함께 근무한 것은 10여 년간(1972-1982)이었다. 이 동안에 나는 안교수와 깊은 인간적 우정을 나누고, 그의 넓은 도량과 긍정적인 인생관으로 해서 그를 좋아하게 되었다. 우리는 10년 동안 어떤 문제를 가지고 다툰 일도 없고 얼굴을 붉혀가며 대립된 의견을 개진한 일도 없이 역사교육과를 잘 이끌어 갔다. 이것은 전적으로 안교수의 후덕함에서 비롯된 것으로 생각된다.

안교수는 자신의 학문을 위하여 열성적으로 공부하고 발굴도 쉬지 않고 진행하였고, 후학 양성에도 세심한 노력을 기울여 그를 따르는 제자들이 줄을 서게 된 것은 그의 학문적 열정과 높은 인격의 결과라고 본다.

안교수를 회상하면 많은 일화가 생각나지마는 여기에서는 내가 도쿄대학(東京大學)에 있을 때 그가 도쿄에 와서 같이 지내던 며칠간 겪었던 일들이 떠오른다.

1974년 여름에 도쿄에 있는 국사관대학(國士館大學)의 오오카와 (大川 淸)교수가 안교수를 일본으로 초청하여 같이 만난 일이 있다. 오오카와(大川) 교수는 고고미술을 전공하고 한국의 고고미술에 대해서도 관심이 많았다. 특히 안교수의 논문을 관심 깊게 읽고 있었기 때문에 전부터 안교수와는 가까운 사이였다. 안교수가 일본에 왔을 때 오오카와(大川) 교수가 그의 제자들과 함께 동경의 국분사(國分寺) 부근의 유적지를 발굴하는 현장을 갔었다. 이때 오오카와(大川) 교수는 발굴하는 여러 가지 기술적인 면을 안교수에게 질문하고 안교수가 그에 대해서 자세하게 설명하는 것을 보면서, 안교수의 유적 발굴에 대한 높은 기술 수준을 알 수가 있었다. 뿐만 아니라 오오카와(大川) 교수는 안교수를 가리켜 학문적으로도 뛰어난 분이지만 인감됨이 군자형(君子型)이라고 말하는 것을 들었다. 일본 사람들이 사람을 평할 때 '군자형' 이라고 하는 것은 소인형(小人型)에 대한 대칭적인 비유로써 자기와 마음이 통하는 사람, 도량이 넓은 사람, 그리고 의리가 있는 사람을 군자형(君子型)으로 부르는데, 오오카와(大川) 교수의 안교수에 대한 평은 마음에서 우러나온 말이라고 지금도 생각된다.

안교수와 나는 교토(京都) 관광을 하게 되었다. 나는 교토 가면 꼭 찾아뵙는 분이 있는데, 나의 고향 선배로서 교토(京都) 한국거류민단(韓國居留民團) 지부장을 역임한 김관섭(金寬燮) 선생이다. 김선생은 교토(京都)에서 일본 여성들이 입는 와후쿠(和服, 일본옷)를 염색하는 공장을 운영하여 상당한 재산을 모은 분이다. 우리는 김관섭 선생이 직접 운전하는 고급승용차를 타고 교토 명소를 하루 종일 관광하는 시간을 가졌다. 김선생은 평소에 말이 적고 좀 무뚝뚝한 분인데 이날은 농담도 잘하고, 안교수와는 여러 가지 이야기도 하고 한국의 역사에 대한 질문을 하는데 내가 보기에 안교수가 퍽 마음에 들었던 것 같다. 김선생은 나의 고향선배이기는 해도 형사(兄事)하는 처지로 교토에 갈 때 안교수를 데리고 가는 것이 좀 부담스러운 생각이 들었으나 그런 생각은 그날 재미있는 관광을 마치고 비와코(琵琶湖)를 바라보는 일식당(和食堂)에서 유쾌한 시간을 가지면서 말끔히 사라졌다.

안교수가 화장실을 간 사이에 김선생에게 안교수가 어떠냐고 물어보았는데 김선생은 소견이 좁은 일본 사람들 틈에서 오랫동안 시달리며 살았는데, 안교수를 만나서 이야기를 나누어 보니 그의 넓은 도량과 너그러운 인간미에 마음이 끌려서 마치 십년 지기의 고향 친구를 만난 것처럼 즐겁다고 하였다. 김선생이 한국에 오거나 일본에서 나를 만날 때 마다 안교수의 안부를 꼭 묻는 것을 보면 김선생의 마음에는 안교수가 깊이 자리를 차지하고 있었음을 알 수 있다.

나는 80년대에 공주를 떠나 서울에 왔고, 서울에 온 후에도 안교수를 종종 만나서 식사를 함께하는 자리가 있었다. 안교수는 본래 술을 못하고 나는 술을 좋아했기 때문에 우리 둘이는 비록 술잔을 주고 받지는 않았지만, 회식할 때의 대화는 다양하였고 10년의 세월이 지나갔지만 지금도 안교수의 미소 짓는 얼굴이 눈앞에 선하여 보고 싶은 마음이 간절하다.

안승주 교수님, 천국에서 영면(永眠)하시기를 기원합니다.

당신 앞에서

이필영_공주대 경제통상학부 교수

억수로 퍼붓던 장대비 속에
피안의 세계로 떠나신 지
어언 십 년

쉬고 계실까
일하고 계실까
역사의 숨결을 더듬고 계실까

그리움 머금은
몇몇 남정네가
당신 앞에 왔나이다

보이십니까
가물가물하십니까

살포시 눈을 떠 보셔요

유난히 일복 많았던 당신
하늘나라 일마저 짊어지시려
그리도 훌쩍 떠나셨나요

천사백 년 간 꺼져 있던
백제 혼불에
생명의 혼 불어넣으셨고

자유 정의 진리의 전당이
군홧발에 숨죽일 땐
분연히 일어나 외치셨지요

전통의 사범교육 요람이
뒤집히려 할 때엔
온몸으로 부둥켜 휘감으셨고

뒤꼬인 역사와 배움터를
올곧게 세우시느라
정작 당신 몸은 기우는데도

장수(長壽)집안이라 괜찮다 하시더니
그 어깨, 이젠 가벼워졌나요
아니, 머슥하지 않으시나요

'나가서 만나요' 라며
병실서 잡아주셨던 오른손

지금까지도 저리저리합니다

그리움 어느 곳에 쏟을 줄 몰라
술잔에 담아 당신 앞에 드리오니

구름타고 떠도는 그리움
그믐달로 잔속에 드리우거든
달빛 향기로 그 잔 비우소서

일손 놓으시고
편히 쉬이소서
고이 잠드소서

공주의 80년대와 안선생님에 대한 추억

정하현_공주대 역사교육과 교수

안선생님이 타계하신지 벌써 10년이 된다. 세월의 무상함에 감회가 새롭기만 하다. 그러고 보니 공주로 오면서 안선생님과 인연을 맺은지도 벌써 30년이 되어간다. 안선생님과의 추억이야 사제지간이니 동문관계니 해서 끈끈한 인연으로 맺어진 이들에게서 들으면 좋을 것이고 인간적인 면모나 기억할 만한 일화들은 그런 이야기들 속에 무궁무진할 것이다. 나는 내 나름대로의 인상적인 추억을 공주 캠퍼스의 8, 90년대 분위기와 함께 회고해 보고 싶다. 이렇게 풀어나가면서 공주사대, 그리고 공주대의 역사의 이면을 짚어볼 수 있다면 그것도 좋을 것 같고, 그러다 보면 안선생님의 진면목을 새삼스레 평가할 수 있는 계기도 되지 않을까 한다.

81년 내가 처음 전임이 되었을 때는 같은 과의 교수라도 대선배인데다 서로 전공도 다르고 해서 안선생님이 꽤 어려웠던 것 같다. 그런 가운데 과의 교수 숫자도 지금보다 많았고 아마 중진과 신임을 조화시킨다는 의도에서 3학년 지도교수를 함께 맡게 되면서 가까워질 기회가 있었다.

80년대 초기라면 5공의 강권 통치로 기세등등한 때이다. 이념 교육이랍시고 전체 교수를 소집해 정보 기관에서 나온 직원으로부터 뻔한 이야기를 듣고, 또 그런 자리에서 교육을 맡은 직원에게 수고한다는 이야기를 진정으로 건네는 교수도 있고 하는 분위기였다. 강압적인 분위기에 편승한 당시 학장(지금의 총장에 해당) 분의 방침으로 아침마다 정해진 시간까지 본부 휴게실로 가서 출근부에 도장을 찍어야 했고 이런 매일의 절차에 치욕감마저 느끼고 있던 시절이었다. 학생 동아리 당시 말로 써클들은 조금만 이념의 냄새가 나면 여러모로 압박이 가해지는 통에 지도 교수를 맡으려는 사람이 없어서 웬만한 써클들은 거의 해체될 지경이었다. 그런 와중에 학생의 부탁을 거절하지 못해 홍사단인가 하는 80년대에는 그다지 문제가 되지 않았던 써클의 지도 교수를 맡았더니 당장 정보 기관을 통해 신원 조회가 들어 올 정도였다. 어떤 과에서는 학교의 지시에 충실한 나머지 학생들과 여행을 떠나서는 여행지의 파출소 순경한테까지 손수 신고하는 교수가 있다고 들리기도 했다. 이런 분위기였음에도 불구하고 신참인 내가 압박을 별로 느끼지 않을 정도로 학생 지도에 있어서는 안선생님의 배려가 있었던 것 같다. 새파란 나이인지라 학생들의 입장에 공감을 보이는 눈치였던 내게 경계의 시선을 보낼 수도 있었을 터이지만 그렇지 않고 나의 의견을 존중하면서 동등한 동료 교수로서 이해해 주었던 것 같다.

지도의 초점이 비판적인 성향의 학생들을 감시하는 데 있었으니까 가장 관심을 기울여야 하는 것이 요주의 대상이었던 정선원 군(79학번)의 동향이었다. 안선생님이 정선원 군을 포함한 문제 학생들의 의식을 공감할 정도로 앞서 나갔다는 것은 아니다. 그러나 공부에 필요한 자료가 있다고 하면 복사해다 주기도 하는 등 관심을 보이면서도 소위 지도라는 명목으로 압박을 가한 적은 없었던 것 같다. 지금이라면 이해하기 어렵겠지만 이러한 포용력도 당시의 공주사대 교수로서는 결코 쉽지 않았다. 당시 학교 규모가 약간 큰 단과대학 수준이었는 데도 불구하고

제적이라는 중징계로 처벌 받은 학생의 숫자가 전국 최다였었으니 말이다. 금강회 사건이라 해서 오송회 사건과 함께 5공 초기 사상 문제로 터진 두 사건 가운데 하나가 공주사대 이념 써클이었던 것을 보면 공주사대 학생들의 이념적 성향이나 문제 의식이 상당했던 때문이 아니냐고 반문할지도 모르겠다. 그 무렵 대학 친구 하나가 그런 취지로 내게 걱정의 말을 전한 일도 있었던 것을 보면 이런 인식이 외부에는 있었던 것 같다. 그러나 매우 보수적이 되었다고 자인하는 지금 나의 판단으로도 지극히 건전하고 학생다운 문제 의식을 지녔을 뿐이었다. 적어도 그 사건과 그 이후의 몇 년 동안 그렇게 다수의 학생들을 처벌하게 된 이면을 들여다 보면 강압적인 분위기를 조성하기 위해 정부 당국과 학교 당국이 합작하여 학생들을 희생시킨 측면이 컸다고 볼 수밖에 없다.

정선원 군은 금강회 써클의 중요 멤버의 하나로서 결국 투옥, 제적된 후 학교를 떠나 있다가 10여년이 지난 뒤에야 뒤늦은 복학생으로 복귀, 졸업한 뒤 지금은 교육 현장에 나가 있다. 정 군을 생각하면 80년대의 공주사대, 그리고 안선생님의 이미지가 오버 랩되곤 하는 것은 공주에 대한 시각의 출발점이나 이후의 지향점이 그 시절에서 비롯된 때문인지도 모르겠다.

당시 몇몇 학생들과 교정에서 대화를 나누다 정 군이 80년대 들어서면서 대학에서 문화는 떠난 것이 아니냐고 비판적인 말을 내게 던졌던 기억이 남는다. 그때의 속뜻을 제대로 이해했는지는 모르겠지만 이후로 나름대로 잃어버린 문화를 공주사대, 그리고 공주대에 뿌리내리도록 하기 위해 노력했던 것 같다. 예를 들면 관료 지향적 문화로부터의 탈피, 그리고 현학적인 표현을 쓰자면 학생 개개인의 자아에 대한 자각이 그 가운데 핵심적 코드의 하나라 할 수 있을 것이다. 오해하지 마시라, 단순하게 운동권의 시각에서 이런 말을 하는 것은 아니니까. 그러나 아마 70년대까지는 조야한 형태로나마 존재했을지 모르는 그 문화의 싹이 공주대에 피어나는 것을 다시 보지 못하였던 것 같다. 지금도, 이제 나까지 포함해서 너도 나도 감투에 연연할 뿐만 아니라 그러한 풍조를 거짓된 실용주의로 합리화까지 시키는 학내의 전반적인 분위기를 고려한다면 앞으로도 이 대학을 대학답게 만들 문화의 싹을 새로 틔우리라 기대하기는 힘들 모양이다.

돌이켜 보면 아마도 업무 관계 때문에 부딪치고 있었던 것이라 생각되지만 안선생님은 그 무렵 학장을 비롯한 집행부와 껄끄러운 관계로 되어가고 있었다고 기억된다. 그 이유로서 학생 지도 등에서 집행부와 공감대를 이루고 있지 못하였던 부분도 무시할 수 없을 것이다. 금강회 사건을 전후하여 역사교육과에는 앞서거니 뒤서거니 하며 같은 또래의 교수들이 연이어 취임하고, 학생 지도 등의 문제에 있어서 의기투합하면서 학교의 방침과는 어긋난 길로 가고 있었다. 이를 영향력 있는 선배 교수가 방치하는 꼴이 되었으니 탐탁하게 여길 리가 있었겠는가. 그 시절 기억에 남는 인상적인 장면 하나. 비상회의에선가 회의장 문을 반만 열어놓고 입구에서 하나씩 출석을 체크하였는데 안선생님이 서슬 퍼렇게 화를 내면서 문을 열라고 직원에게 소리치던 일이 떠오른다. 기세에 놀란 담당 직원은 문을 활짝 열어 제쳤고 줄을 서 차례를 기다리던 교수들은 달콤함을 맛보며 무사통과할 수 있었다.

그러다 학장도 새로운 분으로 바뀌고 민주화를 위한 투쟁이 일어나 전국으로 확산되는 가운데 5공 정권도 막바지로 접어들게 된다. 민주화 투쟁의 과정에서 대학 교수들의 민주화 선언이 적지 않은 역할을 했던 사실을 기억하시는지? 매일같이 이 학교 저 학교 서명 교수들의 명단이 일간지에 발표되고 있었지만 공주에서는 소식이 없었다. 사대에서도 학생들의 교내 시위가 있었는데 그 모임에서 교수들의 참여를 촉구하는 구호가 공개적으로 나올 정도였다. 그러한 가운데 뒤늦게나마 나와 한문과 K 교수가 함께 서명자 수합에 나서서 어렵사리 열명 남짓의 서명을 얻어낼 수 있었다. 그런데 문제가 곧 터졌다. 정보가 새서 어떤 과의 교수 두 분이 과의 고참 교수로부터 압력이 들어 왔다면서 철회 의사를 밝힌다. 그러더니 그 소식을 듣고 다른 이들도 하나 둘씩 빠져 나가는게 아닌가. 결국 예닐곱 명만이 남게 되자 몇이서 숙의를 하였다. 다른 어느 대학도 10인 미만이 참여한 예는 없었던 것 같다, 이러한 상황에서 이 숫자만으로 발표를 단행하는 것은 부끄럽기도 한 일이고 현재의 열기에 오히려 부정적으로 작용할 수도 있으니 포기하자는 쪽으로 결론을 얻고는 며칠간 얼마나 가슴이 답답했는지 모른다. 잉태만 하고 낳지 못한 … 당시 학내의 분위기는 이러했다. 이때 압력을 가해 찬물을 끼얹었던 분은 뒷날 학교의 중심적인 위치에 오르게 된다.

곧 이어 대통령 선거를 치르는 등 만족스럽지는 못해도 민주주의에도 진전을 보이는 가운데 학교마다 특히 국립 대학을 중심으로 교내 민주화의 움직임이 확산되어 나갔다. 사회의 열기에 편승하여 뒤늦게나마 공주사대도 그 대열에 끼게 되었고, 그 핵심이 되었던 것이 교수협의회의 발족이었는데 나는 이 과정에서 본의 아니게 산파 구실을 맡았던 것 같다. 재야 활동으로 두각을 나타내고 있던 K 교수를 서울 집으로 찾아서 주도적인 역할을 맡도록 부탁하고 동시에 사대 동문으로서 관심을 갖고 있었던 C 교수와 연결시켜 주면서 협의회가 본격적인 준비단계에 들어간 뒤 어느 날엔가는 나를 찾은 안선생님으로부터 격려를 받았다. 아마 다들 눈치를 보는 분위기 속에서 중진 이상의 교수들로서는 유일했던 것으로 기억한다. 안선생님은 점차 학교 집행부와 대립각을 세워 왔고 그러한 가운데 학내 민주화에 대해 구체적인 의사 표시를 해야 할 단계에 왔다고 느낀 것 같았다. 협의회가 출범하면서 출범 과정에서 관심을 보여준 안선생님은 회장 후보로 추천을 받아 초대 회장으로 취임하기에 이르렀다.

협의회 발족 과정에 숨어 있던 일화 하나. 출범을 하루 앞두고 긴장하고 있는 가운데 같이 준비를 하고 있던 교수들로부터 전화가 왔다. 반대하는 이들이 창립을 무산시키기 위해 내일 총회에 참여하지 말라고 사발통문식으로 전달하고 있다는 소식이었다. 그 때문에 또 얼마나 법석을 떨었는지. 우여곡절 끝에 출범을 한 협의회는 대화 상대로 인정하고 싶어하지 않는 집행부의 태도 때문에 학교 정책에 참여하는 것이 원천적으로 봉쇄되었던 듯하다. 그러나 안선생님이 무난하게 협의회를 이끌어 간 덕분에 학내 민주화에 대한 단계적 훈련을 착실하게 밟는 효과를 낳았다고 본다.

그리고 곧 사대는 일반 대학으로 전환되는 큰 변화를 겪는다. 이어서 최초의 직선제 학장 선거가 있었고 안선생님이 다수의 지지를 얻어 학장 후보로 선출되었다. 선거 과정에서 있었던 일화들이야 정치적인 성격—학내의 이해 관계를 의미하는—도 있으니까 거론할 필요가 없겠지만, 나에게 지지 의사를 밝혀 온 분들의 발언을 통해 분위기 쇄신의 열망, 그리고 그 적임자로 안선생님을 기대하는 이들이 적지 않았음을 알 수 있었다. 80년대 공주 지역의 지나치게 폐쇄적이고 그러다 보니 비민주적인 학교 운영에 눌릴 대로 눌려 있던 반항감이 표출된 것이 안선생님을 선택하게 만든 중요한 원인이었던 것은 분명하다. 취임 이후에도 안선생님은 무리 없이 수장 역할을 했고 약간의 과장을 하자면 공주의 봄과 같은 기분을 느끼게 한 몇 해가 흘러갔다.

그러나 90년대는 사회적 변화에 겹쳐 학교의 변화가 급속히 진행되어 적지 않은 진통을 겪은 시기이기도 했다. 회고해 보면 종합대학으로의 전환처럼 정치력을 필요로 하는 일도 무난하게 처리하였다고 생각한다. 그즈음 막 시작된 임용고사제 실시로 공주사대의 위상이 흔들리고 있던 것도 큰 사건이라 할 수 있는데 당시 문제가 사립 사대와 국공립 사대 간의 갈등으로 발전하여 제법 사회적인 이슈로 되자 동아일보에서 양자를 대변하는 책임자들의 대담을 마련하여 이화여대 사대 학장과 안선생님이 참가하였다. 지면에서 대담 내용을 훑어 보았더니 조리 있고 공감이 가도록 국공립 사대 학생들의 입장을 대변해주고 있어서 단순하게 자리를 탐하는 교수와 다른 무엇이 있구나 느끼게 해주었다고 기억한다. 늘 그리 세련되지 않은 검은 양복 스타일에 눈이 익어서 그런지 평범한 듯 보여도 본질을 제대로 파악하는 수장이라는 인상을 받았던 것이다. 기억은 분명치 않지만 그때도 학생들의 시위가 있었고 몇몇 과격한 학생들이 총장실로 쳐들어 와 의자를 치우려 하자 본인은 직선에 의해 선출된 수장이므로 이 자리를 벗어날 수 없다고 버틴 일화를 보아도 대학 수장이 어떤 위치에 있어야 하는지를 터득한 분이라고 느끼게 하였다.

이러한 하나 하나의 면모들이 부분적인 실수와 결점들을 덮고도 남을 만큼 안선생님을 좋게 평가하게 만드는 점들이라고 나는 본다. 결과적으로 실패했지만 안선생님을 더 힘들게 만들었던 것은 재선 실패 이후의 압박이었던 것 같다. 압박을 가했던 이들은 재임 기간 동안 자신들을 포함해 상당수 교수들을 소외시켰다는 점을 구실로 삼았다. 부분적으로는 그런 대접을 받은 이들도 없지 않을 것이고 그 점은 실책이었다고 지적받을 만하다. 그러나 비판의 중심에 선 교수들에 관한 한 그 이전 행적, 특히 80년대의 행적을 감안하면 이와 같은 비판은 설득력을 갖기 힘들다. 민주화의 열망에 목마른 당시 사회의 요구를 도외시할 수 없는 것이 대학이고 그렇다면 공주에서도 적어도 일정 기간 자숙하도록 하는, 그러한 선택을 할 수 밖에 없었던 것이 아닐까. 그러한 교수들도 반성의 자세를 보였어야 한다고 생각한다. 그러면서 대학의 본질에 대한 공감대가 형성되도록 기다린 뒤에 참여의 길을 모색하는 것이 나름대로 떳떳하고 학교를 위해서도 낫지 않았을까.

안선생님의 재선 실패 직후 나는 이전의 계획대로 일 년간 중국으로 떠나게 되었다. 인사차 찾아 갔더니 요즈음은 아무도 찾아오는 이들이 없다고 푸념하던 모습에 마음이 안되었던 일이 생생하다. 그리고 귀국 이후 둘만이 식사하는 자리에서 교수들 사이의 불화 문제로 언짢은 말을 건네자 당혹한 얼굴이 되면서 미안해 하던 기억도 있다. 무반응이었거나 구렁이 담넘어 가는 반응을 보였더라면 이처럼 마음에 남지도 않았을 것이다. 인간적인 면이 많은 분이었고 그래서 좋은 인상이 많이 남았다.

끝으로 시시한 뒷이야기 하나. 10년 전 안선생님을 보내고 집이 있는 서울로 올라와 제법 굵어진 빗줄기 때문에 택시를 탔다. 어떻게 이야기를 나누다 기사가 공주 출신인 것을 알았다. 이야기를 깊이 파고 들어가니 중학교에선가 안선생님으로부터 배운 제자였다고 하지 않는가. 신기한 인연이었다.

호탕한 웃음소리 다시 듣고 싶습니다

조동길_공주대 국어교육과 교수

선생님께서 우리 곁을 떠나신 지 벌써 10년이라고 한다. 세월이 빠른 것인지, 아니면 우리 삶의 속도가 빠른 것인지 잘 모르겠다. 그러나 아무리 세월이 빨리 간다고 해도, 그렇게 해서 우리가 이룩한 모든 것들이 그 시간 속에서 가뭇없이 사라진다 해도, 우리 마음에 깊이 새겨진 어떤 기억들은 결코 사라지지 않는다. 정말 그렇다. 10년의 세월이 흘렀어도 선생님께서는 여전히 우리 곁에 계신 것 같은 느낌이 든다. 그것은 필자를 포함한 여러 사람들의 기억 속에 선생님이 너무 깊이 각인되어 있기 때문일 것이다.

부속학교의 교정에서

필자가 선생님을 처음 만나 사제의 연을 맺은 것은 1966년 고등학교에 입학하고서였다. 필자가 다녔던 당시의 공주사대부고는 남자 두 학급, 여자 한 학급의 단출한 학교였다. 고등학교 학생들이 사용하기에만도 좁은 공간의 캠퍼스에는 남녀 한 학급씩의 부속중학교가 있었고, 또

수백 명의 공주사범대학 학생들이 있었다. 그러니까 중학교 1학년부터 대학 4학년까지 같은 교문을 드나들며 공부를 했던 것이다. 교실은 일제 시대 도청 건물로 쓰던 것을 개조하여 사용했기 때문에 여기저기 흩어져 있었고, 낡은 목조 건물 바닥은 보수를 하지 못해 발을 디딜 때마다 삐걱거리는 소리를 내곤 했다.

갓 입학한 우리에게는 외떨어진 곳에 위치한 한 칸짜리 건물의 교실이 배정되었고, 나머지 한 반에게는 희귀한 수목들로 둘러싸인 세 칸짜리 건물의 한 칸이 교실로 주어졌다. 교정 곳곳에 오랜 역사의 자취를 말해주듯 돌탑이며, 나이 많은 나무며, 그 나무에 서식하는 새들이며, 구불구불 오르는 좁은 돌계단이 아기자기하게 자리 잡고 있었다. 선생님께서는 1반 담임을 맡으셨고, 필자가 속한 2반 담임은 수학을 가르치던 선생님이었다. 남자가 딱 두 반밖에 없으니 모든 면에서 경쟁 상대가 되는 것은 당연했다. 당시 그 학교에는 학교에서 시험을 보면 1등부터 꼴찌까지 방을 붙이는 독특한 관습이 있었다. 그러니 담임을 맡은 입장에서는 자기 반 성적이 어떻게 나오느냐에 신경을 쓰기 마련이었다. 그런데 필자의 기억으로는 선생님께서는 그런 것에 별로 개의하지 않으셨던 것으로 떠오른다. 마찬가지로 환경 미화 심사나 반 대항 체육경기 같은 것에도 이기고 지는 것을 별로 대수롭지 않게 생각하셨던 것 같다. 대범하신 평소 성품이 드러나는 일이라고 해야 할 것이다.

대신 선생님의 전공에 관한 부분에 대해서는 매우 열정적이셨다. 수업 시간에 역사를 가르치시면서 어떤 대목에서는 때때로 흥분하시기도 하고, 수업 주제가 선생님 기호에 맞는 부분이면 종료 종이 울린 뒤까지 강의를 계속하실 때도 간혹 있었다. 그때 있었던 에피소드 하나를 소개해 보기로 한다.

당시 그 학교는 앞에 말한 대로 학생 수에 비해 교육을 위한 시설이 매우 협소해서 여러 모로 불편을 겪고 있었다. 그래서 교문 앞 길 건너편에 있는 건물(구 사범학교에서 사용하던 현재의 담배인삼공사 건물 자리)의 일부를 특별실로 사용하기도 했는데, 구체적으로 어떤 조건으로 사용 계약을 했는지, 혹은 임시로 차용해서 사용했는지는 그런 것은 잘 모르겠다. 그 건물은 한옥 식이었는데 교문은 커다란 솟을대문이었고, 안에는 기와로 지붕을 덮은 여러 채의 건물이 있었다.

우리는 미술 시간이 되면 도구를 챙겨 들고 교문을 나와서, 도로를 건너 허물어진 담장을 지나 그 건물의 한 귀퉁이에 있는 미술실로 향하곤 했다. 그 옆에는 농업 과목을 담당한 선생님이 학생들의 실습을 겸해서 돌보는 벌통이 몇 개 놓여 있었다.

고도에서의 백제수업

그러던 여름이었을까.(확실치는 않음) 어느 날 선생님께서 흙 묻은 양복바지 가랑이를 걷어 올리신 채 우리들 앞에 나타나셨다. 그러시더니 당시 우리로서는 알기 어려운 말씀을 쏟아놓기 시작하셨다. 단편적인 기억으로 선생님께서 하셨던 말씀을 되살려 보면 대통사라는 절 이름, 목이 없는 작은 불상의 발견, 가루베라는 일본 사람 이름이 그 핵심이었던 것 같다. 대학 입시라던가 하는 것과 관련이 없어 관심이 없는 일이다 보니 우리로서는 그냥 듣기만 하는 입장이었지만 선생님께서는 매우 흥분하셔서 말씀하셨던 것으로 기억이 된다. 나중에 들은 바로는 무슨 작업을 하다가 이상한 물건(문화재 파편 같은 것)이 발견되어 상급생들을 동원하여 일정 공간을 파 보는(요즘으로 말하면 약식 발굴이랄까, 시굴이랄까.) 일을 하셨다고 한다. 실제로 우리들도 수업 시간에 그 곁을 지나면서 길게 도랑처럼 파여져 있던 것을 보기도 했다. 그것이 정식 허가를 받은 발굴인지, 또 선생님께서 주관하신 것인지, 다른 분이 하시는 일에 일부 참여하신 것인지, 그런 것은 잘 모르겠다. 다만 선생님께서 우리들에게 매우 확신에 찬 어조로 말씀하셨던 것이 생각나고, 이미 그때 그 방면으로 공부를 하시면서 관심이 크셨던 것이 아닌가 짐작할 뿐이다.

선생님과 관련된 또 다른 기억 하나는 학생들을 대하시는 강직하시고 엄격한 태도다. 당시 공주 읍내 고등학교는 1년에 한두 차례 연합 체육대회 같은 것을 했다. 네 개 고등학교 학생들이 축구, 배구, 농구 같은 종목을 겨뤘는데, 그 운동 시합이 있는 날이면 해당 학교 학생들은 물론 다수의 시민들도 모여서 구경하고 응원을 하곤 했다. 그 해 우리 1학년 학생들은 응원을 하러 선생님의 인솔로 공주고등학교 운동장으로 갔는데, 그때만 해도 각 학교에는 성인 폭력 조직과 연결된 건달 비슷한 학생들이 있었고, 그들은 어른들도 함부로 대하기 어려운 위세를 드날릴 때였다. 배구 경기의 열기가 한참 달아오를 즈음 경기에 지고 있던 모 학교 학생들이 상대편 학교의 응원 구호를 문제 삼아 행패 비슷한 난동을 부렸다. 주변에 있던 어른들이나 심지어 해당 학교 선생님들도 나서지 못하고 있을 때, 선생님께서 지니고 계시던 우산대를 휘두르며 학생들을 나무라기 시작했다. 우람한 체구에 쩌렁쩌렁 울리는 목소리로 꾸짖자 그 학생들의 기세는 곧 수그러들었다. 어쩌면 봉변을 당할지도 모르는 상황에서 남의 학교 학생들을 대상으로 호통을 치실 수 있는 기개는 아무나 할 수 있는 일이 아니었다. 선생님께서 갖추신 기개와 강직한 성품이 아니면 흉내 내기도 어려운 일이라 할 것이다.

그 호탕한 웃음소리, 다시

필자가 고등학교를 졸업하던 해 선생님께서는 대학으로 자리를 옮기셔서 우리나라 고고학 분야에 탁월한 업적을 남기시는 한편, 대학 박물관과 백제문화연구소를 키우시고, 나중에는 학장과 초대 총장까지 지내셨다. 운 좋게도 필자는 85년에 모교로 부임해서 선생님을 모시고 근무를 하는 행운을 가지게 되었다. 단설 사범대학을 종합대학으로 승격시키고 초대 총장직을 맡아 기틀을 다진 선생님께서는, 10년 전 산야에 봄꽃이 가득했던 날 홀연 우리 곁을 떠나셨다. 마지막 가시던 날 엄청난 비가 내렸던 기억이 난다.

ㅎ허ㅎ허ㅎ허…

선생님께서는 기분이 좋으실 때면 이렇게 먼 데서도 그 소리가 들리는 호탕한 웃음을 웃곤 하셨다. 건장한 체구에 카랑카랑 울리던 그 웃음소리는 선생님을 생각할 때 가장 먼저 떠오르는 이미지다. 지금 온 세상에 향기로운 꽃과 풀이 가득하지만 선생님 떠나신 자리는 허전하기만 하다. 그 호탕한 웃음소리로 이런 우리들의 마음을 다시 편안하고 푸근하게 해 주신다면 얼마나 좋을까. 선생님, 그 호탕한 웃음소리, 다시 한번 듣고 싶습니다.

60년대 후반, 부고에서의 한 철

조재훈_공주대 명예교수

안형(安兄)이 세상을 달리 한 지 벌써 십 년이 되었다. 실로 세월이 덧없다.

가끔 안형(安兄)에게 전화를 걸고 싶을 때가 있다. 그럴 때마다 깜짝 놀란다. 아직 우리 곁에 있다는 착각 때문이다. 안형(安兄)이 생존해 있으면… 할 때가 많다. 소인배들이 횡행하는 걸 목도할 때마다 안형(安兄)이 살아있으면 저럴 수는 없을 텐데…, 하는 생각이 든다. 학교도 학교지만 백제사에 대한 문제나 우리 공주 지역, 충남 지역 등의 작금의 작태를 볼 때 안형(安兄)이 아쉬워지는 것이다. 근자의 여러 돌아가는 일들을 보면서 74년 무령왕릉이 참으로 우연히 발견되었을 때 안형(安兄)이 그 당시 없었다면 어떠한 일이 벌어졌을까를 생각하게 된다. 그 젊은 나이에 갑자기 일어난 벽찬 경이의 사태에서 그는 용기와 자신을 갖고 이 지역의 자존심을 지켜주었다. 나는 그에게 매년 무령왕릉에 가서 제사 지내야지, 그렇게 농담을 던지곤 했지만 남들처럼 비아냥이 아니라 내 나름의 우정의 표현이었다. 만일 그러한 일이 다시 일어난다고 할 때 과연 어떠한 사태가 벌어질 것인가, 생각만 해도 가슴이 답답해진다.

생각해 보면 안형(安兄)과 나는 처음 만난 60년대 후반, 정확히 말해서 1964년 봄부터 그가 타계한 1998년까지 서로의 반생을 사귄 셈이다.

이 글에서는 처음 만난 사대부고 시절의 약 4년간 정도로 제한하려 한다. 부고 때 안형(安兄)과 나와의 관계는 멀 것도 없고 그렇다고 가까울 것도 없는 그런 사이였다. 그 뒤 기간은 기회가 주어진다면 이어서 쓰겠다. 이 짧은 지면에 이야기 할 말이 너무 많아서이다.

안형(安兄)과 나는 병자생, 쥐띠 동갑내기다. 말하자면 연배로 보아 허물없는 사이라 할 수 있다. 그렇지만 나도 모르게 손위처럼 느껴지곤 했다. 그의 거인다운 풍모라든가 다양한 인간관계에서 오는 것인지도 몰랐다. 그런데 언젠가 그를 만난 지 얼마 되지 않아 4·19때 대학생으로서 시위에 참여하였다는 말을 듣고, 나는 대뜸 새까만 내 아래 사람이라고 치부한 적이 있었다. 59년에 졸업하고 그 해 늦은 봄에 발령을 받아 3개월쯤 논산에 있는 어느 고등학교에서 근무하다가 이른바 SO군번을 받아 교보로 중부의 전방에서 근무한 적이 있다. 그러니까 60년 4월 어느 날, 라디오도 TV도 없는 삼엄한 전방에서 밤낮없이 포구를 북쪽을 향한 채 비상근무를 했었는데, 한참 뒤에 알고 보니 4·19때문이었다. 따지자면 나와 한 해쯤 차가 나는데 나는 한참 밑이라고 여겼던 것이다. 그러나 이것은 잠시일 뿐이었다.

안형(安兄)을 처음 만난 것은 64년 3월 중순이지 싶다. 이미 이승 분이 아닌 이창섭 선생님(그분은 부고에서의 내 교생실습 지도교사이었다.)의 간절한 천거와 당시 교장이셨던 나동성 선생님의 부름으로 부고에 자리를 옮기게 되었던 것이다. 안형(安兄)은 2학년 1반 문과를 담임하고, 홍성고에서 옮긴 이성욱 선생님은 2반 이과를 맡았다. 나는 여학생반인 3반을 담당하도록 짜여 있었다. 같은 학년 담임이기 때문에 만나는 횟수가 자주 있게 되었다. 안형(安兄)이 말하자면 학년주임인 셈이었는데 나에게는 그런 생각이 왠지 전혀 없었다.

처음 만나게 된 안형(安兄)은 거무스름한 피부에 배가 나온 거인이었다. 시골티가 배어 있는 대인풍의 느낌을 주었다. 얼굴 전면에 퍼지는 따뜻한 미소가 더욱 그런 느낌을 갖게 하였다. 그런데 그의 바른손에는 큼지막한 몽둥이가 늘 들려 있었다. 몽둥이가 길어서 질질 끌고 다닌 적도 자주 눈에 띄었다. 학생과 소속이었기 때문에 책임감이 강한 그라 그런 것 같았다.

나이가 든 선생님들은 그러한 안형(安兄)을 내심 설친다고 생각하는 듯했다. 교장과 선후배간이기 때문에 그걸 믿고 그런다는 분위기였다. 그러나 그는 열정적인 총각 선생님이었다. 술도 전혀 입에 대지 않았다. 반면에 나는 턱없는 술꾼이었다. 미술과 조영동 선생(그는 공주교대에 있다가 성신대 교수로 퇴임했다.)과 틈만 나면 술을 마셨다. 그는 그의 대학 때 은사인 장욱진 화백의 술버릇을 그대로 전수받은 듯 했다. 그는 목포로 기약도 없이 떠나고 나는 홀로 술을 마셨다. 술을 마시지 않을 때에는 나보다 한참 위인 영어과 안규 선생(용산고등학교 교장으로 정년했다) 과 냇둑을 걸으며 이야기를 나누곤 했다.

책 읽고, 학생들을 가르치고, 술 마시는 것, 이것이 내 일과의 전부였다. 학생들도 명석하고 선생님들도 그 분야에서 다 한가락 하시는 훌륭한 분들이었다. 교장 선생님도 정직하고 열정적이었다. 그럼에도 나는 내심 학교에 정이 잘 가지 않았다. 하루하루가 불안하고 순간순간이 공포스러웠다. 나는 그때 저금 같은 것은 절대 하지 않았다. 감수성이 강한 나이에 전란을 통과하였기 때문에 생긴 것이라고 나는 자가 진단을 하였다. 거기다가 어머니가 오랜 병고 끝에 어린 동생들을 남겨두고 세상을 떠나신 것이었다. 제대하고 와 보니 나보다 대여섯 살 위인 새어머니가 와 계셨다.

나는 재주가 많던 토요문학 회원들의 모임에 정을 붙였다. 또한 봉황산 중턱쯤에 세워진 4층 건물(그 당시 대학의 가정과가 들어 있었다.) 안에 위치한 도서관에 가득 찬 책들이 나를 붙잡아 두었다. 또 가끔 서울(서울은 그 당시만 해도 버스로 8시간이나 가야 닿는 먼 도시였다. 그것도 차비는 턱없이 비쌀 뿐 아니라 이용하는 사람도 드물어 하루에 두세 번 정도 운행되었다.) 등지에서 오는 이른바 명사들의 강연 듣기를 좋아했다. 거기서 나는 뭔가 창 너머 새 세상을 바라보는 느낌이었다.

안형(安兄)은 대학에도 강의를 나가고 있었다. 가끔 강의를 하러 가다가 내 책상 옆에 서서 영인한 옛 책의 한자를 물었다. 공부와는 담을 쌓은 줄로 생각했는데 그게 아니었다. 동료 교사에게 묻는다는 일은 어려운 것인데, 그는 그렇지 않았다. 솔직하고 담백했다. 그가 조금씩 좋아지기 시작했다. 그러던 어느 날이었다. 운동장에 남학생들을 모아 놓고 예의 몽둥이를 들고 단상에 올라 학생들을 질책했다. 다른 선생님들은 다 교무실로 올라갔지만 나는 남아서 학생처럼 들었다. 꽤 흥분된 어조인데도 논리적이며 설득력이 있었다. 한참 훈시를 마치고 단상에서 내려올 때 나는 그의 앞으로 걸어가 손을 내밀었다. 그는 덥석 내 손을 잡으며 이내 사람 좋은 웃음을 보여 주었다. 오래간만에 안형(安兄)과 긴 이야기를 나누는 계기가 되었다. 이곳에 오기 전 영명학교에서의 일과 그 일이 알려져서 부고에 초빙되다시피 왔다고 했다. 하지만 안형은 학생들 지도에만 힘을 쏟는 것이 아니었다. 역사 선생님답게 이 고장 백제사에 대한 관심이 유달리 많았다. 정문 앞 도로를 20m쯤 사람 키로 한 길 넘게 판 일도 있었다. 아무 것도 나온 것이 없었지만 밑바닥 층을 이루고 있는 검은 진흙펄이 나에게는 인상적이었고 그곳까지 물이 찼다는 사실을 처음 알게 되었다.

그런 어느 날, 하루는 나더러 함께 구룡사(九龍寺)라고 전하는 반포 공암 상신리의 절터를 가 보자고 했다. 나는 두말없이 승낙했다. 공암에서 버스를 내려 냇물이 흐르는 산기슭으로 구불구불 난 상신리 길을 호기심과 풍광의 아름다움에 끌려 걸었다. 냇물 옆에 거적으로 부엌문을 단, 그름으로 검게 그을린 주막도 있었고 그 앞으로 물방아도 서서히 돌아가고 있었다. 지금과는 딴판인 그야말로 원주민 마을이었다. 허물어진 절터를 훑어보았다. 건너다보니 절터라더니 서툰 내 눈에 보기에도 청룡백호가 전혀 맞지 않았다. 아니나 다를까 옛적 어느 해 여름 홍수에 절이 송두리째 쓸려갔다는 것이었다. 안형(安兄)은 열심히 절터를 헤집고 다녔다. 좀 피로해졌는지 대밭이 둘려 있는 기와집을 가리키며 거기서 쉬었다 가자고 했다. 그는 바깥 마루에 거구를 뉘었다.

나는 잠이 안 와 닫힌 사랑채 문을 열어보았다. 쉽게 열렸다. 어찌나 호기심이 발동하는지 신발을 벗고 들어가 벽장문을 밀쳐 보았다. 오래된 한서가 가득 쌓여 있었다. 한 권을 살짝 빼어보니 풍수에 관한 것이었다. 아무리 사랑채라 해도 주인의 허락 없이 맘대로 들어가 벽장문을 연다든가 하는 짓은 있을 수 없는 일이지만, 이상하게 그때는 내 정신이 아니었다. 나는 잠든 안형(安兄)을 깨워 책 이야기를 했다. 그는 심드렁하니 반응이 없었다. 그 책의 주인은 누구고, 그 책들은 지금 어디로 갔을까, 가끔 그런 생각이 들 때가 있다.

우리는 오던 길을 되짚어 발길을 재촉했다. 그때 엿장수가 리어커를 끌고 지나갔다. 안형(安兄)은 엿을 몇 가락 사서 나에게 나누어 주었다. 엿을 입안에 넣어 녹여 먹으며 걸었다. 학생들이 길에서 엿을 우물거리며 먹는다면 몽둥이를 들고 야단을 칠 사람이 엿을 맛있게 먹는걸 보며 나는 웃음을 참을 수 없었다. 해가 뉘엿뉘엿 넘어가 산그림자가 길에 덮였는데 그는 올라가 도요지를 보자고 했다. 깨어진 자기 파편, 찌그러진 자기들이 흩어져 있었다. 그는 그렇게 고고학적 열정의 사람이었다.

안형(安兄)은 그 열흘 쯤 뒤 '전구룡사고(傳九龍寺考)' 라는 4 · 50장 분량의 글을 써서 나에게 보여 주었다. 그때 나에게는 「사대신문」의 한 면을 부고판으로 만드는 책임이 있었다. 부고판의 한 면이 비좁아서 대학의 주간교수에게 말했더니 대학 차지의 다른 한 면을 할애해 두 번인가에 걸쳐 실었다. 그 글의 반응이 아주 좋았다. 어느 교수는 전공은 다르지만 나에게 이렇게 말했다. 잠자는 이 지역의 역사를 일깨운 느낌이었다고.

안형(安兄)은 감추어진 백제의 매장 문화에 대해 관심도 많고 지식도 비교적 많았다. 대학에 가서 백제문화연구소도 만들고, 「백제문화」라는 지금도 해마다 간행되는 논문집을 창간했다. 그 창간호의 편집을 내가 그의 부탁으로 맡았다. 그런 일로 나는 백제 역사에 관한 관심이 구체화 되었다. 그냥 시를 씁네, 문학을 합네 하면서 환상적으로만 보아오던 이 고장의 산하가 다른 모습으로 다가오기 시작했다. 나의 백제 문화에 대한 애정이 학문적으로 싹트기 시작한 것은 전적으로 安兄 때문이었다.

나는 가끔 안형(安兄)과 함께 상신리 골짝을 찾아 갔다가 해질녘 돌아보던 그 가을날을 떠올리면서 넉넉한 그의 인품과 그의 꿈을 그리워할 때가 있다.

그는 사대의 문교수께서 갑자기 세상을 떠나자 그 후임으로 자리를 옮겼다. 나도 사대의 강의를 몇 년간 맡아 하다가 공주교대로 가게 되었다. 그리하여 그와 나와는 4년쯤 만났다가 헤어지게 되었다.

안형(安兄)은 착실한 카톨릭 신자인 당시 초등학교 선생님 도(都)여사를 만나 총각을 면했고 성당 아래에 사랑의 둥지를 틀었다. 더러 길에서 만나게 되면 반가워했다. 인정이 많은 그는 그냥 헤어지는 게 미안한 듯 다방으로 끌고 가서 밀린 이야기를 나누었다. 그는 그렇게 따뜻한 사람이었다. 그러나 그는 그저 부드럽고 따듯한 사람만은 아니었다. 의리가 있었다. 이것도 아니고 저것도 아닌 사람을 아주 싫어했다. 태도가 분명했다. 남을 위해 일하는 헌신성과 자기와 생각이 다른 사람을 포용하는 국량이 있었다. 나는 그와 여러 모로 다른 점이 많은 졸장부였지만 만나면 이런저런 세상 이야기를 터놓고 나누곤 했다.

그가 없는 공주는 텅 빈 것 같다. 공주대가 그렇고 백제 역사가 그렇다. 둘레의 흐트러진 질서를 보게 될 때 그의 부재(不在)가 아쉬워진다. 이것은 비단 나뿐일까?

내 마음의 큰 스승

최석원_공주대 지질환경과학과 교수
전 공주대 총장

우재(愚齋) 선생께서 서거하신 지 벌써 10년이 지났다. 세월이라는 게 흐르는 물과 같다고 하더니, 선생님과 함께 했던 시간들이 그러했던 것처럼 그야말로 순식간에 10년 세월이 흘렀다는 느낌이다.

선생님과 나는 특별한 인연이 있다. 1962년 영명중학교에 입학한 나는 선생님으로부터 국사를 배웠는데, 고등학교(사대부고)에 진학하여 선생님으로부터 다시 국사를 배우게 된 것이다. 그런데 1968년 공주사대에 진학하고 보니 어느 사이 그 분께서는 이번에는 공주사대에 와 계시는 것이었다. 영명에서 부고로, 그리고 공주사대로 진학하는 동안 내내 선생님께서도 같은 학교로 먼저 '진학' 하셔서, 매번 나를 기다리고 계신 것이었다. 그리고서 다시 내가 모교인 공주대학교에 직장을 갖게 되면서 이번에는 교수로서 같은 직장에서 선생님을 모시게 된 것이다. 따지고 보면 나는 중학교 때부터 세 단계에 걸쳐 학생으로서 선생께 배우는 인연을 갖게 되었고, 그리고 나서는 20년 동안 다시 같은 대학에서 모시게 된 것이었으니, 선생님과의 그 인연이 남다르다고 하지 않을 수 없다.

세 번의 만남, 그리고

중학교 때 국사를 담당하셨던 우재 선생님은 대학을 졸업하고 바로 부임해 오셔서 그러셨는지 늘상 패기 넘치셨고, 특히 옳지 않다고 생각하는 일에 대해서는 타협하는 법이 없었다. 한번은 수업시간에 모자를 쓰고 들어오셨다. 학생도 교실에서는 모자를 벗어야 하는데 수업을 하러 들어오신 선생님께서 모자를 쓰고 오셨으니 모든 시선이 선생님께 집중되는 것은 당연지사였다. 선생님은 우리의 시선을 애써 외면하고 예정된 진도를 나가셨는데, 수업이 끝나서야 우리는 그 이유를 알 수 있었다. 학교에서 부당한 것을 요구하자 그에 대한 항의의 표시로 삭발을 하신 것이었다.

교편을 잡은 지 얼마 안 된 시기였던 만큼 학교에서 무리한 요구를 했다고 하더라도 그러한 불만을 표출하기란 쉽지 않았을 것이다. 그런데도 선생님은 서슴없이 그 부당함을 삭발투혼으로 알리셨다. 그러한 선생님을 보고 신선한 충격을 받았던 것은 비단 나만이 아니었다. 어쩌면 선생님의 그러한 모습이 나로 하여금 지금까지 크게 어긋나지 않고 바른길을 걷게 한 힘이 되었던 것이 아닌가 생각해 본다.

고등학교에서도 중학교 때와 마찬가지로 선생님께서 국사를 담당하셨는데, 이 때 수업을 하시면서 간간히 말씀해 주신 우리 문화재에 대한 이야기가 지금까지 내가 우리 문화재에 관심을 갖게 된 동기가 아니었나 싶다. 문과(文科)가 아닌 이과(理科)이면서도 문화재에 관심을 갖게 된 것은 특이한 일이지만, 그렇게 된 배경에는 우재 선생님이 계셨던 것이다.

고등학교를 졸업하고 대학교에 진학해 보니 우재 선생님이 거기에 또 계셨다. 중학교 때나 고등학교 때와 마찬가지로 우재 선생님은 선생님으로, 나는 학생으로 만난 것이었지만 연속된 세 번의 만남을 통해 우재 선생님과의 인연을 다시 생각해보지 않을 수 없었다. 지금도 내 스스로 의아스럽게 생각하는 건, 대학을 졸업하고 나 역시 모교에 자리를 잡음으로써 우재 선생님과의 인연을 계속해서 이어가게 되었다는 사실이다. 중학교 때부터 돌아가실 때까지 약 40년 동안 만남이 지속되었으니, 인연도 이런 인연은 흔치 않으리라 생각한다.

우재 선생을 좇아서

선생님과의 인연은 학교와 횟수와 세월의 길이에만 그치지 않는다. 나는 '완전 보수 자연과학' 인 지질학을 전공하여 선생님의 국사과목이나 고고학과는 거리가 먼 학문으로 교수가 되었지만, 결국 전문분야 간의 접맥을 통하여 나도 문화재 전문가로서 활동하게 된 것이 또 다른 한 인연이고, 공주대학교 초대 총장을 지내신 선생님의 뒤를 좇아 모교의 4대 총장에 재임하게 된 것, 이 또한 평범하지 않은 선생님과의 인연이라고 생각한다.

우재 선생께서는 1990년 학내에서 실시된 최초의 교수 직선에 의하여 공주대학 학장으로 선출되셨다. 당시는 공주사대가 공주대학교로 전환하는 대학 발전의 과도기로서, 이듬해 공주대학이 종합대학으로 개편되면서 공주대학교 초대 총장으로 다시 선임되셨다. 90년대 초의 이 기간은 모교의 역사에서 가장 큰 변화의 시기였고 학내외적으로 그만큼 어려움이 많았던 시절이었다. 대학이 개편되면서 나는 지금까지 몸담았던 사범대학의 지구과학교육과에서 신설된 자연과학대학의 지질학과로 소속을 옮겼고, 우재 선생의 총장 재임 기간 중인 1993년부터 2년 간 교수 직선에 의한 자연과학대학장을 역임하였다. 그리고 선생님께서 임기를 마친 7년 뒤인 2002년, 역시 교수 직선에 의한 제4대 공주대학교 총장에 취임하게 되었다. 나의 총장 재임 기간에도 대학 운영에는 많은 어려움이 있었다. 어려움에 직면할 때마다 나는 만일 안총장이라면 어떻게 하셨을까 생각해 보곤 하였다.

총, 학장 재임 중 우재 선생의 제일 큰 업적은 종합대학으로의 승격 및 종합대학으로서의 기반 확보라고 할 수 있다. 말하자면 '창업의 공'인 셈이다. 그리고 종합대로서의 기반 확보에는 특히 예산농업대학과의 통합이 매우 중요한 의미를 갖는다. 지역 기반이 열악한 공주대학교로서는 주변 국립의 단과 대학과의 통합이 하나의 발전 방안이었으며 이는 정부의 권장사항이기도 하였다. 그러나 오랜 역사와 전통과 각각의 구조를 가지고 있는 대학의 통합이라는 것은 쉬운 일이 아니다. 총장 취임 직후 선생님께서는 이를 적극 추진하여 1992년 양 대학의 통합을 성사시켰으며, 이것이 오늘날 공주대학교의 기반 구축에 결정적 기초가 되었음은 잘 알려진 바와 같다. 나의 경우도 총장 재임 중 천안공대와의 통합을 적극 추진하여 많은 난관에 불구하고 2005년 일을 성사하게 되었다. 이 역시 많은 어려움이 수반되었지만 공주대학교의 지역 기반의 확대 및 질적인 발전을 위해서는 반드시 이루어야 할, 피할 수 없는 과정이었다는 생각을 지금도 가지고 있다.

문화재의 전문가로서

지질학 교수인 내가 문화재의 전문가가 된다는 것은 생각할 수 없었던 일이다. 그런데 이러저러한 여정을 거쳐서 나는 지질학의 분야를 문화재와 접목하여 새로운 학문 영역을 개발하는 문화재 전문가로서의 위치를 갖게 되었다. 여기에는 우재 선생님의 역할이 결정적이었다.

우재 선생닝께서는 웅진동 고분군, 무령왕릉 등과 관련하여 일찍부터 고고학에 있어서 지질학 등의 자연과학적 방법의 도입을 시도하셨다. 이 때문에 공산성 발굴 작업시에도 나는 여러 차례 '소환' 되어 이에 대한 자문을 하게 되었다. 공산성 발굴에서는 대량의 석재를 사용한 유구가 나왔기 때문이다. 유적을 발굴하고 나서는 거기에 사용된 석재의 종류가 무엇이고, 어디에서 가져온 것인지를 곧잘 물어보시곤 하셨다. 시대를 앞서간 이러한 선구적인 생각 덕분에 문화재와의 관련성을 생각할 수 없었던 자연과학(암석)을 하면서도 나는 우리 문화재에 대한 애정과 관심을 자연스럽게 갖게 되었고, 공산성 만하루(挽河樓)의 연지에 사용된 대부분의 석재가 창벽(蒼壁) 일대에서 가져온 것이라는 사실도 확인할 수 있었다. 그 당시만 해도 고고학적인 유적과 유물은 고고학자들의 전유물이라고 생각하던 때였다. 따라서 고고학 전공자가 아닌 다른 전공자들이 유적이나 유물을 놓고 다양한 각도에서 해석을 한다든지, 새로운 연구를 시도하는 것 자체를 달가워하지 않던 시기였다. 그러나 선생님은 이러한 주변의 시선에도 아랑곳하지 않고 함께 연구하고 해석하기를 기대하셨다. 유적을 찾는 것은 고고학자의 몫이지만 그것을 해석하는 데에는 각 분야의 전문가들이 모여 다양한 각도에서 종합적으로 시도하여야만 올바른 결과를 얻을 수 있다는 것이 선생님이 갖고 있었던 지론이었다.

이러한 선구자적인 우재 선생님 덕택에 나 역시 문화재 분야에 관심을 갖게 되었고, 이것이 계기가 되어 문화재의 자연과학과의 접맥에 적극적 인식을 갖게 되었다. 그 결과는 내가 소속한 지질학과의 교과 과정에 문화재지질학을 도입하는 것으로 연결되었다. 또 부여 정림사지 5층석탑이나 익산 미륵사지석탑과 같이 대표적인 백제 석조문화재의 석재는 무엇이고, 그러한 석재의 원산지는 어디인가를 연구하는 작업을 지속적으로 추진하게 되었다. 공주대에는 문화재보존과학과와 문화재보존과학연구소가 설치되고, 선생님께서 활동하셨던 문화재위원의 역할을 나도 따라 하게 되었다. 이제는 우리나라에서 '과학고고학', '석조고고학' 이라는 새로운 고고학의 한 분야가 자리를 잡고 있고, 오늘날 공주대학교가 우리나라 석재문화재 연구의 중심점이 될 수 있었던 것도 그 출발은 우재 선생님 덕택이라고 할 수 있는 것이다. 선생님의 그림자가 지금도 나에게 드리워져 있는 셈이다.

돌이켜보면 선생님과의 나의 인연은 특별한 것이지만, 내가 가는 곳에 선생님은 늘 먼저 가서 기다리고 계셨던 것 같다. 그러나 항상 먼저 가서 기다리셨던 그 선생님은 지금은 함께 계시지 않는다. 그러나 지금과는 성격이 다른, 또 다른 마지막의 만남이 아직 남아 있는 것이 아닌가 생각하게 된다. 그 또 다른 만남을 꿈꾸는 지금, 선생님께서도 이제는 모든 것을 훌훌 털고 편안하게 영면(永眠)하시기를 기대해 본다.

내 공주시절의 우재선생

최덕수_고려대학교 한국사학과 교수

1982년 2월 하순 어느날 선생님을 처음 뵈었다. 당시 선생님은 박물관장을 맡고 계셨다. 교문을 들어서 처음만나는 교양관 건물 2층 계단을 올라가면 맞은편 방이 박물관 사무실이었다. 사무실 오른 쪽의 작은 교실이 유물 전시실이었고, 사무실 왼쪽 작은 방이 박물관장실이었던 것으로 기억한다. 2월 하순이어도 바깥에선 강건너 오는 바람이 여전히 매서운 날이었는데, 사무실 난로 위 큰 주전자에서는 김이 모락 모락 피어나고 있었다.

나와 공주는 그렇게 처음 만났었다. 공주는 그때까지 내 기억 속에 없었던 곳이었으며, 학연이나 지연 등 어떤 인연도 없는 곳이었다. 그 전 해 가을 나는 동경에서 공부를 하고 있었는데 대학원을 같이 다녔던 윤용혁 학형이 편지를 보냈었다. 다음 학기 공주사대 역사교육과에서 한국근대사 전공교수를 뽑는데 응모해 보면 어떠냐. 고맙고 반가운 소식이었다. 공주사범대학의 명성은 전에부터 알고 있었지만, 무엇보다 사범대학의 선생이라는 사실이 나를 끌었다. 학부 재학 당시 내가 다녔던 학교의 도서관 열람실에서 보면 주위에 펼쳐진 책들은 하나 같이 헌법부터 시작해서 형법,민법,상법 등 법으로 시작해서 법으로 끝났었다.

그런데 공주사범대학을 떠올렸을때 내 머리에는 졸업 후 모두 현장에서 교사가 되는 사람들이니 얼마나 전공공부를 열심히 하겠는가라는 생각 뿐이었다. 그러나 그 생각은 부임 후 얼마되지 않아 궤도 수정을 해야 했었지만…

3월 2일 공주사범대학 학장으로부터 전임강사 임명장을 받았었다. 임명장 수여 후 학장의 인사말의 처음 부분은 지금도 또렷이 기억한다. "우리 학교는 교원사관학교입니다. 여러분의 학생지도가 곧 재임용과 직결됩니다." 돌아보면 많은 시간이 흘렀고, 또 그 속에서 많은 것이 변했다. 그 시절 대학의 분위기는 그러했다. 처음 얼마간 국립사대와 사립대의 차이를 많이 느꼈다. 젊은 선생이라고 졸업정원제로 처음 대학에 들어와 학부제로 1학년을 마치고 2학년이 되면서 전공을 역사교육과로 지망하였던 총기 있고(당시로서는 가장 성적이 좋은 학생이 역사교육과와 영어교육과로 지망하던 시절이었다) 힘이 넘치는 81학번의 지도교수가 되었다. 봄이 되면서 시작된 학생들의 MT에 지도교수는 의무적으로 따라 가서 이것 저것 지도하였다. 돌아보면 지도교수도 역시 철이 없었던 터라(지금이라고 크게 달라진 것도 없지만) 어느 날은 금강 백사장에서 벌어진 기마전에서 학생 등을 타고 진두 지휘하기도 했었다. 그렇게 나의 공주시대는 시작되었다.

모든 것이 낯설고, 강의는 실패와 낭패를 거듭했었지만, 강의를 끝내고 연구실로 돌아오면서 올려다 보는 하늘은 참 파랗고 맑았다. 해질 무렵 체육관쪽에서 곰나루 쪽을 바라보면 잔잔히 빛나며 흐르는 강물과 읍내로 건너가는 다리, 그리고 겹겹이 이어지는 이 땅의 산들은 그렇게 아름다울 수가 없었다. 그야말로 '금강(錦江)' 이었다. 파란 강둑은 강을 따라 먼 곳까지 이어졌었고, 넓게 펼쳐진 백사장, 강둑에는 까만 염소 에미가 새끼들을 데불고 저물어 가는 강을 바라보고 있었다.

가끔 그런 시각에 우리는 선생님이 운전하는 마크파이브 자가용의 뒷자리에 편히 앉아 금강다리를 건너 읍내로 진출했다. 새파란 전임강사 주제에 원로교수가 운전하는 승용차의 뒷자리에 앉아 읍내로, 의당으로, 석장리 건너편에 위치한 멧돼지 집으로 행차했었다. 박물관장님께서 모는 승용차의 뒷자리 앉은 전임강사의 마음도 편할리는 없었다. 그러나 그 시절 전임강사는 그럴 수 밖에 없었다. 자가용이 처음 보급되던 때여서, 전임강사가 자가용을 굴릴 수 있는 형편이 아니었으니까. 그리고 선생님이 앞장 서서 들어서면 어떤 집에서건 칙사대접이었다.

날씨가 풀리고 봄이 끝나갈 무렵 4학년 교생실습이 시작되었다. 교생실습 마지막 주간 부속고등학교로 참관수업을 나갔다. 학과 교수님 전원이 교실 뒤편에 앉아 수업 참관을 하였다. 짧은 시간이었지만 앞에서 수업을 진행한 학생보다 선생님으로 뒤편에서 지켜보았던 나에게는 사범대학의 선생이 되었다는 것을 실감한 시간이었다. 나도 교직과목을 이수는 하였지만 실습참관이 학과와 학교 전체의 행사는 아니었어니까. 참관 수업이 끝난 뒤 자연스럽게 과 회식으로 이어졌다. 그런데 평소에는 무엇을 먹을 것인가에 대해 상의가 있은 뒤 목적지로 향했는데 그날은 이미 원로들께서 합의가 있었는지 말없이 시장통 어디론가로 발길을 옮겼다. 이윽고 도착한 곳이 영양탕 전문집이었다. 그 집 역시 선생님이 앞장 서서 들어섰으니 안방을 차지하였다. 음식이 들어오기 전 주인장이 특별한 손님을 위해 마련한 요리라면서 접시 하나를 내왔다. 원로 교수님들에게만 드렸다. 무엇이길래 하는 눈빛으로 넘겨다 보았더니 수캐의 특별부위 삶은 요리였다. 당시는 멀리 88년에 벌어질 올림픽을 앞둔 시기여서, 선진국이 되기 위한 조처의 하나로 영양탕의 도시지역에서의 영업을 국가에서 법으로 금지하였던 엄혹한 시절이었다. 특별요리를 박병국 교수님을 비롯한 원로들께서만 드신 후에도 나는 망설였다. 다행히 동지가 한사람 있었다. 정하현 교수. 둘이서 삼계탕으로 인간선언을 했었다. 사실 나는 그때까지 보신을 위한 탕을 먹어

본 적이 거의 없었던 것이다. 점차 날씨가 더워지면서 특히 여름방학 기간 중 현직 교사들을 위한 연수강의가 끝난 뒤 예의 그 식당을 가보면 거의 학교 구내식당 같은 느낌이었다. 이 땅에선 지금도 개를 샤워 시키고 옷 입히고 심지어는 수제화 신발까지 신키면서 가족 처럼 품에 안고 지내는 분들이 있는가하면, 지나가는 개를 보면 그 종류와 육질의 성숙도를 가늠하며 날을 잡는 분들도 계신다. 그 해 여름을 지나면서 나는 고민하였었다. 그러나 찬바람이 불기 전에 결단 하였다. 로마에 가면 로마법을 따르기로… 나는 그 곳에서 인간으로 대접 받고 살기로 작정하였고, 그리하여 정하현 선생과 헤어지면서 개파(?)로 전향하였다. 그 뒤로 지금껏 그 길을 걷고 있다.

다른 한편 공주라는 지역은 역사선생으로 살기에 복받은 고장이었다. 발길 닿는 어느 곳이나 유적지였다. 그 유적지는 대부분 안승주 선생님의 발길로 인해 세상에 알려졌던 곳이었고, 선생님의 손을 거쳐 그 모습을 드러낸 곳이었다. 여름방학이 되면 매년 규모가 큰 발굴을 시작하셨다. 나도 학부 때에는 나름대로 고고학에 관심도 갖고 있었던터라 대학교 박물관의 발굴현장을 따라다니면서 아주 중요한 일(?)들을 담당했던 경험을 가지고 있었다. 예를 들면 더운 여름날 발굴현장 요원들의 갈증 해소를 위해 단골 가게에서, 시원한 음료수를 제때 공급하는 일 등이었다. 공주에 와서 선생이 된 덕분에 비로소 발굴다운 발굴을 옆에서 지켜 볼 수 있게 된 것이다. 기억에 남는 발굴로는 공산성의 연지 발굴과 쌍수정 앞 추정 왕궁지 발굴 등이 있다.

틈을 내어 발굴 현장에 가보면 선생님은 작은 기와편 하나 그냥 넘기시지 않고 꼼꼼히 살피시며 현장을 지키고 계셨다. 그 곁에 앉아서 어깨 너머로 교과서의 고고학과 현장의 고고학 사이의 거리를 익힐 수 있었다. 가끔 발굴 현장을 찾아오는 전 공주박물관 관장 김영배 선생과 고고학을 전공하신 교대학장 박용진 선생님을 비롯하여 공주지역에서 백제를 몸으로 사랑한 분들의 얘기를 들을 수 있었다. 무령왕릉 발굴 당시의 비화며, 곰나루 지역에 이른바 조폐공사 예정 부지에서 다량의 고분이 발견되어 결국 조폐공사가 들어오지 않게 되었을 때 공주에서 있었던 일 등에 대한 말씀이 기억에 남는다. 지역의 발전과 전통문화의 보존과 전승이라는 두 바퀴가 조화롭게 구르기가 쉽지 않은 것은 경부 대운하 운운하는 지금에도 마찬가지 일 것이다. 선생님은 근대사를 전공한 필자를 차별하지 않고 한국사 전공이라는 이유 하나만으로 발굴 위원의 반열에 끼워주셨다. 그리하여 발굴보고서에 고고학계의 스타급 선생님들과 함께 발굴위원으로 기록되는 영광을 누리기도 하였다. 아마도 그런 연유로 이번 학기 학부 고적조사실습(답사수업) 강의를 당당히 맡고 있는 것이리라.

박물관에서는 방학이 끝날 즈음 발굴현장 일을 마무리하면서 현장에서 지도위원회 회의를 개최하였다. 그 간의 발굴 경과와 성과를 검토하고 정리하는 모임이었다. 그럴 때면 김원룡 교수를 비롯하여 전국의 고고학 전공 원로학자들께서 발굴현장을 방문하였었다. 선생님은 발굴 현장에서의 꼼꼼한 지도 뿐만 아니라 발굴보고서의 작성과 위원회 회의자료, 그리고 위원회가 끝난 뒤 현장의 발굴 성과에 대한 언론사 보도자료에 이르기까지 건장하신 몸매와 달리 엄청 세심하게 지도하셨다. 예를들면 지도위원에게 보내는 문서 봉투의 겉봉에 적힌 지도위원의 직함이 최근 변경되었다거나, 보도자료는 어느 시각에 보내는 것이 가장 효과적이라는 것까지 세심하게 살피셨다. 그와 같이 철저히 검토하고 확인하는 과정이 있었기에 문외한이 보면 일면 보물찾기 같은 발굴현장에서 꾸준히 새로운 사실을 밝히셨던 것이었다. 필자는 지난 주 내내 자정을 넘겨가며 근무하고 있는 학과에서 수행하고 있는 BK21사업의 보고서 작성에 매달렸었다. 함께 일을 한 연구교수들과 대학원생들이 나를 보고 꼼꼼하다고 말했다. 그들을 조금 피곤하게 한 모양이다.

그러나 중요한 보고서이니 만큼 오자나 탈자가 있어도 안되고, 눈에 잘 띄게 편집도 해야 할 일 아니겠는가. 그와 같은 자세는 아마도 처음 대학에 발을 들여 놓은 뒤 발굴현장을 이끌어 나가던 선생님으로부터 느끼고 배운 것이었다.

선생님을 처음 만나는 사람은 누구나 건장하신 몸매에, 얼굴도 적당히 검으셔서 술도 말술이시고 성격도 섬세함과는 거리가 있는 것으로 보기 쉽지만, 옆에서 지켜본 바로는 술도 적게 하셨고, 학교 바깥에서는 성당의 평신도회장도 역임하시면서 더할 수 없이 맡은 일에 정확한 분이셨다. 초짜 대학선생으로 공주에서 12년을 선생님 곁에 있다가 모교인 고려대학교로 다시 돌아온 시간이, 공주에 있었던 시간보다 조금 더 흘렀다. 이 글을 쓰면서 필자가 처음 선생님을 뵈었을 때의 나이 보다 어느덧 내 자신이 더 나이를 먹었음을 깨닫는다.

선생님은 정말 소탈하게 주위사람들을 따뜻하게 품어주신 분이셨고, 생각이 넓고 크신 분이었다. 선생님이 박물관장을 후배와 제자들에게 물려주시고, 그 뒤 총장을 역임하시는 동안 전임강사였던 필자는 조교수와 부교수를 거치면서 학과의 일을 맡아 이런 일 저런 일을 해왔었다. 그 기간 동안 선생님은 원로 교수로서, 예를 들면 학과에서 새로 선생을 뽑거나하는 일에 한번도 개인적인 의사를 표명하신 일이 없으셨다. 곧 사람과 사람과의 관계 맺음을 물흐르듯 이끌어주셨다. 쉽지 않는 일이었음을 이즈음에야 깨닫는다.

돌아보면 1982년 이른 봄 선생님을 처음 뵙던 날, 여전히 바깥에서 강 건너 넘어오는 바람은 차가웠지만, 박물관에 들어섰을 때 난로 위 주전자에서 김이 모락 모락 피어올랐던 광경이 떠오른다. 첫만남처럼 선생님은 언제나 따뜻했었고, 그 곁에 있었던 날들의 하늘은 맑고 푸르렀었다. 곰나루 너머로 노을이 지고, 이윽고 저물어 가는 하늘과 강물을 바라보던 그 시간들이 내 생에 가장 아름다운 날들이었다.

5장 영원한 백제인

공주에서의 추억

박영복_한국전통문화학교 초빙교수
전 문화재청 문화유산국장

며칠 전 안 선생님이 돌아가신지 10주년이 되어 후학들이 모여 저녁 식사라도 하면서 모임을 가지려고 한다면서 선생님과의 추억이 담긴 글을 보내 달라고 연락이 왔습니다. 그런 부탁을 받고 옛 생각을 하느라 눈을 감으니 선생님 생전의 모습이 손에 잡힐 듯 합니다.

특유의 온화한 미소와 순진한 표정은 언제 저분이 화를 내실 수 있을까 상상이 되지 않습니다. 저는 원래 교수님보다는 선생님이란 존칭을 좋아 합니다. 정다운 느낌과 함께 인생의 선배로서 삶의 지혜를 나누어 준다는 생각이 들어서인데 한편으로는 대학교 같은 과 선배님이었기에 그렇게 생각하는지도 모르겠습니다. 아마도 처음 선배님을 뵌 것은 학과 모임이었겠지만 특별한 기억으로 남아 있지는 않았습니다.

1982년 3월 봄날에 문화재관리국 문화재연구소에서 국립 공주박물관 관장으로 발령을 받아 낯설은 공주로 전출되어 인연을 맺게 되었습니다. 이 지역에 대한 정보가 거의 없었기 때문에 좀 긴장이 되고 두려움도 있었습니다. 그전에 공주에 대한 일은 1981년인가에 충남 안흥 앞바다 마도 부근에서 고려시대 청자가 발견되었다고 신문지상에 발표되어 문화재관리국 근무 당시에 출토 유물을 보관하고 있던 공주박물관에 유물 조사를 위해 출장을 왔던 일이 처음입니다.

공주관장으로 부임하여

전임 김영배 관장님과 공주교육대학 박용진 학장님께 부임인사를 갔었고 안 선생님께는 잘 몰랐기 때문에 좀 시간이 지난 후에야 인사를 드렸습니다. 대학 후배가 관장으로 왔다고 환하게 웃으시면서 맞아주시고 매우 기뻐하셨는데, 저 또한 우연치 않게 사학과 선배님을 만나게 되어 마음 속으로 든든하였습니다.

그 당시에 공산성 발굴조사를 공주사대 박물관에서 연지와 절 앞을 조사를 하고 있었는데, 안 선생님은 유구에 대한 설명은 언제나 단정적으로 말씀하시기보다는, 이거 백제 연못, '그런 것 아니겠어' 특유의 충청도 사투리가 섞인 말투가 우리들 마음을 열게 하시는 비법 같았습니다. 김영배 전 관장님은 매일 현장에 나오셔서 발굴조사를 지도하시고 현장을 지키셨는데 김 관장님에 대한 예의는 저도 머리를 숙일 정도로 정성을 다하셨습니다. 김 관장님 또한 특유의 소탈하심과 박물관 선배로서 저에게도 예의를 갖추시어 저를 매우 어렵게 만드시기도 하셨습니다. 현장에서는 자세가 흐트러지기 쉬운데 항상 바르시고 절대로 남에게 폐를 끼치지 않으시지만 발굴 유구에 대한 학술적 의견은 고집쟁이라고 할 정도로 굽히지 않는 성격을 가지셔서 후배들에게 귀감이 되셨습니다. 두 분의 모습을 뵈면서 지방에서만 볼 수 있는 여유 있고 끈끈한 인간관계란 바로 이런 것이구나 하는 생각이 들었습니다.

안 선생님은 백제 고분에 대한 연구를 하셨고 저도 고분에 관심이 많았던 시기였습니다.

당시에 지역 내의 문화재 관계는 박물관보다는 공주사범대학이 더 유명하여 '출토유물 신고'는 사대박물관을 거쳐 연락이 들어 올 정도였습니다. 지금 공주박물관에 진열되어 있는 청양불상대좌는 원래 공주사대 박물관 이남석 선생에게 신고가 들어와 우리 박물관 이규산 학예사에게 연락이 되어 저에게 보고가 들어 왔습니다. 1986년 2월 충남 청양군 본의리 동막 부락에서 버스 길 확장공사를 하다가 연꽃문양이 있는 기와 편을 군청에 신고 하였는데 아무런 연락이 없어서 다시 연락을 한다는 것이었습니다. 이규산 학예사의 보고로는 가끔 촌로들이 조선시대 기와 편을 문화재라고 신고한다는 것이었습니다. 아마도 너무 기대하지 말라는 의미로 들렸습니다.

당시 각 지방박물관에는 대우자동차에서 기증한 픽업이라는 작은 관용 화물자동차가 있어서 가까운 거리에 출장하기는 편리한 교통수단이었습니다. 현장지리도 알고 싶고 하여 안승주 선생님을 모시고 직원들과 함께 현장조사를 나갔는데 마을길은 전부 공사가 완료되었고 출토 유물은 마을 회관에 보관되어 있었습니다. 이장님 안내로 유물들을 살펴보았지만 지금까지 알려진 유물이 아니라 그 성격을 잘 알 수가 없어서 잘 보관하여 두시라고 당부하고 돌아 왔습니다. 기와 편으로 보기에는 너무 크고 연판의 귀꽃모양도 매우 커서 알 수가 없어, 안 선생님과 의논하여 일단 파편들을 박물관에 가져와 조각편을 복원 해보아야 되겠다고 판단하여 박물관 관사 뒷마당에 세척하여 장독대에 늘어놓았습니다. 박물관에 오실 때마다 궁금 하시다면서 오셔서 어떤 유물일까 의견 개진을 하셨습니다. '뭐 불상 편 인거 아니야?' 하시면 저도 불상 편은 맞는데 혹시 '반가사유상 아닐까' 생각했습니다. 몇 개의 대형 편을 복원해야 하는데 조각편이 길이 40-50cm로 크고 두께 또한 2-3cm로 너무 두꺼워 붙이기가 매우 어려운데 선생님께서 아이디어를 내시어 자전거포에 가서 못 쓰는 타이어를 얻어 와서 고무줄 대용으로 큰 덩어리를 묶었던 추억이 새삼스럽습니다. 발굴조사하면서도 반 굴가마 조사에 천정 양 벽채 굴뚝같은 유구에 대해서는 부여 왕진리 굴기와 예를 들어 자상하게 설명하여 주시고 현장에 오실 때는 꼭 잊지 않으시고 음료수를 들고 오셨습니다. 뙤약볕에 쭈그리고 앉아 고생하는 후배들을 그렇게 말없이 챙기시던 모습이 그립습니다. '청양불상대좌' 는 도제불상대좌로는 동양 삼국에 유일한 매우 중요한 백제시대 유물로 백제의 문화 수준을 보여주는 중요한 작품으로 전시되고 있습니다.

불상대좌와 보신탕

안 선생님과 좀 더 가까워지게 된 일은 당시에 자가용을 가지고 계셨는데 차고가 마땅하지 않아 저의 박물관 뒷문 마당에 주차하시게 되면서 자주 뵙게 되었고 늘 고마워 하셨습니다. 시간만 있으면 식사를 같이 하자고 하시면서 보신탕을 드셨는데 간에 좋다고 많이 자시러 다녔습니다. 한여름에 목표가 100그릇이라고 하시니 아마도 석 달은 계속 드셔야 하는데 쉽지 않은 일이라고 생각했지요. 공주시장 안의 허름한 집에 자주 가셨고 꼭 고기 한 접시, 탕 두 그릇, 쇠주 한 병. 선생님은 술은 입에 대지 않으시면서 술을 좋아 하는 후배를 위해 언제나 빼놓지 않고 주문 하셨습니다. 이 좋은 안주에 술이 없다는 것은 상상 할 수 없었지만 늘 선생님께 미안했지요. 계산은 언제나 해병대식입니다. 한번 선배는 영원한 선배라고 우기시면서 절대로 계산을 못하게 하셨습니다. 올림픽을 앞두고 보신탕을 시내 판매 금지시켜 외곽으로 차타고 찾아다니는 수고도 마다하지 않았습니다.

선생님은 위 아래 사람을 가리지 않고 함께 잘 어울리셨습니다. 술은 못하시고, 거절 할 수없는 자리에서는 받아 놓으시고 입에만 대는 척하시고 저에게 맡기면서 음식은 먹을 줄 아는 사람이 먹어야 제격이지 하셨습니다. 잡기에 능하시지 않으셔서 매양 뒤 켠에서 구경만 하셨는데 언젠가 뵈니 고스톱을 배우셔서 신이 나셔서 매우 재미있게 치시던 소탈한 모습, 박사학위 준비를 하시느라고 늦은 나이에도 불구하시고 대봉투 속에 늘 어학 책을 넣고 다니면서 준비하시던 성실함과 열정, 사모님의 농장 일을 하시는 어려움에 늘 감사하시고 존경하는 모습에서 말없이 감사와 배려 그리고 삶에 대한 열정을 가르쳐 주셨습니다.

남들과는 달리 대학 총장이 되시고도 늘 교수시절과 같이 저희들을 대하여 주셨습니다. 건강이 안 좋으시다는 소식을 접하고 일찍부터 건강을 염려하고 주의를 하셨는데 너무나 안타까웠습니다. 아직 학문적으로나 대학과 지역의 발전을 위해 하실 일 많은 연배인데 가까이 대전에 있으면서도 바쁘다는 핑계와 아무도 면회를 할 수 없다는 말과 안일하게 건강이 다시 회복 되실 거라는 믿음으로 시간을 놓쳤습니다. 한때는 수술 경과가 좋다는 소식에 잠시 기뻐하면서 어쩌면 병상을 훌훌 털고 그 특유의 인자한 미소를 띠고 우리 앞에 오시리라는 막연한 기대가 있었던 때문인지도 모르겠습니다.

저에게 베풀어 주신 사랑에 조금도 보답하지 못하고 선생님을 다시 뵙지 못한 일이 안타깝고 송구스럽기 짝이 없습니다. 끝내 유명을 달리하신 선배님을 기리며 그동안 무심하게 살아온 후배가 감히 깊은 감사의 마음과 함께 평안과 영면을 기원합니다.

영원한 백제인

박용진_전 공주교육대 학장

나의 공주와의 인연은 1962년 3월 공주교육대학의 개설과 함께 역사 담당 교수로 부임함으로써 비롯된다. 개설된 강좌는 문화사였다. 부임 초에 윤봉수 학장님은 나에게 교육대학은 초등학교 교사를 양성하는 특수 목적 대학이므로 교육과정에서 제시하는 세계문화사의 내용과 함께 한국문화사에 비중을 더 많이 두고 강의를 해 줄 것을 당부하셨다.

공주교대에 부임하며

나로서는 학장님의 제의를 수용하기가 매우 부담스러웠었다. 왜냐하면 대학과 대학원에서 서양사 중심의 과정을 이수하였을 뿐만 아니라 교육과정에서 요구하는 취지에도 적정하지 않았기 때문이었다. 따라서 즉석에서 앞으로 고려해보겠다던가 그런 방향으로 강좌운영을 하겠다는 확답을 드릴 수 없었다. 그런 나의 표정을 읽으셨는지 학장님은 4월 5일 식목일 행사를 마치고, 공주박물관 김영배(金永培)관장님을 방문하게 되었다. 가는 도중 학장님은 초등학교 학생들에게 투철한 역사의

식과 국가관을 확립하는 방법의 하나는 향토애로부터 나라 사랑으로 발전시켜 나가야 할 것이라면서, 우리 문화재에 대한 깊은 애정을 가져 달라는 간곡한 말씀을 하셨다.

박물관 견학이 처음이라 긴장이 되었으나, 공주박물관에 도착하자 김영배 관장님은 우리 일행을 반갑게 맞아주셨고, 유물진열실로 가서 3시간 넘게 자상한 안내를 해주셨다. 나는 박물관장님이 직접 안내하고 유물 하나하나에 대한 특징과 시대적인 성격을 다른 나라의 사례와 비교하면서 진지하게 설명하시는 진지한 자세에 크게 감동하였다. 이런 안내는 박물관 사상 아주 드문 사례가 될 것이다. 사실은 1950년대 초기의 대학 학부와 석사과정을 마친 학생들은 거의 나와 같은 과정을 겪었을 것이다. 부끄럽기도 하였다. 그리고 윤봉수 학장님의 배려로 좋은 체험을 하면서 앞으로 김 관장님께 많은 가르침을 받을 것을 마음 속으로 다짐한 바 있었다.

그 뒤 거의 매주 주말이면 관장님을 모시고 공주지역의 역사유적을 답사하고, 고고학 · 한국미술사분야에 대한 강론을 받게 되었다. 1964년 12월 공주 석장리 구석기 유적 발굴에 지도위원으로 공주를 방문하신 서울대학교 김원룡 교수님과 김영배 관장님으로부터 백제의 고도였던 공주와 공주 · 부여박물관에 소장된 자료를 중심으로 '백제 와당(百濟瓦當)' 에 대한 집중적인 연구 수행의 권고를 받게 되었다. 그로부터 '백제 와당 연구' 는 나의 중심 연구과제가 되었고, 1977년 교육부 편수관으로 전직할 때 까지 김영배 관장으로부터 개인적인 사사와 총애를 받게 된 것은 나의 큰 행운이 아닐 수 없었다.

백제와당에 몰입하다

안승주 교수님은 공주사범대학에 역사교육과가 개설되면서 부임하게 되었고, 주말이면 공주박물관장실에 모여 관장님의 해박한 고고학 미술사에 대한 지식의 전수와 함께 답사현장에서 제기된 사안들을 주제로 강론과 토론의 기회를 가지게 되었다. 그러는 과정에서 자연스럽게 안승주 교수님은 '백제고분과 토기 연구'를 중심과제로 설정하게 되었다.

김영배 관장님을 중심으로 안승주 교수님과 필자, 이렇게 세 사람은 자주 만나고 토론하고 대학에 박물관 개설을 위한 준비와 사범대학에 부설 백제문화연구소를 개설하는 문제 등을 논의하고 의견을 개진하면서 아주 특별한 관계를 맺게 되었다. 이를 두고 학계에서는 '공주트리오'란 애칭으로 격려해 주기도 하였다. 김영배 관장님 가까이에 안승주 교수와 필자는 항상 함께 있었다고 해도 과언이 아니었다. 1968년도에 당시 문교부의 학술연구조성비를 받아 '백제 와당에 관한 연구'를 수행 할 때나, 이어서 1969년도 '계룡산 지역의 불교유적 조사 연구' 때에는 현장과 문헌조사 등에서 늘 함께 하고, 학문적인 지도와 자문을 아끼지 않았던 두 분에게 감사하고 있다. 아울러 공주 주미사(舟尾寺) 터를 밝히고 현장과 문헌연구 등에 지도조언을 아끼지 않은 점에서 개인 연구라기 보다는 공동연구의 성격을 띠고 있었다. 어떤 의미에선 공주박물관장실은 안승주교수와 필자의 연구실이기도 하였다.

'공주트리오'는 매년 신년기념 현장답사로 시작되고, 한해의 연구성과를 마무리하는 세모에는 공주박물관장실에서 토론하고 반성하며 새로운 연구과제 선정과 수행에 따른 각자의 소임을 확인하는 것을 정례화하기도 하였다. 1969년부터는 매년 공동의 정책 연구 및 최대의 지역현안 당면과제로 대두한 것이 사적 13호로 지정 보호되고 있는 공주 송산리 백제고분군 가운데, '백제 벽화전축분'에 대한 보전 문제였다. 1933년 조사된 백제 벽화전축분(壁畵塼築墳)은 그 조사과정이 일본인 조사자 가루베지온(輕部慈恩)의 『百濟美術』(東京, 1946)에 약간의 기록이 남겨져 있다. 그러나 조사 당시에 선명했던 청룡·백호·주작·현무의 사신도(四神圖)는 그 윤곽조차 파악하기 어려울 정도로 손상되었다. 특히 북쪽 벽의 심한 습기방지를 위한 논의가 집중되고, 그 대책을 강구하여 이를 정부당국에 보고하고 긴급 수습을 요청하는 일이 추진되었다.

무령왕릉 발견의 경위

이 같은 건의가 수용되어 드디어 1971년 6월 29일 문화재관리국은 6호분의 봉토 북쪽에서 산구(山丘)쪽으로 3m 쯤 올라가서 깊이 3m 정도의 암거(暗渠)시설을 해서 5호분과 6호분(壁畵塼築墳)에 대한 침수방지를 위한 작업을 시작하였다. 참으로 다행하고 고마운 일이었다. 공사에 앞서 6호분의 정상에서 약간 북쪽 편으로 제상(祭床)을 놓고 위령제(慰靈祭)를 지냈는데, 이 제상자리가 바로 무령왕릉의 연도(羨道) 입구였음은 참으로 기연(奇緣)이 아닐 수 없다. 공사 현장 감독관으로 위촉된 김영배 관장님은 매일 현장의 공사 진행 상황을 점검하였다.

그러던 7월 5일, 공사 현장에서 혼회경토층(混灰硬土層)이 나와 현장 입회 중이던 김영배 관장님의 주목을 받게 되었고, 조심스럽게 파내려가던 바 동서로 4m 길이의 전열(塼列)을 오후 1시 경에 확인하였다. 이 사실은 당시 공주군 문화공보실 경유 문화재관리국에 보고되었고, 공사는 중단되었다. 필자와 안승주 교수는 연락을 받고 오후 5시 무렵 현장에 이르러 김 관장님과 합류, 오후 6시경까지 전열 아래로 60cm 정도까지 파내려가 송산리 6호분의 백제 전(百濟塼)과 같은 벽돌로 된 전벽(塼壁)임을 확인하였다. 김영배 관장님은 "오늘 새벽꿈에 멧돼지 같은 놈이 창문을 부수고 방에 들어와 놀라 깨었다."고 하셨다. 돼지꿈은 길몽이라던데…

매양 책임이 남다른 안승주 교수는 현장의 보전관리에 대한 만전을 기하기 위하여 비상체제의 경비 방안을 마련하였다. 당일은 공주군 문화공보실과 공사현장 직원이 철야근무하기로 하고, 우리 둘은 밤 11시 넘어 귀가하였다. 그 임무에 충실했던 관계관들에게는 지금도 고맙게 생각하고 있다.

참으로 7월 5일은 백제 무령왕릉 발굴의 계기가 되는 역사적인 기념일로 백제사연구의 신기원을 열게 된 것이다.

7월 6일, 10:00 경 문화재관리국 윤홍로 기사가 현장에 도착하였다. 전날 전열 발견에 대한 보고를 받고 그 후속 조치의 일환으로 내려 온 현장 감독관 윤홍로 기사 입회아래 전벽의 상단과 연도 입구의 아치형 부분까지를 조사 확인하고 긴급 발굴조치해 줄 것을 요청하면서 모든 작업을 중단하였다. 당일 현장 보전을 위한 철야경비는 공주군청의 예비군과 공주경찰서 경찰관이 담당해 주었다. 그리고 공주청년회의소(JC)회원이 함께 참여하면서 서로를 격려하고 위로하면서, 향토와 문화재 애호의 참 정신을 발휘하였다. 이들의 참여는 안 교수의 영향력과 설득으로 이루어진 것이다.

7월 7일, 문화재관리국은 6일 공사 현장으로부터 전벽(塼壁)이 발견되었다는 보고를 받고 문화재관리국 문화재과장 장인기(張仁基), 학예연구관 이호관(李浩官), 학예연구사 손병헌(孫秉憲), 지건길(池健吉), 조유전(趙由典) (직위는 당시의 직급) 등이 공주 현장으로 왔고, 공주 현장의 김영배 관장, 안승주 교수, 필자가 합류하여 발굴에 대한 준비와 협의를 하였다. 오후 3:00 경에 도착한 국립중앙박물관 김원룡(金元龍)

관장님의 지도로 긴급 발굴 작업이 이루어졌다.

발굴 작업은 먼저 노출된 전벽의 전면(前面)에 광장(廣場)을 마련하기로 하였다.작업이 진행됨에 따라 연도 입구의 폐쇄부위가 뚜렷하게 나타나게 되고, 전축고분임이 확실해지자 야간 현장 보전 문제를 포함한 발굴현장의 안전 관리를 위하여 철야작업을 하여 광장을 마련하려 하였다. 그러나 일몰 무렵부터 호우(豪雨)가 내려 광장을 위한 파내기 작업은 일단 중지하고, 고인 빗물을 동쪽 사면(斜面)으로 내려 보내기 위한 배수구를 만들어 무덤 안으로 스며드는 것을 막았다. 발굴에 참여한 모든 인력이 동원되어 23:30에야 일단락 지을 수 있었다.

"영동대장군 백제 사마왕"

7월 8일, 08 : 00부터 노출된 전벽의 전면에 광장을 마련하기 위한 작업은 계속되었고, 이화여자대학교 박물관장 진홍섭(秦弘燮)교수가 내려와 발굴에 참여하였다. 15 : 00경에 이르러 단단한 강회(剛灰)로 다져 구축한 연도입구의 전벽(塼壁)을 포함한 전면의 전축벽(塼築壁)을 노출시키고 광장을 만들 수 있었다. 16 : 00경에 광장에서 위령제(慰靈祭)를 모시고, 발굴단원들은 조심스럽게 연도입구 폐쇄전(閉鎖塼)을 제거하는 작업이 진행되는 도중 연도(羨道) 한복판에 붉은 칠을 한 입을 벌린 석수(石獸)가 진좌(鎭座)하고 있었다. 아카시아 뿌리가 벽사이로 길게 뻗어 늘어졌고, 현실의 목관재(木棺材)는 교란되어 있었다. 신비로운 광경이었다. 무릎 높이로 폐쇄부를 남기고, 17 : 00 무렵 김원룡 관장님과 공주 김영배 관장님의 역사적인 입실이 발굴단원과 수백의 참관인, 보도진의 흥분과 기대 속에 이루어졌다. 입실한 두 분과 옆에서 지켜본 모든 사람들은 순간 긴장과 감격으로 뒤범벅이 되었다. 그것은 지석(誌石)의 발견으로 백제 25대 무령왕릉(武寧王陵)임과 현실내부가 거의 완전한 유구였음이 확인되었기 때문이다.

삼국시대 고분 가운데 지석을 동반하여 피장자(被葬者)를 밝힐 수 있었던 유례는 희귀한 것으로, "寧東大將軍百濟斯麻王年六十二歲…"라는 왕릉의 지석을 확인하는 내용을 낭독하였을 때, 참관자들의 흥분은 최고조에 달했으며, 조사단원들의 흥분과 긴장은 오히려 굳은 표정으로 변해버렸다. 이러한 사실이 전파를 타고 전국에 퍼졌고 보도진과 일반 참관인의 수는 더욱 늘어나게 되었다.

조사 진행상 연도 입구를 다시 두꺼운 판자로 막고, 조사원들이 모여 앞으로의 작업 절차를 숙의한 바, 우기(雨期)임을 감안하여 왕릉 내부의 부장품을 가능한 한 빨리 수습하는 것이 좋겠다는 합의를 하게 되었다. 20:00부터 경찰관의 경호와 보도진이 지켜보는 가운데 내부의 현상을 촬영(공주사범대학 이상우교수)하고 실측하였다. 22:00부터 연도 내부의 유물부터 기록 수습하고, 부식된 목관재(木棺材)에 번호를 붙여 물에 묻인 무명으로 싸서 들어냈다. 포장되어 밖으로 나온 유물에 대해서는 시간대별로 보도진에게 해설을 하였다. 현실 내부의 부장품 수습은 왕 쪽은 김원룡 · 지건길이, 왕비 쪽은 김영배 · 손병헌이 담당하고, 밖으로 나온 유물들은 유형별로 분류 정리되었다. 이 작업은 부식되고 교란된 목관재와 벽돌사이로 뻗어 내린 나무의 실뿌리가 현실 바닥에 얼기설기 쌓여 부장품을 가리고 있어서 수습하는데 어려움이 있었으나, 조사단원이나 보도진이 혼연일체가 되어 꼬박 밤을 새는 동안 서로 협력하고 질서를 유지하면서 순조롭게 진행되었다.

7월 9일, 09 : 00 까지 현실 내부의 유물전부를 수습 완료하였고, 수습된 부장품 일체는 공주박물관으로 옮기고, 연도 입구를 일단 폐쇄함으로써 무령왕릉의 긴급 발굴조사를 마무리하였다. 안승주 교수와 필자는 조사가 진행되는 단계마다 함께 참여하고 수습된 유물의 정리와 관리에 최선을 다하였다.

그로부터 공주박물관에 보관된 유물의 보전에 공주경찰서와 자율적으로 협력한 JC 회원, 문화재애호에 열렬한 공주시민, 대학생들이 함께 밤을 새우며 박물관 내외를 경비하는 수고로움이 있었다.

유물 이송 작전

한편, 수습된 유물 가운데 부식정도가 심한 목관재와 보존처리의 대상이 되는 금속제품은 빨리 서울로 이송하여 과학적 보존을 위한 연구와 처리가 시급하였다. 그 준비를 위한 포장작업이 공주박물관에서 진행되는 동안 시내에서는 무령왕릉에서 수습된 부장품 일체를 서울로 이송한다는 소문이 확산되어, 7월 13일~16일 새벽까지 이송을 반대하는 시민운동이 시위로 바뀌었다. 뜨거운 여름이었음에도 불구하고 모처럼 공주에 문화재 애호 또는 향토애의 정신을 보는 것 같았다. 공주경찰서장이 진두지휘하여 이를 설득하고 시위 군중을 해산하려 했으나 막무가내였다.

다행히 시민들은 안승주 교수와 필자를 신뢰하는 것 같았다. 우리는 시민대표를 일차적으로 설득하고, 군중 속으로 들어가 '과학적 보존처리' 의 화급성을 역설하기를 4~5차 시행했었다. 수그러지는 듯 했다가 또 다시 모이고 '이송 반대' 시민궐기대회를 개최하기도 하였다. 박물관 밖에서 뿐만 아니라 공주문화원에서도 집회는 열렸다. 공주출신 이병주 국회의원이 내려와 시민을 상대로 한 이송의 필연성을 강조했으나 그 누구도 이를 들으려 하지 않았다.

7월 16일 새벽 04 : 00 경 통행금지 해제시간에 맞추어 무령왕릉 부장품은 문화재관리국장 허 련(許 鍊), 학예연구관 이호관, 국립중앙박물관 고고과장 한병삼(韓炳三) 등에 의해 국립박물관으로 이송되었다. 그 과정에서 공주시민들은 유물호송차 앞에서 이송 반대 시위와 함께 공주박물관 앞길에 누워 길을 막았다. 사태는 매우 심각했다. 공주향교의 유림들도 가세했다. 바로 그 때였다. 안승주 교수가 호송차에 올라 부식상태가 매우 심한 왕의 금동은제식리(金銅銀製飾履-장식용 신)를 들고 나와 시민들에게 보여주면서 빨리 전문적인 병원에 가서 과학적인 보존처리를 하지 않으면 안 된다고 역설하였다. 시각을 다투는 일이니 길을 막지 말아달라고 호소하였다. 그리고 필자와 김영배 관장님도 현장에서 시민들에게 하루 속히 보존처리를 해서 반드시 공주박물관으로 가져오도록 할 것이라고 했고, 허 련 국장이 꼭 공주박물관으로 환송해서 전시할 수 있도록 하겠다는 약속을 함으로써 서울로 이송할 수 있었다. 안교수의 뛰어난 순발력과 기지(機智)는 시민과의 충돌을 순조롭게 타협할 수 있었다. 당시 분노한 시민의 정황으로 보아 이는 참으로 놀라운 일이었다. 이를 계기로 뒷날 '공주 트리오'는 무령왕릉 부장품을 전시 보존하기 위해서는 공주에 매우 견고한 특수박물관을 건축해야 한다는 당위성을 정부 당국에 강력하게 건의할 수 있었다.

그 뒤 2차 조사/ 8월 17~29, 3차 조사/ 9월 14~21, 4차 조사/ 10월 26~28에도 백제 무령왕릉 종합조사단[고고 · 기초조사반]의 일원으로 참여하고, 안교수는 「무령왕릉 발굴조사보고서(武寧王陵 發掘綜合報告書, 문화재관리국, 1973.12.20」에 「백제고분의 구조유형」을 집필하였다.

무령왕릉의 발굴은 웅진시대 백제의 화려한 부활을 의미한다. 그것은 첫째, 무령왕릉에서 유형 · 무형의 발견 자료가 지석(誌石)을 동반함으로써 학술적인 공헌을 했다는 사실이다. 지석의 발견은 삼국시대 고분 가운데 유일한 금석문 자료로서 무덤의 주인공을 밝힌 절대적 가치를 갖기 때문이다.

둘째로 무령왕릉은 이미 알려진 벽화전축분인 6호분과 함께 중국 남조의 제(齊), 양(梁)의 전축 묘제를 수용해 조영한 것임을 알 수 있고, 원상대로 거의 완전하게 남아 있는 부장품은 그 배치의 장법(葬法)을 명확하게 밝힐 수 있었다.

셋째, 풍부한 내용의 미술공예품은 자료부족에서 오는 백제미술의 빈곤성을 일신케 했을 뿐만 아니라, 출토지와 발견 상태 그리고 연대가 뚜렷한 국보급 유물들이다.

넷째, 무령왕릉의 발굴은 그동안 백제고분에서 제기되었던 여러 문제해결의 기초가 될 것이다. 이를 계기로 백제문화의 고고학 · 미술사적 연구가 확고한 기준 아래 활발하게 전개되게 된 것이다.

다섯째, 무령왕릉의 발굴은 백제문화연구의 기준 설정뿐 아니라, 5~6세기 한 · 중 · 일 간의 국제적인 문화교류와 상호 영향관계를 규명하고 이해하는 원동력이 되고 있다.

한편, 안교수 중심의 '공주사범대학 부설 백제문화연구소' 는 백제문화 연구의 새로운 장을 마련하고, 착실하게 연구 추진하여 다져온 그 성과는 연구소 발행 「백제문화(百濟文化)」지에 발표되었다. 여기에 수록된 논문들은 일본 학계의 주목을 받게 되어, 1972년 일본 「고고학선서(考古學選書)5, 大川 清 編, 百濟の考古學, 雄山閣版」에 게재되어 백제고지(百濟故地)에서의 연구 성과를 일본에 알리는 계기가 되었다. 또한 1978년 「日本 東京, 吉川弘文館 刊行, 百濟文化と飛鳥文化」에도 필자의 「百濟瓦當の體系的分類」가 게재된 바 있다. 이같이 '공주사범대학 부설 백제문화연구소' 의 연구실적은 점점 기반을 다지면서 국제적인 학술연구기관으로 발전하였다.

그것은 1975년 백제문화연구소 주관으로 '백제공주천도 1500주년 기념 학술발표회' 를 신축된 공주 중동의 공주박물관 강당에서 성대하게 개최함으로써 그 위상은 더욱 고조되었다.

아울러 1976년 공주교육대학 박물관은 한국대학박물관협회가 해마다 전국적인 '연합전시회(聯合展示會)' 를 여는데 지방대학으로서는 처음으로 공주에서 주관하여 연합 전시를 할 수 있었던 것도 안승주교수와 김영배 관장님의 전폭적인 격려와 지원이 있었기 때문에 가능하였다. 지금도 두 분에게 감사하고 있다.

특히, 안승주교수는 공주라는 지리적 역사적인 상황에 따라 학문적으로는 문헌연구와 함께 발굴을 통한 체험을 쌓아가면서 '백제고분 유형연구' 를 비롯한 '백제토기연구' 에 심혈을 기울였고, 그 연구 결과는 '백제고분과 토기 연구의 기준' 을 제공하는 공헌을 하였다. 이것은 1984년 「백제문화개발연구원 간행, 백제토기도록(百濟土器圖錄)」으로 집대성되었다.

'영원한 백제인'

안승주교수는 늘 백제의 역사와 문화를 체험하면서 현재를 성찰하고, 이를 창조적으로 계승 발전시키려는 의지를 불태우면서 미래를 통찰하는 비전을 제시하는 보기 드문 중후한 학자였다. 당시만 해도 발굴에 대한 기술이나 경험이 많지 않았음에도 진지한 연구열은 아무도 따라갈 수 없었다. 그런 그가 백제연구의 일인자가 될 수 있었던 것은 그의 성실함과 집념어린 노력이었다. 학계에서 그의 학문적 평가를 높이 하는 것도 그 때문이다.

안교수는 후학을 기르는데도 전력투구했다. 많은 교수님과 제자들이 존경하고 따르며 지도를 바라는 것은 그런 안교수의 관후한 성품과 제자 사랑일 것이다. 공주사범대학장 시절 '공주대학교' 로 확대 발전시키고, 초대 총장으로써 지금의 대학교로 키운 숨은 공로를 후학들은 존경과 추모를 아끼지 않음을 읽을 수 있다. 바로 '안승주 총장 10주기 기념 문집' 발행도 그 한 사례가 될 것이다. 또한 충남 발전연구원 원장을 역임하여 지방자치단체의 역사와 문화의 발전에 크게 기여하셨고, 충청문화재연구원은 안승주 총장님과 사모님이신 도순성 여사님의 백제 사랑의 의지로 설립한 결실이며, 이는 한국의 역사와 문화 연구 및 보전에 획기적인 업적으로서 후학들이 더욱 계승 발전시킬 것이다. 영원한 백제인(百濟人)으로 추앙을 받는 총장님의 학문적 연구업적 또한 길이 길이 빛날 것이다.

사랑합니다. 그리고 보고 싶습니다.
사랑하는 사모님과 형근이,
진근이 그리고 후학들을 지켜보시고
격려하시면서 편안하게 쉬십시오.

영원한 공주인 안총장을 회고하며

영원한 공주인, 안총장을 회고하며

이융조_한국전통문화학교 초빙교수
전 충북대학교 교수

안총장과의 만남은 필자가 공주 석장리를 발굴하는 초기 단계인 첫해 발굴인지 두 번째 발굴인지, 그렇다면 64년 11월이거나 65년 4월 쯤으로 생각된다. 그 때 우리 발굴에 깊은 관심을 갖고 자주 들르시던 김영배 공주박물관장(당시)과 같이 오셨던 것이 아닌가 생각된다.

석장리 발굴현장에서의 만남

그 때는 고등학교(공주사대부고)에 근무하신다고 했고 필자가 공주사범학교와 연세대학교 사학과를 졸업하였다는 인연으로 공주고등학교와 고려대학교 사학과를 졸업한 이야기로 필자에게는 좀 더 친밀한 감을 갖게 되었다.

그 뒤로 74년까지 실시된 석장리 발굴장에 몇 차례 오셨는데, 이제는 공주사대 고고학 담당 교수로 오셨던 것으로 생각된다.

무령왕릉 발굴에 참여하신 것으로 일약 스타덤에 오른 뒤로, 부여 송국리유적이나 서산 대산면 백제유적 발굴로 점차 고고학계에 차지하는 위치가 높아짐을 옆에서 느낄 수 있었다.

안총장께서 공주사범대 박물관장으로 계실 때, 필자가 충북대학교 교수와 박물관장으로 있으면서 이제는 같은 국립대학의, 또 그리고 이웃 학교라는 인연으로 대학박물관의 발전에 열띤 토론을 나누기도 하였다.

그렇게 하여 대학박물관협회에서는 처음 실시한 대학박물관의 발전 방향에 대한 주제발표를 나란히 같이 하였던 것은 평소 안총장과 의견을 나누었던 좋은 제언들이 제시될 수 있었던 것이 아닌가 한다.

이렇게 하여 안총장과 필자는 대학박물관을 연구하는 학자로 여겨지게 되었고, 이로 하여 필자가 한국박물관학회를 만들 수 있는 좋은 기틀을 안총장으로부터 도움을 받은 셈이 되었다.

실제로 박물관 근무를 65년부터 하였지만 이것을 가지고 글로 쓴다는 것은 쉽지 않은 일이었던 당시 상황에서 박물관을 보는 시각과 또 이로 하여 내린 시책을 정리하여 글로 발표할 수 있게 된 것에는 안교수의 좋은 제언들이 큰 힘이 될 수 있었다.

한국고대학회를 창립하고

이렇게 쌓인 인연들은 1990년을 계기로 좀 더 활발하게 발전되었는데, 첫째는 한국고대학회의 창립을 들어야 할 것이다. 이미 널리 알려진 것처럼 김정배(고려대) · 안승주(공주대) · 문명대(동국대) · 강인구(한국정신문화연구원, 현 한국학중앙연구원) · 최무장(건국대)교수와 함께 필자들이 모임을 갖고 고고학 · 고대사 · 미술사학 등의 여러분야를 아우르는 학회를 만들자고 하였고 그 이름을 「한국고대학회(韓國古代學會)」로, 학회지 이름을 『선사(先史)와 고대(古代)』로 결정짓는 데에는 안총장의 역할이 컸다.

부부동반으로 만난 한국고대학회 창립회원들 (공주 제일식당, 1995. 3)

초대 회장인 김정배 총장에 이어서 2대 회장인 안총장까지도 필자는 총무로서 모시고 학회의 발전에 기여하게 된 것은 지금 생각하여 보아도 흐뭇한 일이다.

그렇게 하여 조금 후에 가담한 임효재(서울대) · 신형식(이화여대) 교수들과 함께 좋은 모임으로 발전하게 되었고 이 모임은 부부동반으로 발전하였다. 학회의 발전에 대한 열띤 토론이 끝난 뒤에는 50대 동년배의 학자들이 부부동반으로 같이 모여 앉아 우리나라 학계의 큰 흐름과 이에 대한 비판을 하였다는 추억은 우리 모두에게 즐거운 일이었다고 생각한다.

서울에서 모이는 것에는 주저함이 따랐지만, 부여(최무장 교수) · 공주(안총장) · 단양 · 수안보 · 청주(이융조) 등지에서 있었던 1박2일의 모임들이 지금까지 지속된 것으로 보면 의미있는 모임이었기에 가능하였던 것이다. 특히 공주에서의 모임에서는 안총장은 곧잘 학교 근처에 있는 제일식당에 자리를 마련하셨고 특별히 준비한 재래한정식으로 우리 입맛을 즐겁게 하여주었다(사진참조).

즐거운 시간을 갖고 난 뒤에 안총장은 정안에서 일부러 준비한 밤을 한 박스씩 꼭 선물하는 것을 잊지 않으셨다. 지금도 안총장을 생각하면 그 밤을 주시던 모습과 "이거 선물이 너무 작아 미안해요." 라며 소박한 미소로 인사하시던 모습이 생각난다.

정안밤에 담긴 정

두 번째 일은 90년 7월에 필자가 단장으로 서산 · 태안 문화유적조사단을 긴급히 구성하게 되었는데, 당시 국립대학 총장의 위치에서 역사고고학 분야를 사랑하는 제자인 이남석 교수와 함께 조사단의 일원으로 참가하여 주신 것을 필자는 크게 감사하고 있다.

흔히들 생각하면 국립대학교 총장으로 이런 조사에 공동조사원의 입장으로 되기에는 처신이 맞지 않았을 터인데도 흔쾌히 수락하여 주어 조사단의 위상을 높여주셨다는 점에 지금까지도 감사한다(이 때의 인연으로 안총장을 생각하여 이남석 교수를 현재 한국선사문화연구원의 이사로 모시고 있다).

총장에 취임할 때 고대학회 임원들이 모두 참석하였고 또 그렇게 하여 축하를 하였지만 퇴임식 때에는 문명대 · 임효재 · 필자만이 참가하여 서운함을 나눌 수 있었다.

더욱이 필자는 총장 재출마문제로 안총장과 긴 통화를 하였을 때 좀 더 강력하게 출마를 만류하였어야 할 터인데 하는 아쉬움을 서울대 병원에 입원하였을 때 방문한 자리에서 더욱 회한으로 가슴을 저며야 했다.

병실을 찾아 간 문교수와 필자에게 애써 밝은 미소를 지으려고 노력하던 모습이 마지막 작별이 될 줄은 생각도 못하였다.

갑자기 세상을 하직한 안총장이기에 우리 모두 너무나 서운해 하였고, 우리 모임에서의 첫 번째 타계인이 된 것에 우리 조그만 뜻을 보태고자 학회에서는 1주기 추모논문집을 준비하였는데 이는 평소 안총장의 후덕함과 우리들에게 베푼 따뜻한 배려로 이루어졌다.

그로부터 벌써 10년이 되었다고 하니, 정말 세월은 유수와 같고 그때의 50대인 우리들 모두는 이제는 다 정년으로 퇴직하여 각기의 바쁜 생활을 하고 있음을 보고합니다.

김총장은 한국학중앙연구원의 총장으로 다시 선임되어 취임하였고 문명대 교수는 (사)한국미술사연구소 소장으로 맹활약을 하고 있으며, 신형식 교수는 상명대학교 석좌교수를 거쳐 현재는 역사 깊은 백산학회 회장으로 활발한 활동을 하고 있습니다.

최무장 교수는 연천에 한국선사박물관을 개관하여 자신의 관심사인 구석기연구를 계속하고 있고, 임효재 교수와 필자는 나란히 한국전통문화학교 초빙교수로 발령받아 자주 만나서 학생들 지도와 학문연구에 대한 의견을 같이 나누고 있습니다.

부디 천국에서도 이승에서의 인연을 잘 간직하시고 우리와 한국고대학회를 잘 보살펴주시길 바랍니다.

선생님 편안히 쉬세요

이호형_충청문화재연구원 조사연구부장

꼭 10년 전, 1998년의 6월이었다! 서산 여미리유적을 발굴조사하면서 여느 때와 같이 하루를 정리하고 서산 운산에 마련한 조사단 숙소에서 막 잠을 청하려 할 때 핸드폰이 울렸다. 나는 귀찮은 전화려니 하고 전화를 안 받으려다 혹시 집에서 온 것인지 모른다는 생각에 전화를 받았다. 그런데 떨리는 목소리로 '안승주선생님께서 돌아가셨으니 서울로 빨리 올라오라' 는 소식이었다. 그때가 6월 23일 아마 새벽 1시를 전후한 시간으로 기억된다. 당시 선생님께서는 수술을 받으시고, 수술결과가 좋아 빠른 회복을 보인다는 소식만을 듣고 있었던 나로서는 청천벽력 같은 황당한 소식이 아닐 수 없었다. 전화를 끊고 한창을 멍하니 있다가 정신을 가다듬고 서울로 향하면서 다시 한 번 확인해 보고서야 현실로 받아들이게 되었다.

당시 선생님은 1997년 5월 개원하여 아직 자리를 잡지 못한 충청문화재연구원(당시 충청매장문화재연구원)의 이사를 역임하시면서 실질적으로 연구원을 운영하고 계셨고, 나는 발굴조사부장으로 실무를 총괄하고 있었다. 그때 충청문화재연구원은 초창기의 그리고 신설 업종의 태동이 그러하듯이 내 · 외적으로 어려움이 많았었고, 특히 지역에서도 불편한 소문이 난무하던 시절이었다. 그러한 상황에서 모든 외풍을 몸소 감당하시면서 연구원의 성장과 발전을 위하여 노심초사하시었었다. 그 시절 나는 선생님이 출근하시면 간단하게 업무보고를 하고 바로 현장으로 달려가든가, 업무 협의차 사무실을 나가면 저녁을 먹고 연구원으로 돌아와 업무를 처리하는 일상이 반복되었다.

당시 걸려오는 전화도 제대로 처리 못하여 애먹었던 여직원을 생각하면, 아마도 선생님은 출근하셔서 전화 당번을 하면서 점심에는 올갱이 해장국을 시켜 드시면서 근무하셨을 것으로 생각된다. 그것도 혼자서 말이다. 그러면서도 전혀 불편한 내색 한 번 하지 않으셨다. 오히려 연구원들의 복지와 연구원의 미래를 설계하시면서 말씀하시던 선생님이셨다.

이렇게 자상하게 연구원을 이끌어 주셨던 선생님의 부음은 나에게는 가슴 찢어지는 슬픔과 말로 표현 할 수 없이 안타까운 심경이었다. 또 한편으로는 앞으로 연구원 운영과 관련하여 어떻게 숙제를 풀어가야 할 지 캄캄하기만 해서 야속하기까지 했었다.

"선생님! 저에게 충청문화재연구원이 가야할 방향에 대하여 열심히 공부하는 연구원들이 불편을 느끼지 않고 아무런 걱정과 어려움 없이 정진할 수 있는 훌륭한 연구원을 만들어야 된다고 말씀하시었죠. 그 말씀 잊지 않고 노력하고 있으며, 머지않은 시간에 그렇게 되리라 확신합니다. 우리 연구원에는 무엇보다도 가슴이 맑고 따뜻하며, 눈빛이 살아있는 연구원들이, 그리고 좀 부족하지만 끊임없이 새롭게 도전하고 노력하는 연구원들이 많으니까요. 이제 발전하는 연구원을 지켜보시면서 편안히 쉬세요!"

돌이켜 보면 고 안승주선생님과의 나의 인연은 1988년 10월, 지금은 충청남도 역사박물관으로 사용되고 있는 옛 국립공주박물관 후문 주차장에서 시작되었다. 박물관 근무를 시작한지 한 달 쯤 지났을 때의 일인데 한 건장한 중년 신사가 후문으로 들어와 박물관에 주차되어 있는 검정색 승용차를 자연스럽게 빼내 나가려고 하는 것이 아닌가? 당시 나는 이 차가 박물관의 관용차겠거니 생각하였고 선생님을 전혀 뵌 적이 없었던 터라 인사는 커녕 이를 제지해야겠다는 생각에 실랑이를 벌인 적이 있었다. 그것이 선생님과의 첫 만남이었다. 얼마나 미안하고 죄송스러웠던지 한동안 일부러 피했던 기억이 난다. 이후 공산성 등 발굴조사 현장이나 학술대회장에서 자주 뵙게 되었는데, 그 때의 모습은 늘 인자하게 웃으시며, 부드럽고 자상하면서도 근엄한 모습을 보여주셨다. 그렇게 먼발치에서만 선생님을 만났었다. 선생님은 나를 만날 때마다 따뜻한 미소로 다정하게 대해주셨다.

선생님을 가까이에서 뵌 것은 1996년 공주대학교 대학원에 들어가면서 강의실에서의 만남이었는데, 직장 일로 인하여 수업을 몇 시간 빼먹었다가 어찌나 혼 줄이 났는지 모른다. 정년이 가까운데도 휴강 한 번 하지 않으실 만큼 정열적이시고 엄격하셨다. 그후 국립공주박물관을 그만두고 백제역사재현단지 조성을 추진하던 부여의 충청남도 백제문화권개발사업소에 근무를 하고 있었을 때, 여러 가지로 어렵겠지만 충청문화재연구원(당시 충청매장문화재연구원)으로 옮겨 같이 연구원을 만들어 가자고 선생님께서 제의를 하셨다. 이를 계기로 현재의 충청문화재연구원에 내가 몸담게 된 것이다. 선생님은 충청문화재연구원의 창립으로부터 작고하실 때까지 1년여 기간 동안 두 차례나 병원에 입원하시며 결국 고인이 되셨다. 그리고 입원 중에도 병실 결재를 하는 등 연구원을 위하여 걱정하며 온갖 정열을 쏟으시다가 결국 더 넓은 하늘나라 가셨다. 우람하고 건장한 체구와 달리 자상하시면서도 근엄하셨던 선생님이셨는데…

그리고 벌써 10년이란 세월이 지나갔다. 그 때 10명이 안 되던 연구원의 직원은 이제 70여 명으로 늘어났고, 충청지역 뿐 아니라 우리나라에서 꼽힐만한 모범적인 전문 연구기관으로 성장하고 있다. 그 때 보신탕을 사주시며 말씀하신 '연구원이 가야할 방향' 에 기초를 다지고 초석을 놓기 위해 한 걸음 한걸음 미력하나마 최선의 노력을 경주하겠다고 다짐해본다.

선생님! 선생님께서 심혈을 기울여 설립하고 그 어려운 상황에서 애정으로 운영하시던 충청문화재연구원이 외형적으로 비약적인 성장을 하였으며 질적으로도 내실을 탄탄히 다져가며 모범이 되는 연구원으로 성장하고 있습니다. 그동안 어려운 상황을 맞기도 하였지만, 비 온 뒤에 땅이 더욱 굳어지듯이 모든 직원들이 심기일전하여 보다 성숙되고 훌륭한 연구원으로 거듭나는 기회로 삼으면서 노력을 경주하여 잘 극복하고 있습니다. 또한 이를 계기로 일치단결하여 한국에서 가장 모범적인 문화재 전문 연구기관으로 거듭나기 위해 다짐하고 노력하고 있습니다. 겪고 있는 시련은 연구원(研究員)이 건재하는 한 연구원(研究院)이 한 단계 도약하는 과정이 될 것입니다. 이제 충청문화재연구원이 도약하는 모습을 지켜보세요! 그리고 편안히 쉬소서!

대박리 초정골의 셋째 아들

임영수_연기향토박물관장

안승주 총장님을 처음이자 마지막으로 뵌 것은 1994년 10월 5일 공주 금강변에 있는 새이학 가든이었다. 당시 금남면 향토지 발간 때문에 금남면 대박리 초정골 출신의 선생님께 금남면의 선사유적에 대하여 원고 청탁 겸 자문을 받기 위하여 찾아간 것이었다.

새이학가든은 공주에서 유명한 따로국밥집이다. 옛날 공주 시외버스 터미널이 중동에 있을 때 그곳에서 국밥을 맛있게 만들어 명성을 얻었고, 오랜 세월 속에서 공주 사람들의 추억을 살려주는 식당이다. 이곳은 며느리가 분가하여 만든 곳으로 안승주 총장님께서도 자주 들렸다고 했다.

그날 짧은 만남이었지만 많은 이야기를 듣고 많은 것을 느끼게 한 시간이었다. 그래서 그런지 그후에도 금남면을 지나는 기회에는 꼭 총장님의 얼굴이 떠올랐다. 하루 아니 점심식사하면서 나누었던 짧은 만남이 긴 여운을 준 것은 고향 어르신으로서 평소 이야기를 많이 들었고 남기신 발자취가 컸기 때문일 것이다.

연기군 금남면에는 교수 출신이 많았다. 단순히 근대에 와서 배출된 교수가 아니라 그들의 뿌리인 조상 때부터 교수가 많이 배출되도록 여건이 만들어졌다. 금남면 달전리에는 창녕성씨(昌寧成氏), 장재리에는 밀양박씨(密陽朴氏), 대박리에는 순흥안씨(順興安氏)가 그 대표적인 예이며 소개하면 다음과 같다.

달전리 창녕성씨는 사육신 성삼문(成三問)의 후예들이다. 당숙인 성희(成憘)가 유배에서 풀려나 한양에 들어가려하자 세조가 꼴도 보기 싫으니 한양밖 300리에 가서 살아라 명을 내리자 이곳에서 터를 잡고 살았으며 생육신인 성담수가 그의 아들이요, 한말 유학자로 명성이 자자한 성기운(成岐運)을 비롯하여 충남대 사학과 성주탁(成周鐸) 교수로 이어졌다. 웅진 전문대학 학장이신 성하주 학장님도 이곳 출신이다.

장재리 박재규총장님은 공주사대 학장, 인천대 총장 외에 최연소 교장 출신이며, 그분의 아들들 또한 교수이지만 부인은 유명한 여류 시인(한시)이다. 연기군 동면 예양리에 오충신(五忠臣) 정려가 세워져 있는데, 오충신은 박총장님의 조상이시다. 임진왜란이 일어나자 조헌의 제자였던 박천붕(朴天鵬)은 조헌(趙憲)이 이끄는 의병이 되어 충주 산성 전투에 참여하게 되고 전투를 승리로 이끌었으나 안타깝게 적졸이 쏜 조총에 전사하였다. 그의 네 아들은 아버지 정신을 이어 병자호란시 죽산 전투에서 싸우다 장렬히 전사하니 나라에서는 이들을 오충신이라하여 충신정려를 내렸다. 그들이 박재규 총장의 직계 조상인 것이다.

그러면 안승주 총장님의 계보는 어떠한가. 그 선조는 우리나라에 성리학을 도입한 문성공(文成公) 안향(安珦) 선생이다. 연기군 동면 합강리에 가면 합호서원(合湖書院)이 있다. 안향선생의 영정을 모신 서원이면서 순흥안씨가 집성촌을 이룬 곳이다.

안승주 총장은 그 후손이며 순흥안씨가 연기군 금남면 대박리에 살게된 것은 150여 년 전 대전의 구즉면 대동(대골)에서 대대로 살아오다가 마을에 돌림병인 장질부사가 돌아 고조할아버지, 증조할아버지가 돌아가시자 증조할머니께서 아들 형제, 딸 자매인 4남매를 데리고 연기군 금남면 대박리로 이주하여 살게 되었다. 그 후 자손이 퍼져 이곳 마을에는 순흥안씨가 제법 많이 살았다. 그러나 세월이 흐르면서 대전, 인천 등지로 나가기 시작하더니 이제는 안 총장님의 형제만 그 마을에 살고 계시다.

안 총장님은 3형제이다. 큰형이 안승옥, 둘째가 안승수, 그리고 안승주 총장은 셋째로 금남면 대박리 331번지에서 1937년 1월 30일에 태어났다. 어린시절을 고향에서 성장하였지만 중학교 이후 학교를 공주와 서울에서 다니다보니 자연 고향을 일찍 뜬 셈이 되었다. 그러나 다행으로 고향에서 가까운 공주가 주 활동지역이다 보니 고향을 자주 들르게 되고 고향사랑도 식지 않았다. 더군다나 고향주변에 금강이 흐르고 산재한 고인돌은 역사학자로 좋은 연구 소재이며, 연구 결과가 후배들에게 좋은 지표가 된 것이다.

안승주 총장께서 태어난 생가는 현재 큰 형인 안승옥씨가 살고 있다. 총장께서는 마을 뒷산인 함박산(대박산, 大朴山)의 정기를 받고 태어났다. 산 너머에는 금강이 흐르고 산 중턱에는 봉정암(鳳頂庵)과 광덕사(光德寺)가 있다. 봉정암은 처음에 서당이었다. 전하는 이야기에 의하면 토정 이지함이 이곳에 기거 하면서 후진을 양성하였던 곳이라 한다. 이지함이 이곳에 기거하다 아산현감으로 갔다는 일화가 전하고 있다. 이후에도 서당에서는 많은 사람들이 학문을 익혔으며 지금의 봉정암 뒤에 서당훈장의 묘가 조성되어 있다. 서당은 암자로 바뀌었으나 옛 모습이 그대로 전하여 왔다. 그러나 1996년 가을 어느날 불행이도 화재로 옛 건물이 모두 불타게 된다. 지금의 건물은 이후 새로 건축한 것이다. 어떻든 이 서당의 덕인지 주변에는 훌륭한 학자들이 많이 배출되었으며 그중의 한분이 안승주 총장님이시다.

안총장님을 역사 인물이 되게끔 한 유적이 또 하나 있다. 이곳을 초정(椒井)골이라 부른다. 예로부터 유명한 약수터이다. 환여승람에는 이

안승주 총장 생가 원경

곳의 물이 다섯가지 맛(五味)을 내는데 여러가지 병에 특효라 쓰여 있다. 금남초등학교, 금호중학교 다닐 때 소풍을 이곳으로 갔다. 물맛이 후추처럼 매운 맛을 내며 사이다 같은 탄산수로 되어 있어 당원(단맛을 내는 조미료)을 준비했다가 물에 타 먹으면 정말 '천연사이다' 였다. 이 약수는 위장병, 피부병, 눈병, 숙취 해소 등 30여 가지의 병을 고칠 수 있어 주변은 물로 대전, 유성에서도 많은 사람들이 와서 물을 마시고 떠간다.

안승주 총장님은 어렸을 때부터 이렇게 좋은 약수를 마시면서 자라났다. 1970년대 공주 송산리에서 백제 25대왕인 무령왕의 발굴에 참여하였고, 백제사 연구에 국보적인 존재였던 그분께서 60여 세의 생을 마감하자 무령왕과 같은 생을 살았다며 여러 가지 수식어가 따라 붙었다. 우리에게는 지역의 선배이면서 존경하는 어르신이기에 우리고장 출신임을 자랑하고 있다.

지금은 남겨져 있지 않은 안승주 총장 생가(1995년 촬영)

어느덧 떠나신지 10여 년이 흘렀다. 새이학가든에서 환하게 웃으시면서 "자네 금남면 향토지는 잘 만들어야 해" 하고 당부하시던 모습이 엊그제 같다. 그래서 그런지 금남면 향토지를 넘길 때에는 안총장님의 말씀이 들리는듯하다. 가끔 공주대에 들어서면 본부건물 앞 화단에 있는 고인돌이 눈에 들어온다. 오래전 금남면 장재리의 도로공사 중 유실되려는 고인돌을 안총장님께서 급히 공주대로 옮겨 놓았다고 했다. 그 고인돌을 볼 때 마다 그의 고향사랑을 느끼는데 한 가지 아쉬운 점은 고인돌 앞에 설명판이 없어 그저 화단에 놓은 정원석 바위 하나로 취급되고 있는 점이다. 안승주 총장님이 태어난 충남 연기군 금남면 대박리 가는 길목인 장재리에서 출토된 고인돌이라는 것을 꼭 써주었으면 좋겠다.

고 안승주 선생 10주기에 부쳐서

조유전_한국토지박물관장
전 국립문화재연구소장

공주대학교 윤용혁 교수로부터 안승주 선생에 대한 추모의 글을 부탁받았다. 윤 교수는 고 안승주 교수의 제자로 현재 공주대학교 역사교육과장을 맡고 있는데 안승주 선생의 10주기가 오는 6월 23일이어서 이를 추모하기 위해 추모집을 발간하고자 한다고 원고를 나에게 부탁한 것이다. 선생의 타계 소식을 듣고 문상 한 것이 엊그제 같은데 벌써 10년의 세월이 흘렀으니 정말 세월의 무상함을 느끼지 않을 수 없다.

왕릉 발굴에서의 인연

나와 선생과의 인연은 지금으로부터 37년 전인 1971년으로 거슬러 올라간다. 그것은 우리나라 고고학발굴사에 상처와 영광을 함께 한 백제 무령왕릉의 발굴조사에서였다. 그러니까 1971년 7월 당시 사적으로 지정된 공주 송산리 백제고분군 가운데 사신도가 있는 벽화무덤으로 유명한 6호무덤의 뒤편에 가로질러 배수로 작업을 하던 중 우연히 발견된 무령왕릉은 세상을 온통 홍분의 도가니로 몰아넣었다. 베일에 싸여 있는 고대 왕의 무덤이 발견된 것 만해도 세상을 놀라게 했지만 무덤이 도굴의 화를 당하지 않고 온전하게 남아 있었다는 것은 이를 통해 백제의 고급문화를 연구할 수 있는 획기적인 자료를 확보할 수 있었다는 점에서 매우 큰 의미를 부여할 수 있는 발굴이었고 우리나라 고고학사에 길이 기록될 쾌거였다.

이 무령왕릉의 발굴은 당시 문화재관리국(현 문화재청) 주관으로 실시되었는데 국립문화재연구소의 전신인 문화재연구실에서 발굴실무를 맡게 되었던 것이다. 그래서 당시 문화재연구실에 근무하고 있는 연구직들이 모두 현장 발굴조사에 동원되었다. 당시 나는 올챙이 학예연구사로 서울 경복궁내에 소재한 문화재연구실(현 문화재청 경복궁관리사무소 건물)에 근무하고 있었는데 원인도 모르고 공주 현장으로 급파되었다. 당시 급파된 학예연구사들은 현재 성균관대학교 사학과 교수로 있는 손병헌, 국립중앙박물관장을 역임하고 현 부산 동아대학교 고고미술학과 초빙교수로 있는 지건길이었다. 어떻게 된 영문조차 모르고 각자 현지에 도착하게 되었다. 송산리 현장에는 당시 국립공주박물관 김영배 관장, 공주사범대학(현 공주대학교) 역사교육과 안승주 교수, 공주교육대학 박용진 교수 등이 현장을 지키고 있었다. 이렇게 되어 고인과 현장에서 처음 인사하게 되었다. 물론 나는 갓 30의 올챙이 연구사 신분이었고 고인은 30대 중반의 대학 교수 신분이었다. 이렇게 만난 인연이었지만 나와 고인의 경우 동향인의 인연이나 학교 선후배 간의 학연 등 아무런 인연이 없었던 관계였고 다만 백제 무령왕릉 발견이 만나게 해준 인연이었다.

그러나 무령왕릉 발굴은 당시 현장의 여건이 차분하게 발굴조사를 하게끔 두지 않았고 급기야 하루 밤 사이에 모든 왕릉발굴이 완료되는 졸속발굴의 결과를 가져왔다. 당초에는 대수롭지 않게 시작된 발굴이었는데, 전돌로 축조한 소위 파괴된 전축무덤(塼築墳)의 하나일 것이라는 정도의 생각에 지나지 않았기 때문이다. 그러나 발굴조사가 진행되는 과정에 무덤의 내부로 들어갈 수 있는 통로인 연도를 막아 폐쇄한 전돌을 뜯어내고 내부를 들여다 본 순간, 도굴의 화를 입지 않고 오랜 세월동안 그 자리를 지켜온 소위 처녀분임이 확인되고 나서부터 주변은 서서히 달아오르기 시작했다. 발굴단원들도 흥분을 감추지 못했고 구경을 하기 위해 몰려든 인파도 술렁이기 시작했다. 현장의 분위기가 급작스레 상승하기 시작한 것이다.

드디어 무덤의 주인공이 백제 제 25대 왕인 무령왕임을 밝혀주는 돌로 만든 지석(誌石)이 발견되어 공표됨으로써 현장은 순식간에 흥분의 도가니로 변하기 시작했다. 기자들의 취재 경쟁에 따른 발굴 전 무덤내부 공개 요구, 공주읍민들의 소요, 조사원들의 우왕좌왕 등 현장의 분위기가 순식간에 어수선하게 돌아갔다. 한시바삐 유물수거를 결정하지 않을 수 없게 되었고, 결국 하루 밤을 새며 철야 유물수습 작업으로 발굴조사를 마치게 되었다. 그리고 유물을 서울중앙박물관으로 이송하려고 했을 때 공주읍민들이 발굴유물 1점도 공주 밖으로 나갈 수 없다고 항의데모가 일어났다. 이러한 과정은 고고학적인 발굴조사에 전무후무한 일이 되었지만 이러한 소용돌이 속에 우리와 고인은 함께 했던 것이다. 결국 당시 김종필 국무총리가 출토유물은 서울의 국립박물관에서 보존처리와 함께 정리를 한 후에 공주에 새로운 박물관을 만들어 한 점 남김없이 공주박물관에 두겠다는 약속으로 가까스로 일단락되었다.

멧돼지와 쓸개술

무령왕릉 발굴현장에서 만난 인연은 그 후 세월이 지나면서 공주를 방문할 기회가 있을 때마다 당시 국립공주박물관 김영배 관장을 찾아

뵙게 되면 반드시 고인도 함께 자리했다. 그런데 고인은 약주를 좋아하지 않았다. 왜냐하면 간이 건강하지 않아 술을 삼간다고 했다. 외형으로 보면 키도 큰 편이고 체격도 좋은 편이어서 술을 마셔도 말술을 마실 타입이었는데 못하는 이유가 거기에 있었던 것이다. 그러나 술자리에 앉으면 특유의 유머와 함께 분위기를 이끌어 나가 다른 사람들은 편안하게 술을 마실 수 있었다. 특히 인연이 있는 식당은 고인이 소개해서 알게 된 은성식당이 있는데 이 식당은 주인이 멧돼지를 농장에서 길러 손님에게 제공함으로써 고기의 질도 좋고 더구나 멧돼지 쓸개를 소주에 담가 소위 즉석 쓸개술도 만들어 먹을 수 있어 좋았다. 물론 무척이나 써서 먹기가 역겨워 마시지 못하는 사람도 있지만 우리는 그것을 마시기 위해 자주 찾았다. 나와 고인과의 관계를 아는 주인은 고인이 같이하지 않아도 우리 일행이 나타나면 반드시 멧돼지 쓸개가 서비스로 제공 되었다. 물론 경우에 따라서는 멧돼지를 잡지 않을 경우 재고가 없으면 서비스를 받을 수 없었지만 대개의 경우 서비스로 쓸개가 나왔다. 이러한 인연으로 공주를 지날 때면 그 식당으로 달려가 쓸개 술을 마시곤 했다. 그럴 때마다 고인의 얼굴이 떠오르기도 했다.

고인은 백제사에 고고학을 접목해 새로운 백제사를 정립하기 위해 노력했다. 공주박물관 고 김영배 관장을 중심으로 고인을 비롯 박용진 공주교육대 교수 등 무령왕릉 발견 당시 신진 학자들로 구성된 멤버들이 산천을 누비며 백제의 흔적을 찾는데 젊음을 바쳤다. 척박한 환경 속에서 오로지 백제만을 위한 연구가 이들의 손에 의해 진행되고 있었던 것이다. 그렇게 해서 1974년에는 부여송국리에서 우리나라 최초로 완벽한 형태의 비파형동검을 비롯한 마제석검, 석촉, 대롱옥, 동제 끌 등 일괄유물이 수습된 석관묘를 발견한 일은 무령왕릉 발굴에 버금가는 고고학적 발견의 쾌거였다. 이 석관묘 발굴에 따른 일괄유물의 발견은 남한지역의 청동기시대를 여는 획기적 계기가 되었던 것이다. 그러나 흥분하지도 않았고 자랑하지도 않았다. 오로지 국립공주박물관장의 공으로 돌려 진정 학문하는 자의 모습을 읽을 수 있는 모습이었다. 이러한 학덕과 풍모는 아마도 고인을 대학의 학장으로 그리고 대학의 총수인 대학총장을, 그것도 직선으로 자리에 오르게 했던 것이라 해도 과언이 아닐 것이다.

비파형 동검을 발굴하고

고 안승주 총장을 잘 아는 전 백제문화개발연구원 사무국장을 지낸 성기의 씨는 오로지 백제연구에 전념하고 있는 고인을 도울 수 없을까 생각하면서 지내 온 사람이다. 백제문화개발연구원의 실무를 맡은 그는 나름으로 백제사연구의 프로젝트를 마련하면 도움을 줄 수 있는 방법을 고민하기도 했다. 그래서 백제문화연구 잡지인 백제문화에 가능한 지원을 아끼지 않았다.

고인의 공주대학교 총장시절 몇몇 사람이 공주에서 만나 하룻밤을 보내게 되었을 때 일이다. 예의 멧돼지 쓸개 술과 고기로 저녁을 한 후 숙소인 산성호텔에 여장을 풀었는데 잠자리에 들기에는 시간이 남아 성인들의 놀이인 고스톱을 하게 되었다. 총장의 신분으로 체통에 관계되는 일이라 하자니 그렇고 안하자니 분위기 문제가 있고 해서 아무래도 도박성이 있는 것이니 고인이 다음과 같이 제안했다. 즉 자신의 용돈을 함께 모인 사람에게 골고루 나누고 나서 고스톱을 하되 결과적으로 돈을 딴 사람이 다음날 해장국을 사기로 하는 룰을 정해서 했다. 이것은 자신이 아침에 해장국을 대접해야 하겠는데 이렇게 해서 돈을 딴 사람은 해장국을 사서 기분이 좋고 잃은 사람은 해장국을 먹어서 좋은, 말하자면 결과적으로 일행을 초청한 총장이 해장국을 서비스 한 것이다. 이것이 바로 고등단수가 아니고 무엇인가, 이러한 배려를 할줄 아는 멋있는 사람이었다.

그리워지는 그 역량과 품격

총장의 임기를 마치고 나서 백제지역의 고고학 연구를 심화시키기 위해서는 전담발굴단이 마련되어야 한다고 평소 생각했던 발굴조사 기관을 사재를 털어 마련한 것이 바로 충청문화재연구원이다. 오로지 백제에 매달려 대학의 최고봉인 총장을 마치고도 자신과 백제사를 연구할 후학을 위해 용단을 내었던 것이다. 그러나 결국 정년의 나이도 넘기지 못하고 63세에 세상을 떠났으니 안타까운 일이 아닐 수 없다.

오늘날 전국적으로 많은 개발이 진행되고 있어 구체적인 발굴이 한 해에 일천 여 건이 진행되고 있는데 일부 개발에 걸림돌이 된다고 여기는 개발자의 부정적인 시각이 있어 발굴조사에 커다란 부담을 안고 있는 실정이다. 이럴 때 필요한 사람이 고인이 아닌가 생각한다. 말하자면 진정한 원로로써 어려운 시기에 좋은 해법을 알려주는 지혜가 필요한데 새삼 고인의 역량과 품격이 그리워진다. 두서 없는 글이라 고인에게 누를 끼치지 않을까 걱정이 앞선다. 회고를 마치면서 진정으로 고인의 명복을 다시 한 번 빌어마지 않는다.

안승주 선생이 그립다

정재훈_한국전통문화학교 석좌교수
전 문화공보부 문화재관리국장

요즘 나는 한국전통문화학교에서 학생들에게 전통조경학을 가르치고 있다. 그래서 역사적 경관의 회복과 보존에 대한 일에 관여하는 일이 많아졌다. 공주시의 문화유적 중에 역사적 경관을 수경(修景)하는 일에 참여 한 것은 무령왕릉 지역의 조경과 공산성 지역의 조경, 그리고 앞으로 추진될 고마나루 지역의 조경이다.

무령왕릉 앞에 서 있었던 큰 전나무 등을 제거하고 무령왕릉 전축분에 영향을 줄만큼 인접되었던 관람도로를 전축분에서 떨어지게 넓히고 한길로 들어갔다 되돌아 나오는 길을 회로를 만들어 외줄로 관람하게 만들었다. 이는 관람동선을 한가하게 분산시켜서 기능적으로 만든 것 뿐 아니라 무령왕릉 전축분의 내부구조에 진동이 가거나 지반의 압축을 덜어 주기 위한 방법의 적용이기도 하였다.

들어가는 길의 양쪽에 가로수처럼 서있던 노무라 단풍(붉은 단풍)도 모두 이식하여 좁은 능역 입구를 시원하고 넓게 만들었다. 이는 시각적으로 송산리 고분군의 전경을 넓게 보이게 하고 고구려나 신라에서 보는 삼국시대 고분군의 경관을 회복시킨 것이었다. 그리고 능역에 심어졌던 관상수나 리기다소나무와 아카시아 나무를 모두 제거하였다.

공산성 조경은 우람한 성벽이 시내에서 보면 장엄하게 드러나게 했다. 성벽 가까이 있던 수목을 성체에서 60m정도 거리까지 제거하게 하였다. 원래 성체에서 60m거리 이상까지 나무가 한 포기도 없었던 것이 성의 원형이다. 그래야 적이 성을 공격할 때 은신 할 곳이 없어지고 성을 지키는 군사는 활이나 총으로 적을 향하여 사격할 수 있는 유사 거리를 확보 할 수 있는 것이다. 중국의 만리장성을 가보면 성 외각으로 큰 나무가 한 포기도 없다. 공산성의 성체가 멀리서도 드러남으로 하여 공주가 옛 백제의 고도이며, 웅진성의 아름다운 역사적 경관을 직감할 수가 있게 되는 것이다. 고마나루도 옛 강안의 송림으로 신림(神林)같은 숲이 조성될 것이다.

내게 백제에 대한 이런 의식과 구상을 배워준 사람이 안승주 선생이시다. 안승주 선생은 나보다 한살 위의 나이이다. 애석하게 너무 빨리 돌아가셔서, 옛날같이 공주에 가면 만날 수가 없어 공주가 적막해졌다.

노태우 대통령이 백제 문화권 보존정비 사업을 대통령 공약사업으로 선정하여 대통령으로 당선된 후에 사업추진 계획을 작성하여 필자(당시 문화재관리국장)가 가서 결재를 받았다.

그날이 1988년 12월 19일이다. 한성백제, 웅진백제, 사비백제의 유적 54개 사업에 예산은 645억이었다. 보고 장소는 대통령 집무실 소파였다. 필자가 보고하고, 배석한 사람은 최병렬 문화공보부장관, 이연택 청와대 행정수석, 이경문 문화체육담당 비서관이었다. 원래 1시간 보고 시간을 약속 받았는데 대통령께서 백제문화의 역사에 대하여 하도 진지하게 질문하셔서 2시간이 넘게 보고시간이 길어졌다. 이로 인해 당시 법무장관의 사면자 결재가 늦어지고 청와대의 그날 계획에 차질이 생겨서 의전비서관이 보고 중에 들어와서 장관들이 기다린다고 독촉하기도 했다. 이날 나는 끝까지 보고하며 백제문화권 개발 사업을 잘 하려면 좋은 사업계획과 차질 없는 예산 확보와 전문 인력이 꼭 필요하다고

무령왕릉에서의 안승주 교수와 필자(1984. 4. 7 / 사진 정재훈 제공)

대통령께 건의하여 대통령 지시사항으로 부여문화재연구소, 경주문화재연구소, 창원문화재연구소, 목포문화재연구소의 신설과 80여 명의 증원을 받아냈다. 이날 보고시간의 지연으로 이경문 문화체육비서관이 비서실장으로부터 경고를 받는 사태가 났던 것이다.

그런데 내가 백제문화사에 대하여 대통령에게 자세히 보고 할 수 있었던 것은 안승주 교수의 백제고분 문화의 연구와 부여 송국리 요령식 동검출토 석관묘 등의 논문들을 보고 공부하였기 때문이다.

안승주 교수는 지방대학에서 위촉된 유일한 문화재위원이었다. 내가 장관이나 차관과 함께 공주나 부여를 출장가면 안승주 교수가 백제문화를 책임지고 안내하고 정책에 반영하게 하였다. 사진첩을 열어보니 1984년 4월 7일 강용식 차관과 공주 문화유적을 순시할 때 안승주 교수의 무령왕릉을 설명하던 사진이 있어 첨부한다. 지금도 궁륭식 석실분, 맞배식 석실분, 평석천장 석실분, 네벽 수직식 석실분, 전축분, 기단식 적석분과 계란형토기(한성백제), 구형토기(웅진백제), 광견형토기(사비백제) 하면서 늘 백제 문화 영역에 가면 모든 일을 제쳐두고 수고해 주시던 안승주 교수의 그 친절하고 헌신적이며 깊은 연구자의 모습을 보여주던 것이 어제 같다. 우리 모두 시한부 인생인데 이승에서 다시 만날 수 없어 한없이 한스럽고 그리워진다.

안승주 선생을 추억하며

니시타니 타다시(西谷 正)_일본 고고학협회 회장
규슈대학 명예교수

나라(奈良) 국립문화재연구소에 재적(在籍)하고 있던 나는 일본 문부성 재외연구원으로서 한국 국립중앙박물관(崔淳雨 관장)의 신세를 지고 있던 1968년 11월 18일(월), 처음 공주를 방문하게 되었다. 당시 서울대학교 박물관의 조교였던 권이구(權彛九)씨와 함께 오전 10시 30분에 버스로 서울을 출발하여, 공주에 도착한 것은 오후 3시 경이었다. 그날은 국립공주박물관(金永培 관장)에 들러 짐을 맡긴 후 다시 버스로 공주 교외의 마암리로 나가 일몰 직전까지 동굴유적을 견학했는데, 마을 어구에 솟대가 세워져 있던 것이 인상적이었다.

다음날 19일 아침 7시 30분 발 버스를 타고 석장리로 가서 9시에는 공주박물관으로 돌아왔다. 그로부터 박물관의 박인화(朴仁和) 씨의 안내로 송산리고분군 · 시목동고분 · 공산성 등을 답사했다. 그리고 오후 2시 반 경 공주사범대학 백제문화연구소에 당시 조교수였던 젊은 안승주 선생을 방문하였는데, 이것이 선생과의 첫 만남이다. 그때 안선생의 후의에 의하여 연구소의 유물실에서 소형 동경 · 삼각형 돌칼 · 송산리 6호분출토 문양전 등을, 그리고 같은 캠퍼스 안에 있던 부속중학교에서는 동일 종류의 문양전 · 토기 · 석기 · 철마 등을 조사하였다.

다음 20일 아침 공주박물관에서 석촉 2점을 실측한 후 10시 좀 지나서 12시 15분 경까지 공주교육대학의 박용진 선생을 방문, 기와와 거울을 탁본하고, 또 유례가 없는 유릉식(有菱式) 석촉의 사진을 촬영하였다. 그 사이에 안선생이 오셔서 논문 별쇄를 주셨다. 그때의 일이 계기가 되어 박용진 선생의 「백제 와당에 관한 연구」와 안승주 선생의 「백제 고분의 연구－공주지방을 중심으로」를 각각 일본 『고고학 저널』의 제48・50・51호(1970년)와 제58・59호(1971년)에 차례로 번역하여 게재하게 되었다.

여하튼 공주에서 생각나는 것은, 안 선생과 박 선생이 우리가 옆에서 볼 때 부럽기 짝이 없는 의좋은 명 콤비로서 백제문화의 연구에 젊은 정열을 불태우고 있었던 점이다. 박 선생이 백제 고와(古瓦)의 연구에서 볼 수 있는 것처럼 역사고고학에 보다 중점을 둔 데 대하여, 안 선생은 말하자면 선사 혹은 원사(原史) 고고학에 관한 업적이 많았다.

시간이 흘러 1974년 11월 22일(금)의 일이었다. 그것은 큐슈대학 경주학술조사단(단장 田村圓澄 교수)의 일원으로서 경주 황남동 98호분(황남대총) 북분(北墳)의 발굴현장을 견학한 후 한국 각지를 방문할 때인데, 국립공주박물관(강인구 관장)의 관장실에서 다시 재회의 기쁨을 나누었다.

그후 1978년 11월부터 1년 간 서울대학교 박물관에서 신세를 지고 있을 때 공주를 방문하였다. 다음 해 6월 20일(수) 아침, 충남대학교에 유학중인 가메다(龜田修一) 군과 함께 대전을 버스로 출발하여 1시간 5분 후에 공주에 도착, 전화를 하자 안승주 선생은 학장의 공용차로 영접해 주었다. 다음날 21일 공주사범대학에서 강연할 기회를 갖게 되었다. 〈일본에 있어서 고대국가의 형성에 대하여〉라는 주제로 약 100명의 청중을 대상으로 한 강연이 무사히 끝나자 생각지도 않게 여학생으로부터 꽃다발을 받기도 하였다. 이러한 배려도 안선생의 후의에 의한 것으로, 참으로 고마운 일이었다.

다음 22일 아침부터 안선생의 안내로 석장리 유적과 수원사지를 견학했다. 석장리의 금강 건너편에서는 안 선생이 직접 배의 노를 저어 건넜다. 그날 점심은 안선생 댁에서 조교로 있던 윤용혁 선생, 가메다(龜田修一) 군과 함께 성찬(盛饌)을 만끽하였는데, 지금까지 선명히 기억하고 있다.

마침 그 무렵 무령왕릉 남서쪽 1km 지점의 웅진동에서 조폐공사 제지공장이 건설되게 되어 있었다. 기공식을 앞두고 이루어진 진입로 공사 도중 백제시대의 유구가 발견되었다. 암반을 이용하면서 측벽 일부에 돌을 쌓고 천정석을 걸친 보기 드문 형식의 고분이었다. 내부에 부장된 토기 호(壺) 가운데는 2차장(二次葬)의 성인(成人) 인골이 들어 있는 특이한 것이었다. 그후 백제 횡혈식 석실이 계속 확인됨으로써 유적의 보존 문제가 부상하였다. 나는 8월 7, 8일 양일간 웅진동 고분군의 발굴현장을 견학했는데 8일(수)에는 김원룡(金元龍) 선생과 함께 현장을 둘러보았다. 그 때에도 안 선생께 여러 가지 신세를 진 것은 물론이다. 결과적으로는 고분군이 개발공사에 의한 파괴의 위기를 모면하게 되었는데 백제문화에 대한 깊은 애정과 높은 식견을 가지고 냉정하게 대처한 안 선생님의 노고는 각별한 점이 있었다고 생각된다. 이 때문에 공주에서는 보존 반대의 데모가 일어났고 안 선생은 일시 서울로 피난하기도 하였다는 이야기도 들었다.

그후 한동안의 일은 기억이 없지만 1992년 5월 12일(화)에 후쿠오카(福岡)현 교육위원회가 큐슈 국립박물관 유치 사업의 일환으로 이듬해 가을 계획하고 있던 〈아시아 문명 교류전〉에의 출품 교섭을 위하여 방한하였을 때, 오랜만에 안 선생님을 뵈었다. 공주대학교에서는 공주시 봉안리 출토 동검 · 동과 · 유리 관옥의 대여를 요청 하였는데, 당시 총장으로 계신 안 선생님과 박물관장 윤용혁 선생으로부터 쾌락을 받았다. 그날 밤에는 시내의 관광호텔에서 충청남도와 우호자매 관계에 있던 쿠마모토(熊本)현의 호소가와(細川護熙) 지사 방한 회식이 있었는데 안총장의 배려로 지사와 같은 테이블에서 식사하는 영광을 입었다. 그때 윤관장 이외에 최종규(崔鍾圭) 국립공주박물관장도 동석하여 화기애애한 시간을 가질 수 있었다. 그 해는 10월 28일(수)에도 STS 사가TV 등 동아시아문명교류사연구회의 한국학술조사단 단장으로서 방한할 때에도 공주대학교 박물관에서 안승주 선생을 뵈었다.

이처럼 내가 한국을 갈 때마다 안승주 선생을 자주 뵙고, 지도를 받거나 후의를 입은 적이 많았다. 안 선생님의 부음(訃音)은 훨씬 뒤에 듣게 되었는데, 선생으로부터 받은 학은(學恩)과 후의에 아무런 보답도 하지 못한 채여서, 나로서는 내심 송구스런 마음을 금할 수 없었다.

재작년인가, 윤용혁 선생을 비롯한 공주시민방문단이 내가 관장으로 있던 이토코쿠(伊都國) 역사박물관을 찾았을 때, 실로 28년 만에 사모님을 뵙게 되었다. 그때 안승주 선생님과의 일이 아주 최근의 일이었던 것처럼 그리움이 밀려오는 것이었다. 동시에 항상 미소를 잃지 않고 따뜻한 눈길로 맞아주시던 안 선생님의 명복과 사모님의 한없는 건승을 진심으로 빌어마지 않을 수 없었다.

* 번역 _ 윤용혁

공주, 백제, 그리고 안 승주 선생님

도다 유지(戶田有二)_일본 國士館大學 교수

1969년에 처음으로 간사이(關西)의 친구와 한국에 갈 기회가 주어졌다. 이때는 국립중앙박물관 등 서울을 중심으로 한 견학과 경주의 국립박물관, 절터의 견학을 주로 하였다. 다음 해 1970년 다시 한국에 가게 되었고, 이때는 부여와 공주가 중심이었다. 나는 1971년부터의 한국 유학을 희망하였다. 그러나 이것은 사정 때문에 이루어지지 못하였다.

안승주 선생님을 처음 뵌 것은 1971년의 일로 기억된다. 이때는 1971년 12월 중순부터 이듬해 1월 초순에 걸쳐 은사이신 오가와(大川 淸) 선생을 모시는 한국 여행이었다. 이 여행은 오가와 선생을 단장으로 한 신라와 백제 답사 여행으로, 당시 코쿠시칸대학(國士館大學) 고고학 연구실에서 조수(助手)로 있던 나와 기술직원, 그리고 토치키(栃木)현 문화재보호과에 근무하는 오오카네(大金宣亮) 씨 등 4명으로 하는 유적 답사였다. 도쿄 세다가야(世田谷)의 우리 대학으로부터 연구실의 지프차로 시모노세키(下關)까지, 시모노세키로부터 관부(關釜) 페리에 차를 싣고 부산에 상륙한 다음, 여기에서 북상하여 김해 패총 · 경주 · 대구 · 가야 · 대전 · 서울을 보고, 다시 서울로부터 남하하여 공주 · 부여를 견학하고 부산으로 돌아와 귀국하는 여정이었다.

공주에는 12월 26일 저녁에 도착한 것으로 기억한다. 번화가에 숙소를 잡고 잠깐 쉰 다음 가까운 요정에서의 만찬에 초대되었다. 이 자리에는 공주사범대학 김영돈 학장, 공주교육대학 장준한 학장, 공주사범대학 박병국 교수(백제문화연구소장), 공주교육대학 박용진 교수, 국립공주박물관 김영배 관장 등과 함께 안승주 선생이 계셨고 이때 선생님을 뵌 것이 처음이었다. 우리들은 3박 4일의 공주 체제 기간중 유적 견학 및 연구기관에의 방문 등을 안 선생님과 함께 하였으며 점심과 저녁을 함께 하였다. 안 선생님에 대해서는 그 전년(前年) 오가와 선생이 만나, 그 연구를 높이 평가한 바 있었다. 귀국 후 오가와 선생이 "공주에는 앞으로의 백제 연구를 짊어질 젊은 연구자가 있다"고 안 선생님에 대하여 말씀하셨는데, 이 때가 초대면(初對面)임에도 이름은 이미 알고 있었던 것이다.

당시 안 선생님은 30대의 나이에 술은 별로 즐겨하지 않았던 것으로 기억된다. 이 해 오가와 선생은 도쿄의 출판사(雄山閣)로부터 『백제의 고고학』이라는 책의 출판을 예정하고 있었다. 이 책은 한국 연구자에 의한 최근의 백제 연구를 일본 연구자에게 소개하는 것이 목적이었는데, 당시 고고학연구실에 있던 나는 그 일을 도와드린 것을 지금도 기억하고 있다. 『백제의 고고학』은 1972년 8월에 간행되어 지금도 판을 거듭하고 있는 백제연구의 입문서이다. 그 가운데 수록한 논문은 17편인데, 2편은 일본인, 그 밖은 모두 한국인 연구자의 논문이다. 당시 한국에서 백제 연구의 최첨단에 있던 연구자중 최연소 집필자가 안 선생님이었다. 2편의 선생님 논문이 이 책에 수록된 것으로도 당시, 한국 신진 고고학자로서 선생님이 높게 평가되고 있었음을 알 수 있다.

그 다음 안 선생님을 뵌 것은, 아마 1973년 혹은 1974년의 8월이었다. 안 선생님이 미국에 가서 귀국하면서 일본에 들르신 때의 일이다. 이때 내가 차로 하네다(羽田)에 출영하여 연구실에서 기다리는 오가와 선생께 모시고 온 것이다. 이때는 도쿄에 공주사범대학의 박병국 선생님도 계셨다. 그리하여 토치키현 문화재보호과의 오오카네 씨의 주선으로 닛코(日光)의 토소구(東照宮)를 견학하고, 밤에는 츄센지(中禪寺) 호반에 있는 토치키 현의 숙박시설에 박병국 교수, 오가와 선생, 오오카네 씨와 함께 1박 하였던 기억이 있다.

마지막으로 안 선생님을 뵌 것은 1978년 경의 겨울이었는데 공주와 부여 유적 답사를 할 때 선생께 인사드리기 위하여 친구와 사범대학을 방문할 때의 일이었다. 이때 박병국 선생님도 뵙고 인사를 드렸다.

이후 나의 한국 방문은 1993년까지 중단되었다가 1994년부터 다시 재개 되었다. 1997년에는 백제문화제 기간중 공주대에서 개최된 국제학술심포지움에 초청되어 연구 발표의 기회를 갖게 되었다. 이때 윤용혁 선생, 이남석 선생, 서오선 선생 등과 대화중 안 선생님을 과거에 뵈었던 기억을 언급하며 근황을 물었던 바, 지금도 건재하시고 언제라도 뵐 수 있다는 것이었다. 그러나 이때는 시간 관계상 선생님을 뵙지 못한 채 귀국하게 되었다.

1998년, 전부터 희망하였던 나의 한국 유학이 20 몇 년이나 걸려 드디어 실현되었다. 그리하여 공주대학교와 국립부여박물관에서의 생활이 이루어지게 되었다. 5월 1일부터 1999년 4월 30일까지 현지에 체재하며, 특히 공주대에서는 객원교수로서의 배려가 있었다. 5월 초순 현지에 부임하고, 6월 중순 생활이 좀 정리된 다음에야 안 선생님에 대하여 물어 보았던 바 지금 입원중이시라는 것이었다. 상세한 용태(容態)를 알지 못한 채 뵙지도 못하고 있었는데, 6월 23일 타계 하셨다는 것을 그 후에 알게 되었다. 유감스럽게도 결국 안 선생님을 다시 뵙지 못하게 된 것이다. 그 아쉬움이 지금도 나의 마음에 깊이 남아 있다.

* 번역 _ 윤용혁

당신께 드립니다

도순성_충청문화재연구원 이사장

당신이 제 곁을 떠나신지 벌써 10년의 세월이 흘렀습니다.

당신이 제 곁에 계셨을 때에는 당신에 대한 생각을 깊이 해본 일이 없었던 제가 요즈음은 가끔씩 당신 삶에 대한 조명을 다시 해보고 그리워하는 여유와 버릇이 생겼답니다.

지난날 당신께선 저에게 비오는 날의 우산이 되어 주셨고 험한 세파 앞에서는 든든한 방파제가 되어주셨지요. 때문에 당신이 없는 지난 10년의 세월은 저를 더욱 힘들게 했습니다. 나날이 발전하는 의술과 함께 인간의 평균 수명은 길어지는 요즈음, 무엇이 급해서 그리 서둘러 일찍 세상을 떠나셨는지… 지금도 생각하면 가슴이 저려옵니다.

정작 떠나시는 당신께선 짧은 인생을 살고 간다는 아쉬움의 감정 같은 것은 보이지 아니하시고 의연하게 떠나셨는데, 남아있는 제가 부질없는 줄 알면서도 왜 이렇듯 평균수명에 집착하고 마음 아파하는지 모르겠습니다.

병원에서 7개월 여의 투병생활이 당신에겐 무척 힘든 시간이었지만 마지막으로 우리에게 함께 할 수 있는 귀한 시간이 되었고, 또 서로를 생각 할 수 있는 소중한 기회가 되기도 하였지요. 그리고 그 때에 당신이 하신 말씀들은 지금까지도 잊혀지지 않고 있습니다. 그러면서 한편으로는 그 당시에 당신이 하시는 말에 적절한 위로의 말을 못해 드린 것이 지금까지 후회가 되기도 합니다.

세상에 나와서 적성에 맞는 학문과 활동을 했고, 조선시대의 선비만은 못해도 남자로서, 그리고 가장으로서 누리면서 사는 삶을 살고 가기 때문에 여한이 없노라고… 담담한 당신의 말을 듣는 순간 이 말이 유언인가 싶은 생각에 속으로 몹시 당황했었습니다. 그러나 한편으로는 매사를 긍정적으로 받아들이는 성격이므로 마지막 인생의 결산도 역시 당신답다고 저는 생각했었지요.

또 어느 날 문득 생각이 난 듯 "우린 그 동안 한번도 안 싸웠지?" 하고 당신이 나에게 물어왔지요. "그래요" 나는 대답하면서 당신은 나를 아무리 힘들게 해도 미워 할 수도, 싸울 수도 없는 사람이라고 생각했습니다.

당신도 기억하실지는 모르겠지만 우리가 옥룡동에 살 때 제가 동창회에 참석하기 위해 대전에 다녀와야 하므로 하루 종일 집을 비우게 되었고, 마침 당신은 논문 준비 때문에 집에서 원고를 써야 한다기에 연탄 가는 방법을 장황하게 설명을 하고 부탁했지요. 그런데 "알았으니 걱정하지 말고 마음 놓고 잘 다녀오라"고 흔쾌하게 대답하는 당신을 믿고 갔다가 저녁 때 돌아와 보니 8, 9통의 연탄불이 모두 꺼져버려 애를 먹은 일이 있었습니다. 그 때 깜빡 잊고 연탄불을 못 갈았다고 하는 당신에게 저는 화를 낼 수가 없었지요. 만일 그 때에 당신께서 "남자가 무슨 연탄불을 가느냐?"는 식으로 나왔다면 싸움이 될 수도 있었겠지만 원고를 쓰다가 깜빡 했다는 데는 무어라 할 말이 없더라구요.

그리고 그 후 제가 과수원 일로 바쁠 때 가사도우미 아줌마를 구하는 일에 아내인 저보다 더 마음 쓰고 노력하는 당신을 보면서, 막내아들로 집안일과는 멀게만 성장한 당신에게는 어느 날 갑자기 연탄불 가는 일이 엄두도 안나는 일이었으리라는 것을 알았습니다.

부부가 오랜 세월 함께 살다보면 말로 상대방에게 상처를 주고 싸울 법도 한데, 우리의 관계는 제가 당신과 상반된 생각이나 행동을 했을 때 당신은 부정적으로나 단적으로 또는 직설적인 말을 통해서가 아니라 무언으로 나로 하여금 당신 생각을 읽을 수 있게 하였지요.

그럴 경우 저는 "내가 잘못했나보다," 아니면 "나의 무엇이 잘못되었나?" 하고 다시 한번 생각하게 만드는 것이 당신이었지요.

또 오래된 총장선거 기간 중 가까운 분의 권유로 제가 어떤 교수님의 부인에게 부탁 전화를 한 적이 있었지요. 그리고 밤늦게 귀가한 당신에게 그 이야기를 하게 되었는데, 당신으로부터 전후 상황 설명을 듣고 보니 당신이 크게 화를 내고도 남을 일이었습니다. 그런데도 당신은 화를 내는 것이 아니라 지금까지 일의 진행이 잘 되어 가고 있으니 그저 가만히 있어주는 것이 도와주는 것이라고 하셨지요. 그러니 당신과 무슨 싸움이 되겠습니까? 때문에 우린 그 흔한 부부싸움을 한번도 못해보고 끝낸 부부가 된 것입니다.

지금도 빙긋이 웃으시던 당신의 모습이 떠오릅니다. 그리고 그 동안 제 마음에 간직했던 당신 생각을 다시 해 봅니다. 당신의 대범하고 원만한 성격은 아내인 내 마음을 마냥 편안하게 해 주었으며 아내를 인정해 줄줄 아는 남편이었지요. 그리고 아내를 배려하고 포용할 수 있는 넓은 가슴을 가진 남편이셨습니다.

때문에 당신을 먼저 보내고 난 후 늦게서야 이 세상에 당신만한 남편도 그리 흔치않음을 깨닫게 되었고, 지난 날 당신이 제 옆에 서 계심으로서 행복한 제가 존재하였음을 다시 한번 생각하면서, 당신을 만나게 해 준 하느님께 감사하고 있습니다.

그리고 이 다음에도 우리가 천국에서 다시 만나 함께하기를 기대 합니다.

여보!

당신이 떠나신 후 10년 만에 큰 아이가 결혼을 했고, 작은 아이네는 당신 손자를 낳아 주었습니다. 이름은 '형우'랍니다. 이젠 부디 마음 편안히 하시고, 병고가 없는 하늘나라에서 영원한 안식을 누리세요. 그리고 당신의 사랑 안에 있는 아이들을 지켜봐 주세요.

열 번째 기일을 맞이하며
당신의 아내가